LES SENTENCES DE SEXTUS

(NH XII, 1)

FRAGMENTS

(NH XII, 3)

—

FRAGMENT DE LA RÉPUBLIQUE DE PLATON

(NH VI, 5)

# BIBLIOTHÈQUE COPTE DE NAG HAMMADI

Collection éditée par

JACQUES-É. MÉNARD — PAUL-HUBERT POIRIER
MICHEL ROBERGE

En collaboration avec

BERNARD BARC — PAUL CLAUDE
JEAN-PIERRE MAHÉ — LOUIS PAINCHAUD
ANNE PASQUIER

## Section «Textes»

1. – *La Lettre de Pierre à Philippe*, Jacques-É. MÉNARD, 1977.

2. – *L'Authentikos Logos*, Jacques-É. MÉNARD, 1977.

3. – *Hermès en Haute-Égypte* (t. I), Les textes hermétiques de Nag Hammadi et leurs parallèles grecs et latins, Jean-Pierre MAHÉ, 1978.

4. – *La Prôtennoia Trimorphe*, Yvonne JANSSENS, 1978.

5. – *L'Hypostase des Archontes*, Traité gnostique sur l'origine de l'Homme, du Monde et des Archontes, Bernard BARC, suivi de *Noréa*, Michel ROBERGE, 1980.

6. – *Le Deuxième Traité du Grand Seth*, Louis PAINCHAUD, 1982.

7. – *Hermès en Haute-Égypte* (t. II), Le fragment du *Discours parfait* et les *Définitions* hermétiques arméniennes, Jean-Pierre MAHÉ, 1982.

8. – *Les Trois Stèles de Seth*, Hymne gnostique à la Triade, Paul CLAUDE, 1983.

9. – *L'Exégèse de l'Âme*, Jean-Marie SEVRIN, 1983.

10. – *L'Évangile selon Marie*, Anne PASQUIER, 1983.

11. – *Les Sentences de Sextus*, Paul-Hubert POIRIER, suivi du *Fragment de la République de Platon*, Louis PAINCHAUD, 1983.

## Section «Études»

1. – *Colloque international sur les textes de Nag Hammadi* (Québec, 22-25 août 1978), Bernard BARC, éditeur, 1981.

BIBLIOTHÈQUE COPTE DE NAG HAMMADI

SECTION « TEXTES »

— 11 —

# LES SENTENCES DE SEXTUS

### (NH XII, 1)

# FRAGMENTS

### (NH XII, 3)

PAR

Paul-Hubert POIRIER

# FRAGMENT DE LA RÉPUBLIQUE DE PLATON

### (NH VI, 5)

PAR

Louis PAINCHAUD

LES PRESSES
DE L'UNIVERSITÉ LAVAL
QUÉBEC, CANADA
1983

*À Hervé Gagné*

*Cet ouvrage a été publié grâce à une subvention du Conseil de recherches en sciences humaines du Canada, accordée dans le cadre de son programme d'aide aux grands travaux d'édition.*

© 1983 Les Presses de l'Université Laval, Québec

Tous droits réservés

Imprimé en Belgique

Dépôt légal (Québec), 2ᵉ trimestre 1983

ISBN 2-7637-6995-0

# AVANT-PROPOS

Au moment de publier ce volume, nous désirons remercier tous ceux qui nous ont apporté leur collaboration et leur assistance. En premier lieu, il convient de signaler la contribution des membres du Projet d'édition de la Bibliothèque copte de Nag Hammadi de la Faculté de Théologie de l'Université Laval. Les textes édités ici ont été présentés et discutés au séminaire permanent qui réunit les collaboratrices et les collaborateurs québécois de ce Projet d'édition. Ceux-ci nous ont fait mainte remarque dont nous avons pu tenir compte. Nous avons aussi largement profité des avis judicieux et des suggestions de Monsieur Jacques-É. Ménard, professeur à l'Université des Sciences humaines de Strasbourg et professeur invité à l'Université Laval. Au Musée copte du Caire, où l'un d'entre nous a eu l'occasion de travailler à deux reprises sur les textes que nous éditons dans ce volume, nous avons reçu le meilleur accueil de la part de Monsieur Munir Basta, directeur du Musée, et de Madame Samiha Abd El Shaheed, conservatrice des manuscrits. Monsieur Lucien Finette, professeur à la Faculté des Lettres de l'Université Laval, a accepté de réviser les traductions de tous les textes grecs qui figurent dans cet ouvrage. Que tous et chacun veuillent bien trouver ici l'expression de notre reconnaissance.

Louis PAINCHAUD
Paul-Hubert POIRIER

# LES SENTENCES DE SEXTUS

## (NH XII, 1)

PAR

Paul-Hubert POIRIER

# BIBLIOGRAPHIE

On ne trouvera ici que les titres d'ouvrages et d'articles portant explicitement, en tout ou en partie, sur les *Sentences de Sextus*. Pour une bibliographie complémentaire, on voudra bien se reporter à l'ouvrage de H. Chadwick (p. 182-183).

BOGAERT (P.-M.), «La préface de Rufin aux Sentences de Sexte et à une œuvre inconnue : interprétation, tradition du texte et manuscrit remembré de Fleury», *Revue bénédictine* 82 (1972) 26-46.

—, «Les Sentences de Sexte dans l'ancien monachisme latin», dans J. RIES (éd.), Y. JANSSENS, J.-M. SEVRIN, *Gnosticisme et monde hellénistique*. Actes du Colloque de Louvain-la-Neuve (11-14 mars 1980) (*Publications de l'Institut orientaliste de Louvain*, 27), Louvain-la-Neuve, 1982, p. 337-340.

BOUFFARTIGUE (J.), «Du grec au latin : la traduction latine des *Sentences* de Sextus», dans *Études de littérature ancienne*, Paris, 1979, p. 81-95.

BROEK (R. van den), «Niet-Gnostisch Christendom in Alexandrië voor Clemens en Origenes», *Nederlands Theologisch Tijdschrift* 33 (1979) 287-299.

CHADWICK (H.), *The Sentences of Sextus. A Contribution to the History of Early Christian Ethics* (*Texts and Studies*, New Series, 5), Cambridge, 1959.

—, «The Sentences of Sextus and of the Pythagoreans», *Journal of Theological Studies*, N.S., 11 (1960) 349.

COLPE (C.), «Heidnische, jüdische und christliche Überlieferung in den Schriften aus Nag Hammadi III», *Jahrbuch für Antike und Christentum* 17 (1974) 109-125.

CORNILL (C.H.), *Das Buch der weisen Philosophen nach dem Aethiopischen untersucht*, Leipzig, 1875.

DELLING (G.), «Zur Hellenisierung des Christentums in den "Sprüchen des Sextus"», dans *Studien zum Neuen Testament und zur Patristik* (*TU* 77), Berlin, 1961, p. 208-241.

—, Compte rendu de H. CHADWICK, *The Sentences of Sextus*, dans *Theologische Literaturzeitung* 84 (1959) 523-526.

DVALI (M.), JγAMAIA (L.), «À propos d'un fragment d'un patéricon du 10ᵉ siècle (Sin. 35)», dans *Mravaltavi, Recherches philologiques et historiques* 6 (Tbilissi, 1978) 72-80 (en géorgien).

EDWARDS (R.A.), WILD (R.S.), *The Sentences of Sextus* (*Texts and Translations*, 22 : Early Christian Literature Series, 5), Missoula (Montana), 1981.

ELTER (A.), *Sexti Pythagorici sententiae cum appendicibus*, dans *Index Scholarum quae (...) in universitate Friderica Guilelmia Rhenana per menses hibernos A. MDCCCLXXXXI-LXXXXII (...) habebuntur*, Bonn, 1892.

*The Facsimile Edition of the Nag Hammadi Codices. Codices XI, XII and XIII*, Leiden, 1973.

GARITTE (G.), «Vingt-deux "Sentences de Sextus" en géorgien», *Le Muséon* 72 (1959) 355-363.

GILDEMEISTER (J.), *Sexti sententiarum recensiones*, Bonn, 1873.

GWYNN (J.), «Xystus (Sixtus or Sextus), Gnomes or Sentences of», dans *Dictionary of Christian Biography* 4 (1887) 1199-1205.

LAGARDE (P. de), *Analecta syriaca*, Leipzig, 1858.

MUYLDERMANS (J.), «Le Discours de Xystus dans la version arménienne d'Évagrius le Pontique», *Revue des études arméniennes* 9 (1929) 183-201.

PEZZELLA (S.), «Le rapport des Sentences de Sextius et de la lettre à Marcella de Porphyre», *La Nouvelle Clio* 10-12 (1958-1962) 252-253.

POIRIER (P.-H.), «À propos de la version copte des *Sentences de Sextus* (Sent. 320)», *Laval théologique et philosophique* 36 (1980) 317-320.

—, «Le texte de la version copte des *Sentences de Sextus*», dans B. BARC (éd.), *Colloque international sur les textes de Nag Hammadi* (*BCNH*, section «Études», 1) Québec-Louvain, 1981, p. 383-389.

RYSSEL (V.), «Die syrische Überlieferung der Sextussentenzen», *Zeitschrift für wissenschaftliche Theologie* 38 (1895) 617-630, 39 (1896) 568-624, 40 (1897) 131-148.

VOGÜÉ (A. de), «"Ne juger de rien par soi-même". Deux emprunts de la Règle colombanienne aux Sentences de Sextus et à saint Jérôme», *Revue d'histoire de la spiritualité* 49 (1973) 129-134.

WILKEN (R.L.), «Wisdom and Philosophy in Early Christianity», dans R.L. WILKEN (éd.), *Aspects of Wisdom in Judaism and Early Christianity* (University of Notre Dame Center for the Study of Judaism and Christianity in Antiquity, 1), Notre Dame (Indiana)-Londres, 1975, p. 143-168.

WISSE (F.), «Die Sextus-Sprüche und das Problem der gnostichen Ethik», dans A. BÖHLIG, F. WISSE, *Zum Hellenismus in den Schriften von Nag Hammadi* (*Göttinger Orientforschungen*, VI. Reihe: Hellenistica, Bd 2), Wiesbaden, 1975, p. 55-86.

—, «The Sentences of Sextus (XII,1)», dans J.M. ROBINSON (éd.), *The Nag Hammadi Library in English*, San Francisco, 1977, p. 454-459.

—, *Introduction* et *Notes* to XII, *1*: The Sentences of Sextus (à paraître dans *The Coptic Gnostic Library* [*NHS*], Leiden).

# SIGLES ET ABRÉVIATIONS

| | | |
|---|---|---|
| *BCNH* | = | *Bibliothèque copte de Nag Hammadi* |
| CHADWICK | = | H. CHADWICK, *The Sentences of Sextus*, Cambridge, 1959. |
| *CNTS* | = | *Concordance du Nouveau Testament sahidique.* |
| | | I. *Les mots d'origine grecque*, par L. Th. LEFORT (*CSCO* 124); |
| | | II. *Les mots autochtones*, par M. WILMET (*CSCO* 173, 183, 185). |
| *CNTS* Index | = | *Index copte et grec-copte de la Concordance du Nouveau Testament sahidique*, par R. DRAGUET (*CSCO* 196). |
| CRUM | = | W.-E. CRUM, *A Coptic Dictionary*, Oxford, 1939. |
| *CSCO* | = | *Corpus scriptorum christianorum orientalium* |
| DE LAGARDE | = | P. DE LAGARDE, *Analecta Syriaca*, Leipzig, 1858. |
| *GCS* | = | *Die griechischen christlichen Schriftsteller der ersten Jahrhunderte* |
| KASSER | = | R. KASSER, *Compléments au Dictionnaire copte de Crum* (*Bibliothèque d'études coptes*, 7), Le Caire, 1964. |
| KASSER[1] | = | R. KASSER, «Compléments morphologiques au Dictionnaire de Crum», *Bulletin de l'Institut d'Archéologie orientale* 64 (1966) 19-66. |
| *NH* | = | *Nag Hammadi* |
| *NHS* | = | *Nag Hammadi Studies* |
| P | = | Codex Patmiensis graecus 263, saec. x, f. 213-226. |
| *PG* | = | J.-P. MIGNE, *Patrologiae cursus completus*, series graeca. |
| R | = | Version latine des *Sentences de Sextus* par Rufin d'Aquilée. |
| SSext | = | La version copte des *Sentences de Sextus* donnée par *NH* XII, 1. Nous n'utilisons ce sigle que lorsque nous voulons désigner précisément et exclusivement la version copte des *Sentences*. |
| STEINDORFF | = | G. STEINDORFF, *Lehrbuch der koptischen Grammatik*, Chicago, 1951. |
| STEINDORFF[1] | = | G. STEINDORFF, *Koptische Grammatik* (*Porta linguarum orientalium*, 14), Berlin, 1930³. |
| STERN | = | L. STERN, *Koptische Grammatik*, Leipzig, 1880. |
| Syr 1 | = | Première version syriaque des *Sentences de Sextus*, cf. DE LAGARDE, p. 2-10. |
| Syr 2 | = | Deuxième version syriaque des *Sentences de Sextus*, cf. *ibid.*, p. 10-30. |
| TILL | = | W. TILL, *Koptische Grammatik (saïdischer Dialeckt)* (*Lehrbuch für das Studium der orientalischen und afrikanischen Sprachen*, 1), Leipzig, 1970. |
| *TU* | = | *Texte und Untersuchungen zur Geschichte der altchristlichen Literatur.* |
| V | = | Codex Vaticanus graecus 742, saec. xiv, f. 2-23. |
| WISSE | = | F. WISSE, Introduction, traduction, notes sur les SSext, cf. *supra*, bibliographie, *ad loc.* |

Les abréviations des titres des différents traités de Nag Hammadi sont celles de la *BCNH* et les sigles des livres bibliques sont ceux de la *Bible de Jérusalem* (Paris, éd. du Cerf).

# INTRODUCTION

Parmi les œuvres transmises en copte par le Codex XII de la Bibliothèque exhumée près de Nag Hammadi en décembre 1945, les *Sentences de Sextus* restent celle qui nous est parvenue dans le meilleur état, encore qu'aucun des cinq feuillets qui en sont conservés ne soit complet. Dans cette Introduction nous donnerons d'abord une présentation générale du Codex XII, puis nous rappellerons, et compléterons à l'occasion, les données de base relatives aux *Sentences de Sextus*, enfin nous soulignerons les caractéristiques de la version copte.

## I. LE CODEX XII.

Numéroté successivement XII, XIII, XI, puis finalement XII dans les divers inventaires[1] qui furent donnés de la Bibliothèque de Nag Hammadi, ce Codex, déposé au Musée Copte du Vieux Caire, porte le numéro d'inventaire 10555.

### A. Description du codex

Le Codex XII a déjà fait l'objet de quelques descriptions dont la dernière en date, celle de l'édition en fac-similé, est la plus précise[2]. Nous en reprenons ici les éléments jugés essentiels dans le cadre de la présente édition.

D'après certaines estimations, la plus grande partie du Codex XII aurait été perdue après la découverte. Quoi qu'il en soit, il ne reste en tout et pour tout, de ce Codex, que huit feuillets lacuneux, soit seize pages, et huit fragments inscrits[3]. Tous les hauts de feuillet ont disparu, emportant toute pagination, si ce Codex en avait jamais reçu une. La reliure du Codex n'a pas été retrouvée et les courroies de cuir qu'on

---

[1] Pour ces numérotations successives du Codex XII, voir J. M. ROBINSON, *Introduction* à *The Facsimile Edition of the Nag Hammadi Codices*, Leiden, 1972, p. 19, et *The Facsimile Edition of the Nag Hammadi Codices, Codices XI, XII and XIII*, Leiden, 1973, p. viii.

[2] *Op. cit.*, p. xiii-xv.

[3] Soit les six fragments reproduits dans l'édition en fac-similé, p. 102, et deux autres fragments qui leur furent joints plus tard (les no. 7 et 8). Ces deux derniers fragments ne comptent que quelques lettres. Le fragment 7 est reproduit dans l'édition en fac-similé à la p. 119.

croyait en provenir, pourraient appartenir tout aussi bien au Codex II[4]. Des huit fragments mentionnés plus haut, deux ont été replacés dans les SSext, aux p. 33*-34*, et un à la p. 53*-54*[5]. Actuellement, il ne reste donc plus que cinq fragments regroupés sous une même plaque de Plexiglas. Parmi ceux-ci, deux seulement portent suffisamment de texte pour permettre un essai d'édition et de traduction[6].

Malgré ce très mauvais état de conservation, on a pu cependant avoir une bonne idée de la composition et des dimensions du Codex XII du fait qu'il contient deux œuvres connues par ailleurs. C'est ainsi qu'on a pu proposer, pour les feuillets conservés, une pagination hypothétique (indiquée par un astérisque dans l'édition en fac-similé) et en arriver à la conclusion que le Codex, dans son état original, devait donner au moins 71 pages[7]. Comme la surface inscrite des feuillets portant les SSext est plus large pour le premier (p. 15*-16*) que pour le dernier (p. 33*-34*), on a supposé[8], avec beaucoup de vraisemblance, que les SSext ont dû occuper la première moitié du cahier dont était constitué le Codex XII[9]. Les feuillets du Codex conservés dans toute leur hauteur comptent de 27 à 29 lignes de texte par page[10].

Tous les feuillets conservés du Codex XII témoignent d'une seule écriture. Cette écriture est assez régulière, claire et facile à lire. Il faut cependant noter la propension du scribe à serrer les lettres en fin de ligne, de façon parfois surprenante[11], ce qui rend difficile l'évaluation

---

[4] Cf. M. Krause, P. Labib, *Gnostische und hermetische Schriften aus Codex II und Codex VI* (*Abhandlungen des Deutschen archäologischen Instituts Kairo*, Koptische Reihe, Band 2), Glückstadt, 1971, p. 12, et J.M. Robinson, *The Facsimile Edition, Codices XI...*, p. xiii.

[5] Ce sont les fragments 3 (replacé à la p. 33*,3-8 = 34*,3-8), 4 (replacé à la p. 53*,6-7 = 54*,6) et 6 (replacé à la p. 33*,2 = 34*,2); voir notre édition *ad loc.* pour les fragments 3 et 6. Il faut aussi noter que deux fragments, conservés d'abord avec le Codex VIII, ont été replacés à la p. 59*,5-6 = 60*,5-6.

[6] Il s'agit des fragments 1 et 2; cf. *infra* p. 100-103.

[7] Cf. *The Facsimile Edition, Codices XI...*, p. xiii; voir aussi S. Emmel, «The Nag Hammadi Codices Editing Project: A Final Report», *Newsletter*, American Research Center in Egypt Inc., 104 (1978), p. 29. L'introduction de l'édition en fac-similé (Leiden, 1972) donnait un total de 72 pages (p. 19).

[8] *The Facsimile Edition, Codices XI...*, p. xv.

[9] Cf. J.M. Robinson, «On the Codicology of the Nag Hammadi Codices», dans J.-É. Ménard (éd.), *Les textes de Nag Hammadi* (*NHS* 7), Leiden, 1975, p. 19: «The Nag Hammadi Codices are singlequire codices, with the exception of Codex I», et *The Facsimile Edition, Codices XI...*, p. xv.

[10] 27 lignes: p. 32*, 33*; 28 lignes: p. 16*, 28*, 29*, 31*, 34*, 57*; 29 lignes: p. 15*, 27*, 58*.

[11] Lettres superposées en fin de ligne: p. 31*,16; lettres liées: p. 27*,27.29; 31*,23; lettres réduites: p. 51*,13; 29*,19; 34*,5.

exacte du nombre de lettres nécessaires pour combler les lacunes, lorsque celles-ci amputent la fin des lignes. Le nombre de lettres à la ligne varie d'ailleurs de 18 à 23. J. Doresse[12], qui s'est appliqué à décrire les neuf écritures différentes qu'il a cru déceler dans les codices de Nag Hammadi et qui les a réparties en quatre types principaux, situe le Codex XII dans le type B : «écriture calligraphiée avec raideur, soulignant les pleins», et il en attribue la copie à la «main», no. 7 : «écriture sèche, raide; pleins exagérément épaissis». Le Codex XII serait la seule attestation de cette écriture. S. Emmel[13], pour sa part, a identifié un nombre maximum de quatorze écritures différentes dans les textes de Nag Hammadi. Le Codex XII occupe la treizième place de ce classement. D'après Emmel[14] cette écriture est remarquablement semblable à celle du copiste no. 4, à qui il attribue quelques lignes du Codex II (p. 47, 1-8). Cependant, à l'examen et nonobstant le fait que ce copiste n'ait que huit lignes à son actif dans tout le corpus de Nag Hammadi, il semble tout à fait improbable que les écritures du Codex XII et de la p. 47,1-8 du Codex II soient de la même main[15].

Une des caractéristiques de l'écriture du Codex XII est l'usage qu'elle fait de chevrons ( > ) à la fin de certaines lignes. On en relève vingt-huit dans les SSext, et un dans le fragment 1. Aucune règle stricte ne semble commander l'absence ou la présence de ces chevrons, sauf peut-être le souci de remplir la ligne jusqu'au bout, tout en évitant de couper les mots de manière inusitée[16].

## B. IDENTIFICATION DES TRAITÉS

Les premières descriptions du Codex XII furent celles données par J. Doresse et T. Mina en 1949[17] et par H.-C. Puech en 1950[18].

[12] Les livres secrets des gnostiques d'Égypte, t. 1 : Introduction aux écrits gnostiques coptes découverts à Khénoboskion, Paris, 1958, p. 167.

[13] Art. cit. (supra n. 7), p. 27.

[14] Ibid., p. 28.

[15] Noter les différences entre les deux écritures pour le tracé des т, des c et des traits vocaliques.

[16] Les chevrons se répartissent ainsi d'après leur position : au milieu d'un mot et à la fin d'une syllabe (sauf 1 fois) : p. 15*,4; 27*,10.18.20; 29*,27; 32*,23; 33*,4.6; 34*, 8.17; entre l'auxiliaire p- et un verbe grec : p. 15*,10.21; 27*,28; entre un article, un possessif ou une préposition et un substantif : p. 15*,19.25.26; 27*,26; 30*,16; 31*, 11; 32*,9; 33*,3.13; entre un préfixe verbal et l'infinitif : p. 28*,19; entre une préposition à l'état pronominal et le pronom suffixe : p. 29*,2; à la fin d'un mot ou d'une phrase : p. 29*,16.18; 31*,12; 33*,15; entre un sujet pronominal et l'infinitif : p. 32*,18.

[17] «Nouveaux textes gnostiques coptes découverts en Haute-Égypte : La bibliothèque de Chénoboskion», Vigiliae christianae 3 (1949), p. 137.

[18] «Les nouveaux écrits gnostiques découverts en Haute-Égypte (premier inven-

Ces derniers, cependant, pas plus que J.M. Robinson[19], M. Krause et P. Labib[20], ne réussirent à préciser le contenu du Codex ni le nombre d'œuvres qui s'y trouvaient. Doresse parla d'un «traité abstrait (puis de «fragments d'ouvrages»[21]) où il est question, entre autres considérations morales, de l'influence des démons sur les âmes»[22]. Pareillement, Puech reconnut dans le Codex XII «les morceaux d'un ouvrage relatif à des sujets divers, à des questions de morale notamment, et, entre autres, à l'influence que les démons exercent sur l'âme»[23]. C'est à F. Wisse[24] qu'il revint d'identifier précisément, du moins pour l'essentiel, ce que contenait le Codex XII.

Voici l'inventaire des œuvres transmises par ce Codex, selon la pagination restituée par le comité responsable de l'édition en fac-similé :

1° *NH* XII, 1 : *Les Sentences de Sextus*

Aucun titre conservé en copte. En grec : Σέξτου γνῶμαι.

P. 15*,1-16*,28 : sentences 157-180.

P. 27*,1-34*,28 : sentences 307-397.

2° *NH* XII,2 : *L'Évangile de Vérité*[25]

Aucun titre conservé en copte dans le Codex XII, pas plus que dans le Codex I, où cette œuvre est donnée presque au complet (*NH* I,3, p. 16,31-43,24)[26].

P. 53*,19-29 : *NH* I, p. 30,27-31,1.

P. 54*,20-29 : *NH* I, p. 31,28-32,3.

P. 57*,1-58*,29 : *NH* I, p. 34,5-35,25.

P. 59*,17-29 : *NH* I, p. 36,14-28.

P. 60*,16-29 : *NH* I, p. 37,8-20.

taire et essai d'identification)», dans *Coptic Studies in Honor of Walter Ewing Crum*, Boston, 1950, p. 110.

[19] «The Coptic Gnostic Library Today», *New Testament Studies* 14 (1967/68), p. 401.

[20] *Gnostische und hermetische Schriften* (cf. *supra* n. 4), p. 13.

[21] Dans *Les livres secrets*, t. 1, p. 167.

[22] *Art. cit.* (cf. *supra* n. 17), p. 137.

[23] *Art. cit.* (cf. *supra* n. 18), p. 110; voir aussi : «Découverte d'une bibliothèque gnostique en Haute-Égypte», dans *Encyclopédie française*, t. XIX : *Philosophie, Religion*, Paris, 1957, p. 19.42-11.

[24] Cf. M. KRAUSE-P. LABIB, *Gnostische und hermetische Schriften*, p. 13, n. 10 et C. COLPE, «Heidnische, jüdische und christliche Überlieferung in den Schriften aus Nag Hammadi III», *Jahrbuch für Antike und Christentum* 17 (1974), p. 118, n. 30.

[25] D'après M. Pezin, les fragments de l'EvVer du Codex XII font apparaître un témoin du texte antérieur à la version achmimique connue par le Codex I, cf. «Les codices IX (*1,2*), X, XI, XII de la bibliothèque gnostique découverte près de Nag Hammadi. Édition, traduction et notes», résumé paru dans l'*Annuaire* de l'École pratique des hautes Études, V[e] section, t. 89 (1980-1981), p. 607.

[26] Nous reproduisons l'identification des fragments de l'EvVer donnée par C. Colpe, *art. cit.*, p. 118-119.

3° *NH* XII,3 : Fragments.

Il s'agit des fragments 1 et 2 de l'édition en fac-similé, dont on ne ne peut dire s'ils ont appartenu à une seule ou à deux œuvres différentes [27].

## C. La langue du Codex

Dans l'introduction de son édition [28] des SSext, F. Wisse écrit que cette œuvre est rédigée en «Sahidic with some non-Sahidic forms». Cette remarque qualifie assez justement la langue utilisée dans le Codex XII. Wisse ayant relevé avec précision ces formes non-sahidiques, ainsi que d'autres faits de langue propres aux SSext, nous renvoyons à son introduction. Qu'il nous suffise de faire remarquer ici que les écarts du Codex XII par rapport au sahidique, et surtout des SSext qui forment l'essentiel de ce Codex, ne sont pas systématiques. Pour un même mot, on peut utiliser à la fois, et sans logique apparente, la forme sahidique et une forme non-sahidique. La plupart de ces formes non-sahidiques sont surtout achmimiques (A) et sub-achmimiques (A²) ; quelques-unes sont fayoumiques (F).

D'autre part, les SSext contiennent un grand nombre de mots empruntés au grec, ce qui est normal pour une œuvre traduite de cette langue. Dans de nombreux cas, on retrouve dans la version copte, des mots grecs qui ont leurs exacts équivalents dans le texte grec. Il n'est cependant pas rare de voir la version copte rendre un mot du texte grec par un mot grec différent. Sauf un cas où cela semble sûr [29], ce fait ne permet pas de conclure que le traducteur copte a effectivement trouvé ce mot grec dans son modèle. Au contraire, il a pu rendre un mot grec par un autre terme grec déjà assimilé par le lexique copte et qui avait pour lui valeur de traduction.

SSext présente aussi des faits de langue qui demandent à être expliqués dans une perspective plus large que celle de notre édition. Signalons, p. ex., l'usage de ⲉⲧⲃⲉ et de ϩⲁ ⲡⲣⲁ qui rendent, tous deux, περί et le génitif. Alors que la première préposition apparaît neuf

---

[27] On trouvera une traduction anglaise du Codex XII (sauf de XII,2) par F. Wisse, dans J.M. Robinson (éd.), *The Nag Hammadi Library in English*, San Francisco, 1977, p. 454-460. Nous n'avons pu prendre connaissance, autrement que par le résumé qui en a été publié, du travail de M. Pezin (cité *supra* n. 25).

[28] Édition à paraître dans *The Coptic Gnostic Library*, dans la collection des *Nag Hammadi Studies*, Leiden. Je remercie F. Wisse de m'avoir communiqué dès 1978 l'introduction et les notes de son édition.

[29] Cf. la sentence 371 (voir comm. *ad loc.*).

fois dans SSext, de la p. 15* à la p. 34*, la seconde est attestée dix fois, mais exclusivement aux p. 31*-32*. Comme les deux prépositions coptes rendent la même préposition grecque, du moins dans le cas qui nous occupe, une répartition aussi tranchée des occurrences est surprenante[30].

## II. LES *SENTENCES DE SEXTUS*

### A. Présentation générale

Avant d'aborder les problèmes spécifiques à la version copte des *Sentences de Sextus* conservée par le Codex XII, nous voudrions rappeler certaines données essentielles relatives à cette œuvre. La publication en 1959 de l'édition du recueil de Sextus et de ses parallèles et compléments par H. Chadwick[31], accompagnée de quatre études et de notes, nous dispensera de trop entrer dans les détails; sur plus d'un point, Chadwick a apporté une contribution majeure à notre connaissance des *Sentences*.

### 1. Le texte grec

Les *Sentences de Sextus* ne furent longtemps connues en Occident que par la version latine de Rufin d'Aquilée[32]. Il fallut attendre 1892 avant de disposer d'une édition du texte grec, procurée par A. Elter[33] sur la base de deux manuscrits, le Patmiensis 263 (P), du X$^e$ siècle, et le Vaticanus Graecus 742 (V), du XIV$^e$ siècle. Ces deux manuscrits[34] sont encore à ce jour les seuls témoins connus du texte grec des *Sentences*. Ils furent collationnés à nouveaux frais pour l'édition de H. Chadwick, V par Chadwick lui-même, P par H. Lloyd-Jones, qui suggéra aussi certaines améliorations au texte. Alors que Rufin ne traduisit en latin que 451 *sententiae*, les deux manuscrits grecs permettent de totaliser ensemble 610 éléments gnomiques.

Mentionnons aussi l'existence, pour le grec, d'une tradition indirecte non négligeable qui permit de se faire une certaine idée de l'original avant la découverte des deux manuscrits précités, respectivement en

---

[30] Voir notre index *s.v.*

[31] *The Sentences of Sextus. A Contribution to the History of Early Christian Ethics* (*Texts and Studies*, New Series, 5), Cambridge, 1959.

[32] Cf. *infra*, p. 14-15.

[33] *Sexti Pythagorici sententiae cum appendicibus*, dans *Index Scholarum*, Bonn, 1892.

[34] Pour leur description, cf. H. Chadwick, *op. cit.*, p. 3-4.

1876 et 1880. Il s'agit, dans la plupart des cas, d'éléments épars incorporés à d'autres recueils gnomologiques. Une exception notable sont les sentences citées par Porphyre dans la *Lettre à Marcella*[35]. Même après la découverte des deux manuscrits complets, la tradition indirecte garde son intérêt car elle permet une connaissance plus large de la tradition directe[36].

## 2. Les versions

Les *Sentences de Sextus* connurent une large diffusion dans le christianisme ancien, ainsi que l'attestent les six versions qui nous en ont été conservées. Ces versions, témoins de la fortune des *Sentences*, sont aussi d'un grand secours pour connaître la tradition textuelle de celles-ci, en permettant l'accès, pour certains éléments gnomiques du moins, à des états du texte grec qui ne sont plus attestés par la tradition directe.

Avant d'en donner le signalement précis, disons que ces versions se partagent en deux groupes. D'une part, nous avons des traductions de l'ensemble du recueil grec. Antérieurement à la découverte de Nag Hammadi, ce genre de version ne nous était connu que par la traduction de Rufin. Selon toute vraisemblance, celui-ci a traduit, du grec au latin, l'ensemble de la collection qu'il avait sous les yeux. Les lacunes que présente son texte (i.-e. essentiellement les sent. 452-610) se trouvaient probablement déjà dans son modèle. D'autre part, nous avons des traductions des *Sentences* qui ne sont en fait que des extraits, des recueils plus ou moins volumineux, résultant tantôt d'un choix ou d'un regroupement différent des *gnômai*, tantôt d'une fusion des *Sentences de Sextus* avec d'autres matériaux gnomiques. Ces *excerpta* que sont les trois versions syriaques, au moins une des deux versions arméniennes, la version géorgienne et la version éthiopienne, ne sont pas inconnues en grec, puisque nous avons déjà deux de ces recueils composites et parents des *Sentences de Sextus*, soit la ἐκ τῶν κλειτάρχου

---

[35] Nombreuses éditions; voir surtout celle de A. NAUCK, *Porphyrii philosophi platonici opuscula selecta* (*Bibliotheca Teubneriana*), Leipzig, 1886², p. 271-297, et celle, plus récente, de W. PÖTSCHER, *Porphyrios* ΠΡΟΣ ΜΑΡΚΕΛΛΑΝ. *Griechischer Text* (*Philosophia antiqua*, 15), Leiden, 1969. Cf. aussi J. BIDEZ, *Vie de Porphyre, le philosophe néoplatonicien*, Gand, 1913, p. 111-116. Voir aussi S. PEZZELLA, «Le rapport des Sentences de Sextius et de la lettre à Marcella de Porphyre», *La Nouvelle Clio* 10-12 (1958-1962) 252-253.

[36] On trouvera l'indication des témoins indirects pour chacune des sentences dans H. CHADWICK, *op. cit.*, p. 163-181.

πραγματικῶν χρειῶν συναγωγή et les γνῶμαι τῶν πυθαγορειῶν[37].
Encore faut-il distinguer dans ces *excerpta* les recueils où les sentences
sont assez fidèlement rendues (versions arménienne et géorgienne) et
ceux où une tendance plus ou moins forte à la glose et à la paraphrase
se manifeste (versions syriaque et éthiopienne). Cependant l'éloignement
d'une version par rapport au grec n'empêche pas que, pour l'une ou
l'autre *gnômè*, elle puisse nous apporter des renseignements essentiels
pour la connaissance du texte grec. Nous aurons l'occasion de le constater à propos de la version syriaque[38].

Voici maintenant, par ordre d'importance et à l'exception de la
version copte dont nous traiterons plus bas, les versions des *Sentences
de Sextus*.

## La version latine

Cette version, œuvre de Rufin d'Aquilée (+ 441) et datée de 400
environ[39], connut une extraordinaire diffusion, ainsi qu'en témoignent
les quelque cinquante manuscrits que P.-M. Bogaert[40] a signalés.
Comme il fallait s'y attendre, c'est surtout dans les milieux monastiques
que les *Sentences* eurent du succès, au point d'être citées par Benoit
de Nursie et par l'auteur de la *Règle du Maître*[41]. Rufin fit précéder
sa traduction du recueil grec d'une préface[42] dont deux points méritent
d'être relevés. Tout d'abord, il s'y fait l'écho d'une tradition qui attribue
l'œuvre à l'évêque de Rome Sixte (II, + 258) : «Sextum in Latinum
verti, quem Sextum ipsum esse tradunt qui apud vos id est in urbe
Roma Xystus vocatur, episcopi et martyris gloria decoratus»; cette
attribution aura sûrement joué dans le succès de l'œuvre en Occident.
D'autre part, il nous dit qu'il a réuni sous le titre d'*Anulus* deux œuvres,

---

[37] Ces deux recueils sont édités par H. CHADWICK, *op. cit.*, p. 76-83 et 84-94.

[38] Voir la sentence 335a et notre comm. *ad loc.*

[39] Cf. F.X. MURPHY, *Rufinus of Aquileia (345-411). His Life and Works (The
Catholic University of America Studies in Mediaeval History*, New Series, 6), Washington,
1945, p. 119-123.

[40] «La préface de Rufin aux Sentences de Sexte et à une œuvre inconnue. Interprétation, tradition du texte et manuscrit remembré de Fleury», *Revue bénédictine* 82
(1972), p. 32-34. Bogaert signale aussi (p. 35) neuf manuscrits aujourd'hui disparus ou
non repérés.

[41] Cf. P.-M. BOGAERT, *art. cit.*, p. 31. Voir aussi A. de VOGÜÉ, «"Ne juger de rien
par soi-même". Deux emprunts de la Règle colombanienne aux Sentences de Sextus
et à saint Jérome», *Revue d'histoire de la spiritualité* 49 (1973) 129-134.

[42] Édition dans H. CHADWICK, *op. cit.*, p. 9-10; cette édition est reproduite par
M. Simonetti dans *Tyranni Rufini Opera* (*Corpus Christianorum*, series latina, 20),
Turnhout, 1961, p. 257-259.

les *Sentences de Sextus* et un autre recueil qu'il n'identifie pas précisément : «addidi praeterea et electa quaedam religiosi parentis ad filium, sed breve totum, ut merito omne opusculum vel enchiridion[43] si Graece vel anulus si Latine appelletur». La critique moderne n'a pas réussi à mettre un titre sur ces «electa quaedam», même si Bogaert a proposé avec beaucoup de vraisemblance d'y voir les *Disticha Catonis*[44].

La seule édition critique de la traduction de Rufin reste celle de J. Gildemeister, publiée en 1873[45]. Il utilisa quatorze manuscrits. Le texte de Gildemeister est reproduit par Elter et Chadwick dans leurs éditions respectives. En raison de son ancienneté et aussi de la pauvreté de la tradition directe, la traduction de Rufin demeure un témoin privilégié pour la connaissance du texte original des *Sentences* et elle livre plus d'une leçon non attestée ni par P ni par V. Jusqu'ici, les leçons propres à la version latine pouvaient être mises au compte d'une initiative de Rufin. Mais l'accord, sur plus d'un point, de la nouvelle version copte et du texte de Rufin contre nos deux manuscrits grecs incline à penser que les divergences du latin par rapport à ceux-ci sont plutôt imputables à un modèle différent. D'ailleurs, Rufin se montre, pour les *Sentences*, un traducteur généralement soucieux d'exactitude. C'est ce que confirme l'étude de J. Bouffartigue qui a montré que la version rufinienne des *Sentences* appartient nettement au groupe des traductions dites *de verbo*[46].

## La version syriaque

Les *Sentences de Sextus* sont connues en syriaque sous la forme de trois recueils consécutifs dont le second est quantitativement le plus important[47]. Le titre général qui leur est donné attribue les Sentences à Sixte II, reprenant la tradition romaine rapportée par Rufin et que l'on retrouve dans le *Catalogue des écrivains ecclésiastiques*

---

[43] Sur l'emploi de ce mot, cf. J.-P. AUDET, *La Didachè. Instructions des Apôtres* (*Études bibliques*), Paris, 1958, p. 26, n. 2.

[44] *Art. cit.*, p. 42-46.

[45] *Sexti sententiarum recensiones*, Bonn, 1873.

[46] J. BOUFFARTIGUE, «Du grec au latin : la traduction latine des *Sentences de Sextus*», dans *Études de littérature ancienne*, Paris, 1979, p. 81-95. Pour la sentence 371 où Bouffartigue (p. 89) voit un cas de surtraduction, nous croyons que la version copte autorise à penser que Rufin n'a fait que suivre son modèle, différent sur ce point du texte grec actuellement connu, cf. notre comm. *ad loc.*

[47] Cf. A. BAUMSTARK, *Geschichte der syrischen Literatur mit Ausschluss der christlich-palästinensischen Texte*, Bonn, 1922, p. 170.

d'Abdisho de Nisibe[48]. Les trois recueils syriaques furent édités par P. de Lagarde[49] sur la base de huit manuscrits. A. Baumstark[50], pour sa part, a signalé dix-neuf manuscrits des *Sentences* syriaques, dont trois au moins sont du VIe siècle.

La version syriaque dans son ensemble est assez paraphrastique et fait montre d'une tendance systématique à la christianisation des *Sentences*. Cependant, cela ne suffit pas à lui dénier d'emblée toute valeur pour l'établissement du texte, comme nous le montre, sur un point au moins, son accord avec la version copte contre tous les autres témoins du texte[51].

### Les versions arménienne et géorgienne

En arménien, les *Sentences de Sextus* sont doublement attestées. On trouve tout d'abord un peu plus de 150 sentences intégrées à un recueil intitulé *Discours de Sextus*, qui comprend aussi quelques sentences provenant de la *Synagogè* de Clitarque et des *gnômai* des Pythagoriciens. Ce recueil, transmis par la version arménienne d'Évagre, fut édité en 1907 par B. Sargisean[52]. T. Hermann[53] y distingue quatre blocs, dont le premier forme une «centurie» tirée, dans l'ordre, des

[48] Éd. J.S. ASSEMANI, *Bibliotheca orientalis Clementino-Vaticana*, III, 1, Rome, 1725, p. 48. Abdisho attribue deux œuvres à Sextus, des discours ou traités ( ⲣⲓⲥⲣⲭ .) et un ouvrage sur ceux «qui aiment Dieu».

[49] *Analecta Syriaca*, Leipzig, 1858, p. 2-31 (apparat critique, p. iii-xi). Nous utiliserons les deux premiers recueils, abrégés respectivement Syr 1 (p. 2-10; sigle x chez CHADWICK) et Syr 2 (p. 10-30; sigle X chez CHADWICK). Les recueils syriaques ont été analysés et traduits par V. RYSSEL, «Die syrische Überlieferung der Sextussentenzen», *Zeitschrift für wissenschaftliche Theologie* 38 (1895) 617-630, 39 (1896) 568-624, 40 (1897) 131-148 (cf. spécialement le second de ces articles). Cette version syrique des *Sentences de Sextus* est à situer dans la riche (et complexe) tradition gnomologique syriaque, sur laquelle on lira N. ZEEGERS-VANDER VORST, «Une gnomologie d'auteurs grecs en traduction syriaque», dans *Symposium Syriacum 1976* (*Orientalia Christiana Analecta*, 205), Rome, 1978, p. 163-177.

[50] *Op. cit.*, p. 170, n. 6.

[51] Cf. sent. 335a et notre comm. *ad loc.*

[52] *Srboj Horn Ewagri Pontac'ioj Vark' ew Matenagrowt'iwnk'*, Venise, 1907, p. 54-63. L'étude fondamentale sur les versions arméniennes des *Sentences* reste celle de J. MUYLDERMANS, «Le discours de Xystus dans la version arménienne d'Évagrius le Pontique», *Revue des études arméniennes* 9 (1929) 183-201. Voir aussi T. HERMANN, «Die armenische Überlieferung der Sextussentenzen», *Zeitschrift für Kirchengeschichte* 57 (1938) 217-226 et F.C. CONYBEARE, *The Ring of Pope Xystus together with the prologue of Rufinus*, London, 1910, p. 131-138. Sur le problème de l'authenticité évagrienne du recueil transmis en arménien, cf. J. MUYLDERMANS, *loc. cit.*, et A. GUILLAUMONT, *Les Képhalaia gnostica d'Évagre le Pontique et l'histoire de l'origénisme chez les Grecs et les Syriens* (*Patristica Sorbonensia*, 5), Paris, 1962, p. 67, n. 81.

[53] *Art. cit.*, p. 221-223.

451 premières *Sentences de Sextus*. Une autre version arménienne a été signalée par J. Muyldermans[54] dans un manuscrit[55] de Vienne. Elle contient les 197 premières sentences, rendues assez fidèlement, du moins en autant que permettent d'en juger les quelques sentences citées par le catalogue de J. Dashian[56].

La version géorgienne des *Paroles de Sextus* dépend pour sa part de la recension «évagrienne» des *Sentences* arméniennes, dont elle n'a retenu que les vingt-deux premiers éléments[57].

## En éthiopien

Dans cette langue, nous ne possédons pas à proprement parler de version des *Sentences de Sextus*. On y retrouve cependant sept sentences tirées d'un «Discours de Sextus» et intégrées à l'ouvrage intitulé *Livre des sages philosophes*, partiellement édité par C.H. Cornill[58].

## 3. Le nombre et l'ordre des sentences

Dans une gnomologie comme les *Sentences de Sextus*, bien des faits peuvent être révélateurs d'une tradition manuscrite différente, et, parmi ceux-ci, le nombre et l'ordre des éléments gnomiques. C'est

---

[54] *Art. cit.*, p. 184, n. 1.

[55] Il s'agit du ms. 174 de la Bibliothèque des Méchitaristes de Vienne décrit par J. DASHIAN, *Catalog der armenischen Handschriften in der Mechitaristen-Bibliothek zu Wien*, Vienne, 1895, t. 1, p. 91-92, t. 2, p. 489-492. Les *Sentences* y occupent les f. 198a-205b (cf. *Catalog*, t. 2, p. 492). Jusqu'à présent, nous n'avons pu consulter ce manuscrit.

[56] Ce sont les sentences 1-6 qui correspondent mot pour mot au texte grec édité par H. Chadwick.

[57] Éditée d'après le Sin. géorg. 35 par G. GARITTE, «Vingt-deux "Sentences de Sextus" en géorgien», *Le Muséon* 72 (1959) 355-363. Voir aussi B. OUTTIER, «Deux mots des "Sentences de Sextus" en géorgien», *Le Muséon* 91 (1978) 153-154, et M. DVALI, L. JγAMAIA, «À propos d'un fragment d'un patéricon du 10ᵉ siècle (Sin. 35)» (en géorgien), dans *Mravaltavi, Recherches philologiques et historiques* 6 (Tbilissi, 1978), p. 77-78, où on trouvera une nouvelle transcription du texte édité par G. Garitte.

[58] Il s'agit de sept sentences (283, 285, 287, 288, 291, 292, ± 282) qui nous sont parvenues par le biais du recueil gnomologique intitulé *Meṣhafa Felāsfā Tabibān*. Elles ont été éditées et traduites, d'après deux mss de Francfort et de Tübingen, par C. H. CORNILL, *Das Buch der weisen Philosophen nach dem Aethiopischen untersucht*, Leipzig, 1875, p. 21-23 et 44-47. Un rapide contrôle des mss parisiens d'Abbadie 26 (f. 27r-27v), 73 (f. 15r-15v) et 81 (f. 26v-27r), contenant le *Meṣhafa*, nous a permis de constater, du moins pour Sextus, des différences marquantes entre ces trois textes. Seule une édition critique du *Meṣhafa* pourrait tirer cette question au clair. Sur ce recueil composite, voir F. NAU, *Histoire et sagesse d'Ahikar l'Assyrien (Documents pour l'étude de la Bible)*, Paris, 1909, p. 89-90 et les analyses données par les catalogues, p. ex. H. ZOTENBERG, *Catalogue des manuscrits éthiopiens (gheez et amharique) de la Bibliothèque nationale*. Paris, 1877, p. 257-258.

ainsi que, sur ces points, les deux manuscrits grecs, les versions syriaques et la version de Rufin présentent de l'un à l'autre des rapprochements et des écarts significatifs, témoins d'une certaine variété dans
l'arrangement du recueil. Là-dessus, la nouvelle version copte apporte
quelques données nouvelles qui permettront d'enrichir notre connaissance des états du texte de Sextus.

## 4. Date et provenance

Déterminer la date et préciser le lieu de provenance d'un recueil
comme celui des *Sentences de Sextus* n'est pas chose facile, ne serait-ce
qu'en raison de son caractère composite. H. Chadwick[59], qui a étudié
l'ensemble du problème et exploré certaines pistes déjà ouvertes par
J. Gwynn[60], a cependant réussi à établir quelques faits permettant
de mieux situer la gnomologie de Sextus dans le temps. Nous nous
contenterons sur ce point de rappeler les conclusions de Chadwick,
puisque rien n'est venu les invalider.

Pour déterminer la date des *Sentences de Sextus* sous leur forme
la plus anciennement attestée (i.-e. le recueil des 451 sentences)[61],
nous disposons avec Origène d'un *terminus ad quem* relativement
précis[62]. Celui-ci, en effet, fait par deux fois référence explicite aux
*Sentences de Sextus*. Tout d'abord dans le *Contre Celse* (VIII, 30),
il cite la sent. 109 en l'introduisant ainsi : «... la très belle sentence
que lisent d'ailleurs la plupart des chrétiens dans les *Sentences de
Sextus*...»[63]. Puis, dans le *Commentaire sur Matthieu* (XV, 3), il cite
les sent. 13 et 273 de la manière suivante : «Sextus dit précisément
dans les *Sentences*, livre réputé auprès de beaucoup comme digne
d'estime...»[64]. D'autre part, dans la première *Homélie sur Ezéchiel*
(I, 11), Origène, soulignant le danger qu'il y a à parler de Dieu, se
réclame de l'autorité d'un *sapiens et fidelis vir* dont il cite une maxime.
Il revient à la sagacité de H. Chadwick d'avoir reconnu Sextus en ce
maître «sage et fidèle», dont la sent. 352 est citée par Origène[65].

[59] *Op. cit.*, p. 138-162.
[60] «Xystus (Sixtus or Sextus), Gnomes or Sentences of», dans *Dictionary of Christian
Biography* 4 (1887) 1199-1205, une des études anciennes des *Sentences* qui a le moins
vieilli.
[61] Attestée à la fois par Rufin et par la version transmise par l'Évagre arménien.
[62] Sur le témoignage d'Origène, voir H. CHADWICK, *op. cit.*, p. 107-116, et «The
Sentences of Sextus and the Pythagoreans», *Journal of Theological Studies*, N.S., 11
(1960) 349.
[63] Éd. et trad. M. BORRET, *Sources chrétiennes*, 150, p. 230, 10-12.
[64] Éd. E. KLOSTERMANN, E. BENZ, *GCS* 40, p. 354, 17-19.
[65] *Op. cit.*, p. 114; voir aussi H. CROUZEL, *Origène et la philosophie* (*Théologie*, 52),
Paris, 1962, p. 48-49. Pour le texte d'Origène, cf. *PG* 13, 677A.

Il ressort clairement de ces attestations des *Sentences* chez Origène, que celui-ci, vers 250, tenait le recueil pour l'œuvre d'un *fidelis vir*, i.-e. d'un chrétien, qu'il connaissait celui-ci sous le nom de Σεξτός et que beaucoup de chrétiens lisaient ce livre et le considéraient comme sûr et excellent (δόκιμός). Origène ignore évidemment la tradition, connue de Rufin et des versions syriaques, qui identifie ce Sextos au pape Sixte II (257-258).

Si pour Origène, au milieu du troisième siècle, les *Sentences de Sextus* sont manifestement un écrit chrétien, les choses apparaissent moins claires si on veut en décider à partir de l'œuvre elle-même. Le caractère ambigu du recueil a d'ailleurs été très tôt remarqué et Jérôme a pu, avec un peu de mauvaise volonté et assez de vraisemblance, accuser Rufin d'avoir attribué à Sixte, l'évêque martyr de l'Église de Rome, le livre d'un pythagoricien, «homme sans Christ et païen»[66]. Et depuis, attentif à l'un ou à l'autre accent du recueil, on a fait des *Sentences* tantôt une collection chrétienne, tantôt, et à vrai dire plus volontiers, un ouvrage qui ne devait rien au christianisme.

H. Chadwick a cependant bien montré que l'une et l'autre vues sont excessives et que la vérité est à chercher entre les deux. En effet, l'examen des gnomologies parallèles à celle de Sextus (en particulier celle attribuée à Clitarque) permet d'établir que le recueil des *Sentences de Sextus*, tel qu'il nous est parvenu, tel aussi que Rufin l'a traduit et qu'Origène l'a connu, est une compilation faite par un chrétien qui a soigneusement révisé, modifié et, au besoin, très finement christianisé une collection ou des collections païennes antérieures d'inspiration stoïcienne et néopythagoricienne. Le travail du compilateur peut être daté au mieux de 180-200, et situé en milieu alexandrin[67]. Son but, qui était vraisemblablement d'incorporer au patrimoine chrétien des éléments de la sagesse grecque, n'excluait peut-être pas toute visée apologétique. C'est du moins ce que peut laisser croire le caractère très délicat de la christianisation du recueil, suffisante pour qu'un chrétien y reconnaisse son bien, et laissant cependant aux maximes leur saveur originale[68].

---

[66] Sur le mauvais parti que Jérôme fait à Rufin sur ce point, cf. H. CHADWICK, *op. cit.*, p. 117-137.

[67] *Ibid.*, p. 159-160.

[68] Si l'influence des Écritures chrétiennes sur les *Sentences de Sextus* ne fait pas de doute, il n'est pas toujours facile de la cerner avec précision, cf. G. DELLING, «Zur Hellenisierung des Christentums in den "Sprüchen des Sextus"», dans *Studien zum Neuen Testament und ...* (*TU* 77), Berlin, 1971, p. 208-241; sur cette question, voir aussi l'étude de R.L. WILKEN, «Wisdom and Philosophy in Early Christianity», dans

D'après R. van den Broek[69], les *Sentences de Sextus* seraient même, comme d'ailleurs deux autres écrits de Nag Hammadi, l'*Authentikos Logos* (VI, 3) et les *Enseignements de Silvain* (VII, 4), le témoin de l'existence à Alexandrie, avant Clément, d'un christianisme platonisant, essayant, à mi-chemin entre les gnostiques et le christianisme « simple » du peuple fidèle, de présenter le message chrétien en termes de philosophie platonicienne et néopythagoricienne, et insistant sur la nécessité de la connaissance (γνῶσις) et de la maîtrise de soi (ἐγκράτεια). Une telle vue, bien établie par van den Broek en ce qui concerne l'AuthLog[70], permettrait de mieux situer les *Sentences de Sextus* dans un milieu qui est bien le leur, celui de l'Alexandrie chrétienne antérieure ou contemporaine de Clément et d'Origène, ouverte aux influences de la philosophie grecque et soucieuse de ne pas se montrer inférieure à celle-ci.

Pour résumer, il est donc permis de tenir pour assurée l'existence, dans un milieu alexandrin et au début du III$^e$ siècle, du recueil des *Sentences de Sextus*.

## B. La version copte

Ne serait-ce que par son ancienneté, la version copte des *Sentences de Sextus* que nous révèlent les fragments du Codex XII peut prétendre figurer parmi les témoins importants de cette gnomologie et exiger l'attention de quiconque se propose d'en étudier la tradition manuscrite. Cependant, comme on le verra, il n'y a pas que la date de cette version qui la recommande. Par la fidélité de la traduction, par ses qualités littéraires et par le type de texte grec dont elle témoigne, un texte différent sur plus d'un point de celui des deux manuscrits grecs connus, la version copte enrichit notre connaissance de la tradition grecque des *Sentences*. Elles nous oblige aussi à réévaluer l'importance accordée jusqu'ici à d'autres versions de ce recueil, notamment aux

R. L. Wilken (éd.), *Aspects of Wisdom in Judaism and Early Christianity* (University of Notre Dame Center for the Study of Judaism and Christianity in Antiquity, 1), Notre Dame (Indiana)-Londres, 1975, p. 143-168.

[69] « Niet-gnostisch Christendom in Alexandrië voor Clemens en Origenes », *Nederlands Theologisch Tijdschrift* 33 (1979) 287-299; cf. aussi R. L. Wilken, *art. cit.*, p. 164-165 (« *The Sentences of Sextus* are an attempt on the part of a Christian intellectual to provide a collection of sayings for Christians which could be used for leading men and women into the philosophical life, that is for training in moral perfection », p. 164).

[70] Voir « The Authentikos Logos : a New Document of Christian Platonism », *Vigiliae Christianae* 33 (1979) 260-286.

version syriaques avec lesquelles le copte s'accorde à l'occasion contre
le grec et le latin.

## 1. Caractéristiques

Nous ne relèverons ici que les faits remarquables propres à situer
la version copte vis-à-vis les autres versions des *Sentences*. On trouvera
dans notre Commentaire une présentation plus détaillée de chacun
des éléments gnomiques avec l'indication de ses particularités textuel-
les[71].

### *Le nombre des sentences*

Les cinq feuillets du Codex XII qui contiennent la version copte des
*Sentences de Sextus*, ou du moins ce qu'il en reste, donnent 127
sentences sur un total de 451. La première question à se poser face
à ces feuillets est celle de savoir si le Codex XII donnait l'ensemble
de la gnomologie de Sextus ou seulement des extraits. Bien qu'aucune
réponse péremptoire ne puisse être apportée à cette question tant que
nous n'avons accès qu'à une portion, et minime, du Codex, on peut
dire que l'ensemble des faits et, en particulier, la séquence des éléments
dans la version copte, incitent à croire que nous avons affaire, non à
des *excerpta*, mais aux débris d'un recueil copte complet des *Sentences
de Sextus*.

Ce point étant admis, voyons maintenant comment se situe la version
copte par rapport aux manuscrits grecs et à la version latine en ce qui
regarde le nombre des sentences.

Dans le premier bloc de sentences transmises par le Codex XII,
aux pages 15\*-16\*, le copte donne les sentences 157-180, soit 33
sentences sur un total possible de 34. Nous appelons «total possible» le nombre total de sentences que nous font connaître les deux
manuscrits grecs complétés l'un par l'autre. Le seul élément qui manque au copte est la sentence 162a. Cette lacune peut être le fait du
modèle grec de la version copte, à moins qu'elle ne soit imputable à
un copiste copte qui aurait omis la sentence par haplographie[72]. Pour
cette section, les autres témoins du texte donnent respectivement 26
sentences pour P, 32 pour V et 25 pour R.

---

[71] Voir aussi P.-H. POIRIER, «Le texte de la version copte des *Sentences de Sextus*»,
dans B. BARC (éd.), *Colloque international sur les textes de Nag Hammadi* (*BCNH*, section
«Études», 1), Québec-Louvain, 1981, p. 383-389.
[72] Voir le comm. *ad loc.*

Le second bloc de sentences, aux pages 27*-34* du Codex, contient 94 éléments sur un total possible de 95 *gnômai* attestées en grec. À ces 94 éléments du copte, il faut ajouter les sentences 335a et ± 355 de notre numérotation, qui n'ont pas d'équivalent en grec. P, pour sa part, comporte lui aussi 94 sentences, plus deux sentences déplacées[73], V ne conserve que 89 sentences et la version du Rufin en donne 94.

On peut conclure de cet inventaire du matériau de la version copte, que le modèle grec de cette version constituait, parmi les collections des *Sentences de Sextus*, sinon la plus extensive, du moins une des plus complètes qui soit attestée. Plus complète en tout cas que celles de P, de V et du modèle de Rufin.

*L'ordre des sentences et leur arrangement*

En général, l'ordre des sentences dans la version copte, correspond d'assez près à celui des manuscrits grecs. Il est cependant deux différences qui méritent d'être relevées. Il s'agit d'abord des sentences 332-335. Pour ce groupe de quatre sentences, les deux manuscrits grecs et les manuscrits de Rufin concordent tout à fait. Le copte, pour sa part, a une séquence propre : 332, 334, 333, un élément de transition, 335. Il y a là deux dérogations à l'ordre de PVR : l'inversion de 333 et 334, et l'insertion, entre 333 et 335, d'un élément de transition : ϩⲓ ϩⲱⲃ ⲚⲒⲘ ⲡⲓϣⲁⲝⲉ ⲟⲛ ⲡⲉ, «au sujet de toute chose, il y a aussi cette parole»[74]. Or il se trouve que cette disposition des sentences, avec la transition, est étonnamment proche de celle de Syr 2, à tel point qu'on peut dire qu'il y a accord du copte et de Syr 2 contre PVR. En effet, Syr 2, pour cet ensemble de sentences[75], arrange ainsi son matériau : 332 (334 om.), 333, un élément de transition et 335. Outre le parallélisme de la série, abstraction faite de l'omission de la sentence 334, il y a aussi un accord absolu quant à l'élément de transition introduit par le copte et Syr 2 entre les sentences 333 et 335. Le syriaque[76] porte en effet : ܪ݁ܠܐ ܗ݈ܝ ܘܡ ܬܪ݁ܝ ܪܬ݁ܝܕܐ ܠܐܗ ܠܐܘ, «et au sujet de toute doctrine qui existe, il y a cette parole». Un tel accord, qui ne peut être fortuit, indique bien, au moins pour cette portion du recueil, que le copte et Syr 2 reposent sur une *Vorlage* semblable.

---

[73] Soit les sentences 488-489, insérées après la sentence 379.
[74] Voir éd. et comm. *ad loc.*
[75] Éd. DE LAGARDE, p. 22,28-23,4.
[76] Éd. DE LAGARDE, p. 22,30-23,1.

L'autre différence entre le copte et le grec concerne l'ordre des sentences 354-357. Le copte donne, à la suite, 354, 356, 357, et une sentence qui correspond en partie seulement à 355. Bien qu'il soit moins frappant que dans le cas que nous venons d'exposer, on peut suggérer ici également, un rapprochement entre le copte et Syr 2, contre le grec. La version syriaque [77] donne d'abord la sentence 356, suivie d'une longue insertion où trouvent place plusieurs des sentences comprises entre 413 et 483, puis, comme en copte, une sentence hybride qui rappelle la sentence 355, avec des éléments de 357.

Si le copte reste fidèle à l'ensemble de la tradition en ce qui touche l'ordre des sentences, il lui arrive en revanche de mettre, entre deux sentences qui se suivent, un lien syntaxique qui n'existe pas dans le grec, du moins tel qu'il est aujourd'hui attesté.

Voici les cas où le copte instaure un tel lien entre deux sentences :
— sentences unies par ⲁⲩⲱ : 158-159, 179-180 ;
— parallélisme marqué entre deux sentences par un ⲇⲉ dans la seconde : 161-162b, 307-308 ;
— parallélisme marqué par un ϭⲉ dans la seconde : 343-344 ;
— parallélisme marqué par ϩⲱⲱ= dans la seconde : 363a-363b, 373-374, 377-378.

Il est cependant difficile de décider, en l'absence de morphème de liaison, si la version copte met entre certaines sentences un lien sémantique tel qu'on doive les traduire comme une unité [78].

D'autre part, nous pouvons observer qu'une ponctuation supérieure (˙) a été utilisée, dans 75 cas au moins [79], pour marquer la séparation entre deux sentences. Ceci montre que le traducteur copte a bien su discerner, dans l'ensemble, les limites des éléments gnomiques. Mentionnons aussi quelques endroits où un blanc plus ou moins important a été laissé entre deux sentences, peut-être pour mieux marquer la séparation de celles-ci : 171-172 (p. 16*,12), 339-340 (p. 29*,26), 370-371 (p. 32*,16) où le blanc aura été suggéré par le premier mot de la sentence 371 (ⲧⲁⲣⲭⲏ), 391-392 (p. 34*,16).

*Le texte de la version copte*

Si, dans l'ensemble, le texte des *Sentences de Sextus* est remarquablement proche de ceux des deux manuscrits grecs connus, il se sépare

[77] Éd. DE LAGARDE, p. 23,31-26,16.

[78] F. Wisse (*The Nag Hammadi Library in English*, p. 454-459), pour sa part, donne comme une seule unité les sentences 311-312, 325-326a, 332-334, 348-349, 352-353, 354-356, 367-368, 373-374, 394-395.

[79] I.-e. pour les sentences dont la fin ne se trouve pas dans une lacune.

d'eux cependant sur plus d'un point. Lorsque cela se produit, il y a tout lieu de penser que le modèle grec du traducteur copte était différent du texte que nous connaissons. Cette hypothèse, probable en raison de la qualité de la version copte, est confirmée, pour l'une ou l'autre des leçons propres au copte, lorsqu'il y a accord de celui-ci et du syriaque ou du latin contre le grec de nos manuscrits. Les versions syriaque et latine confirment alors le copte, mais celui-ci, par ricochet, avalise celles-là. Du même coup, notre connaissance de la tradition grecque de Sextus se trouve élargie par l'apport de nouvelles leçons. Dans notre commentaire, nous situerons chacune des sentences coptes par rapport au grec et aux versions latine et syriaque.

Voici la liste des éléments de SSext, où cette version se rapproche d'un témoin ou d'un groupe de témoins des *Sentences* de préférence aux autres[80] :

— accords du copte et de P contre V : sentences 157, 167(?), 172, 174, 309, 310, 311, 313, 340, 341, 342, 347, 354, 372, 381 et 388 ;

— accords du copte et de V contre P : sentences 163b, 165b-g, 166, 169, 171a, 173, 178, 339(?), 370, 376a et 379 ;

— accords du copte et des versions syriaques contre PV : sentences 166, 172 (contre V seulement), 173 (contre P seulement), 322, 330, 332-335, 346, 354-357, 364, 372, 374 et 391 ;

— accords du copte et du latin contre PV : sentences 163b, 172 (contre V seulement), 173 (contre P seulement), 320, 322, 346, 371 et 374 ;

— accords du copte et de Clitarque contre PVR : sentences 164b, 165g (contre V seulement) et 345.

Si nous faisons la synthèse des faits que nous venons d'inventorier, nous pouvons dire que le modèle de la version copte était plus complet que tous les témoins des *Sentences de Sextus* connus à ce jour. D'autre part, au niveau du texte, la version copte ne se réduit à aucun de ces témoins, tout en présentant avec certains d'entre eux des points de contact précis et exclusifs.

---

[80] À chaque fois, voir notre édition et comm. *ad loc.*, et l'apparat de H. Chadwick. On trouvera aussi un relevé des variantes de la version copte dans R.A. EDWARDS, R.A. WILD, *The Sentences of Sextus*, p. 34-36 et 50-65. Mais, outre le fait qu'ils ne signalent pas toutes les leçons propres au copte, les auteurs retiennent comme variantes des éléments qui s'expliquent non par un modèle différent, mais par les servitudes ou les choix imposés au traducteur par la langue copte (p. ex. la traduction de ἀκοινώνητον aux sent. 338 et 377, et de ἦθος en 326a-b). D'autre part, la reconstitution qu'ils proposent pour la sent. 387 ne se justifie pas paléographiquement (voir notre apparat *ad loc.*) et celle qu'ils attribuent à F. Wisse pour la sent. 308 repose sur une méprise.

## 2. Date et milieu d'origine

Le Codex XII fut vraisemblablement copié vers le milieu du IV<sup>e</sup> siècle, comme c'est le cas pour l'ensemble des textes de Nag Hammadi[81]. La date de la version des *Sentences de Sextus* qui y est contenue est évidemment antérieure. Nous ne possédons cependant aucun indice qui nous permettrait de la fixer avec certitude. Nous savons toutefois par le témoignage d'Origène que, vers 250, à Alexandrie, les Sentences étaient largement lues par les chrétiens. D'Alexandrie, le recueil a dû se répandre assez vite en Égypte proprement dite. On peut supposer, avec assez de vraisemblance, qu'il a pu être traduit en copte dès avant la fin du III<sup>e</sup> siècle.

D'autre part, si on compare la version copte avec les autres témoins du texte, on remarque qu'elle ne porte aucune trace d'infléchissement doctrinal et, en particulier, de gnosticisation. Le traducteur s'est contenté de rendre en copte le recueil grec qu'il avait sous les yeux. Aucune des différences que l'on peut constater entre le résultat de son travail et le texte grec actuellement connu ne peut être mise au compte de préoccupations doctrinales qui lui auraient été propres. La version copte est donc l'œuvre d'un traducteur consciencieux et rien ne permet de dire qu'il était chrétien, gnostique ou encore autre chose. Cependant, vu que la première littérature copte s'est développée presque exclusivement en milieu chrétien, il est plus normal de penser que la version copte est l'œuvre d'un chrétien.

## 3. Les principes de notre édition

Éditer la version copte des *Sentences de Sextus* transmise par le Codex XII dans son état actuel n'est pas chose facile. D'une part nous avons un texte attesté aussi bien dans la langue originale que par les versions. Et d'autre part nous n'avons plus que des débris d'une version copte qui, pour fidèle qu'elle soit, n'en possède pas moins ses caractéristiques propres. À cela il faut ajouter l'irrégularité de l'écriture du scribe et de l'orthographe du traducteur, qui grève d'incertitude toute tentative de reconstruction du texte.

Dès lors, comment traiter ces cinq feuillets fragmentaires? Une solution radicale serait de les éditer tels qu'ils sont, renonçant tout à

---

[81] Cf. J. M. ROBINSON, *Introduction* à *The Facsimile Edition* (cf. *supra*, n. 1), p. 4, et J. W. B. BARNS, «Greek and Coptic Papyri from the Covers of the Nag Hammadi Codices. A Preliminary Report», dans M. KRAUSE (éd.), *Essays on the Nag Hammadi Texts in Honour of Pahor Labib* (*NHS* 6), Leiden, 1975, p. 9-18.

fait à combler les lacunes et laissant au lecteur le soin de reconstruire
le texte. Cependant, étant donné les moyens que la riche tradition
textuelle des *Sentences* met à la portée de l'éditeur de la version copte,
il faut chercher autant que possible à produire un texte lisible et
compréhensible. Certes, il ne s'agit pas de se livrer à un exercice
mécanique de rétroversion copte à partir des textes grec et latin.
Cependant, si l'éditeur tient compte de l'ensemble de la tradition des
*Sentences* aussi bien que des caractéristiques littéraires et matérielles
de la version copte, il pourra proposer pour la plus grande partie du
texte, des conjectures dont plusieurs devront être considérées comme
sûres. Nous avons donc pris le parti, pour la présente édition, de
fournir un texte qui soit le plus complet possible. Dans le commentaire,
on trouvera la justification des conjectures et l'indication de leur degré
de certitude. Seule la découverte d'un exemplaire complet des SSext
permettra de juger la valeur de notre travail. Dans l'immédiat, nous
avons voulu rendre justice à une œuvre qui enrichit notre connaissance
de la littérature copte et faciliter la tâche à ceux qui s'intéressent aux
*Sentences de Sextus* et qui devront désormais tenir compte de la version
copte[82].

## C. Les *Sentences de Sextus* à Nag Hammadi

Se demander pour quelle raison les *Sentences de Sextus* figurent
dans le corpus des textes de Nag Hammadi, c'est évidemment poser
le problème de la cohérence de cet ensemble d'écrits. Cette question
a été amplement débattue et on ne lui a pas encore apporté de solution
satisfaisante[83]. Cependant, il semble bien que l'hypothèse la plus
vraisemblable actuellement soit celle qui voit dans le corpus de Nag
Hammadi une Bibliothèque, i.-e. un ensemble d'ouvrages qui, quoique
différents les uns des autres, auraient été rassemblés dans un but précis.

---

[82] Cette édition n'aurait pas été possible sans les remarquables instruments de travail
que sont le *Coptic Dictionary* de W. E. Crum, muni d'index grec et anglais, et surtout la
monumentale *Concordance du Nouveau Testament sahidique* de M. Wilmet, T. Lefort
et R. Draguet (*CSCO* 124, 173, 183, 185 et 196). Nous avons aussi pu utiliser le
Dictionnaire inverse du Copte réalisé par B. Barc et M.-O. Strasbach (encore inédit).

[83] Le problème est bien posé par J.-P. Mahé, «Le fragment du *Discours parfait*
dans la Bibliothèque de Nag Hammadi», dans B. Barc (éd.), *Colloque international sur
les textes de Nag Hammadi* (*BCNH*, section «Études», 1), Québec-Louvain, 1981, p. 304-
327, sp. p. 315-316; voir en outre, du même auteur, *Hermès en Haute-Égypte*, tome 2
(*BCNH*, section «Textes», 7), Québec, 1982, p. 113-120.

Et c'est encore le gnosticisme qui rend le mieux compte de l'unité de cette Bibliothèque : le corpus de Nag Hammadi est une collection d'écrits rassemblés par des gnostiques. Quant au choix des ouvrages qui figurent dans la collection, s'il est facile de l'expliquer pour les textes proprement gnostiques, la chose n'est pas aussi claire pour les textes non gnostiques, comme les écrits hermétistes du Codex VI, le fragment de la *République* de Platon (*NH* VI, 5), ou encore le recueil dont nous nous occupons. On peut certes répondre que ces textes non gnostiques, ont été utilisés par des gnostiques, et c'est même là la raison ultime de leur présence dans le corpus. Mais encore? Pourquoi tel texte et non pas tel autre? Des réponses ont été apportées à cette question pour le fragment du *Discours parfait* (NH VI, 8)[84], ou pour le fragment de la *République*[85].

En ce qui concerne les *Sentences de Sextus*, F. Wisse a voulu voir dans le caractère fortement ascétique de l'ouvrage, la raison pour laquelle les gnostiques l'auraient lu et intégré dans un recueil rassemblant des écrits qu'ils utilisaient[86]. L'analyse de F. Wisse est sans doute juste, sur ce point du moins. Cependant, l'ascétisme des *Sentences* explique leur succès non seulement auprès des gnostiques, mais aussi auprès des chrétiens de la Grande Église et, avant tout, dans les milieux monastiques, et même dans les cercles philosophiques grecs.

Tout en voyant dans l'ascétisme une des raisons décisives de l'intérêt porté par les gnostiques aux *Sentences*, ne peut-on pas tout aussi bien expliquer leur présence dans la Bibliothèque copte de Nag Hammadi par les habitudes littéraires des gnostiques? Ceux-ci, tout en ayant leurs propres livres, produits ou remaniés par des coreligionnaires, n'étaient pas exclusifs dans leurs lectures[87]. Entre autres, ils utilisaient volontiers les livres que lisaient les chrétiens orthodoxes, pour peu que ceux-ci puissent composer avec des éléments de leur synthèse. On comprend dès lors qu'ils se soient tout naturellement intéressés à une œuvre comme les *Sentences de Sextus*, lue en Égypte dès le début du IIIe siècle, largement diffusée chez les chrétiens, et dont le ton général et la variété des thèmes pouvaient trouver plus d'une résonance chez eux.

---

[84] ID., «Le fragment du *Discours parfait* ...».

[85] Voir l'édition de L. PAINCHAUD, *infra*, p. 121ss.

[86] «Die Sextus-Sprüche und das Problem der gnostischen Ethik», dans A. BÖHLIG, F. WISSE, *Zum Hellenismus in den Schriften von Nag Hammadi* (*Gottinger Orientforschungen*, VI. Reihe, Bd 2), Wiesbaden, 55-86.

[87] Cf. M. TARDIEU, «Gnostiques (Collections)», dans *Encyclopaedia Universalis*, Supplément 1 (Paris, 1980) 673-675.

C'est donc tout d'abord au fait qu'elles étaient une œuvre appréciée et largement répandue que les *Sentences* doivent de figurer dans la Bibliothèque d'un gnostique ou d'un groupe de gnostiques qui, comme les chrétiens, se seront reconnus dans l'idéal ascétique et l'anthropologie spiritualisante du recueil.

# TEXTE
# ET
# TRADUCTION*

* *Note préliminaire*

Sauf en ce qui concerne la séparation des mots, notre texte copte respecte l'exacte disposition du papyrus. Nous avons introduit, autant dans le texte que dans la traduction, la numérotation des sentences communément admise par les éditeurs.

Le signe ⁰ accompagnant un terme dans la traduction française indique que celui-ci est en grec dans le texte copte.

Dans les lacunes, le trait vocalique n'est pas restitué; dans les cas où les SSext utilisent deux formes pour un même mot, c'est toujours la forme sahidique qui est restituée.

*Sigles et abréviations*

[    ] : lettre restituée
⟨   ⟩ : lettre ajoutée
{   } : lettre supprimée
ʹ   ʹ : addition du scribe au-dessous de la ligne
ˋ   ʹ : addition du scribe au-dessus de la ligne
(   ) : ajout pour rendre la traduction plus claire
comm : commentaire *ad loc.*
frgmt : fragment du Codex XII (cf. *supra*, p. 7-8)
Wisse : F. WISSE, *Introduction* et *Notes* to XII,*1* : The Sentences of Sextus (à paraître dans *The Coptic Gnostic Library* [*NHS*], Leiden).

15*

[$^{(157)}$ ± 6-7 м]оеıт пе ν̄тмν̄татсо
[оүν $^{158}$ мере] талΘıа $^{159}$ аүω πбол
[ерı хрω νε]κ ν̄Θε м̄пепхω $^{160}$ πκε
[рос ечесω]κ Ϩнтоү ν̄нεκϣа >
5 [хε $^{161}$ ϣахε мп]çоπ ετεϣϣε εν
[εκа рωκ $^{162b}$ ετвε] νετκсооүνε ∆ε
[мпоүоеıϣ м]πετεϣϣε тотε
[ϣахε $^{163a}$ оүϣах]ε επεчоүоеıϣ ан
[пε πхπıо π]ϵ̄ ν̄оүϨнт εчϨооү·
10 [$^{163b}$ мπсоπ ετε]ϣϣε ⟨ε⟩еıрε м̄π̄р̄р̄ >
[хрω ноү]ϣахε· $^{164a}$ м̄п̄роүω
[ϣ εϣахε νϣо]р̄π̄ Ϩντмнтε ν̄
[νрωмε $^{164b}$ ϣахε] εγεπıстнмн
[тε ка рωч оүε]πıстнмн он тε
15 [ ± 3 $^{165a}$ наνо]үс ετрεүхро ерок
[εкхε тмнε νϨ]оүо ετрεкхро
[Ϩν оүапатн $^{165b}$ π]ετхраεıт Ϩν̄ та
[патн сεхро] ероч Ϩν̄ тмε
[$^{165c}$ νϣахε ν̄бол] ϣаүϣωпε ν̄ >
20 [мν̄трε ννεΘ]о̣оү· $^{165d}$ оүνоб м̄пε
[рıстасıс тε оү]а ереπбол р̄а >
[ ± 10 ] $^{165e}$ · оүон εкнахε
[ ± 12 ]т̄ч· аγω εϣхε
[ ± 13 ] $^{165f}$ м̄п̄раπата
25 [νлааү νϨоүо м]пετр̄ хрıа ν̄ >
[оүϣохне $^{165g}$ εкϣ]а̣хε мν̄н̄са >
[Ϩаϩ кнаναү νϨоү]о ετνоч̣рε·
[$^{166}$ оүпıстос пεεı] пε ετсωк Ϩн
[тоү ннετнано]ỵоү тнроү·

16*

$^{167}$ тсофıа схı моεıт [Ϩнтс ντ̄ψγхн]
ϣаϨраϊ επма м̄п[ноүтε $^{168}$ мν̄]
рмннεı ϣооп ν̄т[алнΘıа εıмн]

p. 15*,5-6 cf. comm — 20 м̄пε : м et π liés.

**15\***

[(157) ± 6-7      ] est [(un) indice] d'igno-
[rance.  158 Aime] la vérité°,  159 et du mensonge,
[use° pour toi] comme du poison.  160 Le mo-
[ment opportun°, puisse-t-il] précéder tes pa-
5   [roles.  161 Parle], lorsqu'il ne convient pas
[de te taire.  162b De] ce que tu connais cependant°,
[au moment] convenable, alors°
[parle.  163a Une parole] à contretemps
[est le désaveu] d'un cœur mauvais.
10   [163b Lorsqu'il] convient ⟨d'⟩agir, n'
[use° pas de] parole.  164a Ne souhaite pas
[parler en pre]mier au milieu des
[hommes.]  164b [Parler] est un art°,
[se taire] est aussi un art°.
15   [165a ± 3 Il est préféra]ble pour toi d'être vaincu
[en disant la vérité] que de vaincre
[par tromperie°.  165b Qui] est victorieux par la
[tromperie° est vaincu] par la vérité.
[165c Les paroles mensongères] sont
20   [les témoins des mé]chants.  165d [C'est] une grave
[circonstance° qu'une] où le mensonge
[      ± 10      ]  165e quelqu'un, lorsque tu diras
[      ± 12      ] lui, et si
[      ± 13        ]  165f Ne trompe°
25   [personne, surtout pas] celui qui a besoin° d'
[un conseil.  165g En] parlant après
[plusieurs, tu verras mieux] ce qu'il est avantageux (de dire).
[166 Celui-là] est [un fidèle°] qui conduit
tous [ceux qui sont bons].


**16\***

167 La sagesse° guide [l'âme°]
jusqu'au lieu de [Dieu.  168 Il n'y a pas]
de familier de la [vérité° si ce]

ⲧⲓ ⲉⲧⲥⲟⲫⲓⲁ·  ¹⁶⁹ ⲟⲩⲫ︮ⲩ︯ⲥ[ⲓⲥ ⲙⲡⲓⲥⲧⲏ ⲙⲛ]

5  ⳓⲟ︤ⲙ︥ ⲙⲙⲟⲥ ⲉⲧⲣⲉ︤ⲥ︥ⲱ[ⲟⲟⲡ ⲛⲙⲁⲓ]
ⳓⲟⲗ·  ¹⁷⁰ ⲟⲩⲫⲩⲥⲓⲥ ⲉⲥ︤ⲣ︥ ⲍ︤ⲟ︥[ⲧⲉ ⲉⲅⲉⲗⲉⲅⲑⲉ]
ⲣⲁ ⲉⲛ ⲧⲉ ⲥⲛⲁ︤ⲱ︥ ︤ⲣ︥ ⲕⲟ[ⲓⲛⲱⲛⲓ ⲁⲛ ⲉⲧⲡⲓ]
ⲥⲧⲓⲥ·  ¹⁷¹ᵃ ⲍⲱⲥ ⲉⲕⲱⲟⲟ[ⲡ ⲙⲡⲓⲥⲧⲟⲥ ⲡⲉ]
ⲧⲉⲱⲱⲉ ⲉⲭⲟⲟ︤ⲩ︥ ︤ⲙ︥[ⲡⲣⲧⲁⲉⲓⲟ︤ⲩ︥ ⲛⲍⲟⲩ]

10  ⲟ ⲁⲡⲥⲱ︤ⲧ︥ⲙ·  ¹⁷¹ᵇ ⲉⲕ︤ⲱ︥[ⲟⲟⲡ ⲛⲙⲙⲁⲩ]
ⲙ︤ⲛ︥ ⲍ︤ⲛ︥ⲡⲓⲥⲧⲟⲥ ⲟⲩ︤ⲱ︥[ⲱ ⲉⲥⲱⲧⲙ ⲛⲍⲟⲩ]
ⲟ ⲉⲱⲁⲭⲉ·  ¹⁷² ⲟⲩⲣ︤ⲱ︥[ⲙⲉ ⲙⲙⲁⲓⲍⲏⲗⲟ]
ⲛⲏ ⲟⲩⲁⲧⲱⲉ︤ⲩ︥ ⲡ︤ⲉ︥ [ⲍⲛ ⲍ︤ⲱ︥ⲃ ⲛⲓⲙ]
¹⁷³ ⲉⲱⲱⲡⲉ ⲉⲙ︤ⲛ︥ ⲛⲟ[ⲃⲉ ⲙⲙⲟⲕ ⲱⲁⲭⲉ]

15  ⲍ︤ⲛ︥ ⲍ︤ⲱ︥ⲃ ⲛⲓⲙ ︤ⲛ︥ⲧ︤ⲛ︥ [ⲡⲛⲟⲩⲧⲉ·  ¹⁷⁴ ⲛⲛⲟ]
ⲃⲉ ︤ⲛ︥ⲛⲉⲧⲟ ︤ⲛ︥ⲁⲧⲥ[ⲟⲟⲩⲛ ⲥⲉⲟ]
ⲛⲱⲱⲥ ︤ⲛ︥ⲛⲉⲛⲧ[ⲁⲩⲧⲥⲁⲃⲟⲟⲩ ¹⁷⁵ ⲛⲉ]
ⲉⲓ ⲉⲧⲟⲩⲭⲉ ⲟⲩⲁ ⲉ[ⲡⲣⲁⲛ ⲙⲡⲛⲟⲩ]
ⲧⲉ ⲉⲧⲃⲏⲧⲟⲩ·  ⲥ︤ⲉ︥[ⲙⲟⲟⲩⲧ ⲛⲁ]

20  ⲍⲣ︤ⲛ︥ ⲡⲛⲟⲩⲧⲉ·  ¹⁷⁶ ⲟ[ⲩⲥⲟⲫⲟⲥ ⲛⲣⲱⲙⲉ]
ⲟⲩⲣⲉⲩ︤ⲣ︥ ⲡⲉⲧⲛⲁ[ⲛⲟⲩⲩ ⲡⲉ ⲙⲛⲛ]
ⲥⲁ ⲡⲛⲟⲩⲧⲉ  ¹⁷⁷ ︤ⲡ︥[ⲉⲕⲃⲓⲟⲥ ⲙⲁⲣⲉⲩ]
ⲧⲁⲭⲣⲟ ︤ⲛ︥ⲛⲉ[ⲕⲱⲁⲭⲉ ⲛⲁⲍⲣⲛ ⲛⲉⲧ]
ⲥⲱ︤ⲧ︥ⲙ·  ¹⁷⁸ ⲡⲉⲧ[ⲉⲱⲱⲉ ⲁⲛ ⲉⲁⲁⲩ ⲟⲩ]

25  ⲇⲉ ︤ⲙ︥ⲡⲣⲙⲉ︤ⲩ︥[ⲅⲉ ⲉⲁⲁⲩ ¹⁷⁹ ⲡⲉⲧⲉⲕⲟⲩ]
ⲱⲱⲉ ⲉⲧⲣⲉⲩ[ⲱⲱⲡⲉ ⲛⲉⲕ ⲁⲛ ⲟⲩⲇⲉ]
︤ⲛ︥ⲧⲟⲕ ⲍⲱⲱ︤ⲕ︥ [ⲙⲡⲣⲁⲁⲩ ¹⁸⁰ ⲁⲩⲱ ⲡⲉ]
ⲧⲉ ⲟⲩⲁⲓⲥⲭⲣ[ⲟⲛ ⲡⲉ ⲉⲁⲁⲩ ± 5 ]

(Les pages 17\*-26\* manquent)

27\*

[¹⁰⁷ ⲡⲣⲱⲙⲉ ⲛⲥⲟⲫ]ⲟⲥ ︤ⲛ︥ⲧⲟⲩ [ⲡⲉⲧⲉⲩ]
[ⲧⲣⲉⲡⲛⲟⲩⲧⲉ ⲁⲍⲉ]ⲣⲁⲧⲩ ︤ⲛ︥ⲣⲣⲱⲙ︤ⲉ︥
[³⁰⁸ ⲡⲛⲟⲩⲧⲉ] ⲇⲉ ⲙ︤[ⲉⲉ]ⲅⲉ ⲙⲡⲱⲁ ⲁⲛⲉⲩ
[ⲍⲃⲏⲩⲉ ⲉⲍ]ⲣⲁ︤ⲓ︥ [ⲉ]ⲭ︤ⲛ︥ ⲡⲥⲟⲫⲟⲥ·  ³⁰⁹ ⲙ︤ⲛ︥

5  [ⲛⲥⲁ ⲡ]ⲛ︤ⲟ︥ⲩⲧⲉ ⲙ︤ⲛ︥ ⲗⲁⲁⲩ ⲟ ⲛⲉⲗⲉⲩ
[ⲑⲉⲣⲟⲥ ⲛ]ⲑⲉ ⲙ︤ⲡ︥ⲥⲟⲫⲟⲥ ︤ⲛ︥ⲣⲱⲙⲉ·
[³¹⁰ ⲛⲉⲛⲧⲁ]ⲡⲛⲟⲩⲧⲉ ⲭⲡⲟⲟⲩ ⲛⲉⲩ ⲟ︤ⲩ︥
[ⲧⲁⲩⲥⲟⲩ ⲍ]ⲱⲱ︤ⲩ︥ ︤ⲛ︥ⳓⲓ ⲡⲥⲟⲫⲟⲥ  ³¹¹ ⲡⲣⲱ

n'est[0] la sagesse[0]. [169] Une nature[0] [fidèle[0], il ne lui]
5 est pas possible d'[être amie du]
mensonge. [170] Une nature[0] crain[tive, qui n'est]
pas libre[0], ne pourra avoir [part[0] à la]
foi[0]. [171a] Si tu es [fidèle[0], ce]
qu'il convient de dire ne [l'estime pas davanta-]
10 ge que (le fait) d'écouter. [171b] Quand tu [es]
avec des fidèles[0], souhaite [écouter plutôt]
que parler. [172] Un homme [qui aime le plai-]
sir[0] est inutile [en toute chose].
[173] Si [tu es] sans péché, [parle]
15 en toute chose (qui est) de [Dieu. [174] Les pé-]
chés de ceux qui sont igno[rants sont]
la honte de ceux qui [leur ont enseigné. [175] Ceux]
à cause de qui on blasphème [le nom de Dieu]
[sont morts de-]
20 vant Dieu. [176] Un [homme sage[0]],
c'est un bienfai[teur après]
Dieu. [177] [Ta vie[0], puisse-t-elle]
confirmer tes [paroles auprès de ceux qui]
(t')écoutent. [178] Ce qu'il [ne convient pas de faire,]
25 ne songe [même] pas[0] [à le faire. [179] Ce que tu ne sou-]
haites [pas] qu'il [t'arrive], toi [non plus[0]],
ne le fais pas. [180] [Et ce]
qu'[il est] honteux[0] [de faire ± 5   ]

(Les pages 17*-26* manquent)

27*

[[307] L'homme sa]ge[0], [c'est] lui [qui]
[fait que Dieu se tienne] près des hommes;
[308] et[0] [Dieu] estime le sage[0] plus que ses
[œuvres]. [309] Après
5 Dieu, il n'y a personne qui soit li-
[bre[0]] comme l'homme sage[0].
[[310] Les choses que] Dieu possède
[appartiennent] aussi au sage[0]. [311] L'homme

[ⲘⲈ Ⲛ]ⳓ[ⲟ]ⲫⲟⲥ ⳋⲢ̄ ⲕⲟⲓⲛⲱⲛⲓ ⲉⲦⲘ̄ⲚⲦ
10 [ⲢⲢ]ⲟ ⲘⲠⲚⲞⲨⲦⲈ   ³¹² ⲞⲨⲢⲰⲘⲈ ⲈⳋⲍⲞ>
[ⲟ]ⲩ ⳋⲞⲨⲰϢ ⲈⲚ ⲈⲦⲢⲈⲦⲈⲠⲢⲞⲚⲞⲒ
[ⲁ] Ⲙ̄ⲠⲚ̣ⲟ̣ⲨⲦⲈ ϢⲰⲠⲈ·   ³¹³ ⲞⲨⲮⲨⲬⲎ
[ⲈⳄ]ⳄⲞⲞⲨ ⲤⲠⲎⲦ ⲈⲂⲞⲖ Ⲙ̄ⲠⲚⲞⲨ
[Ⲧ]Ⲉ·   ³¹⁴ ⳄⲰⲂ ⲚⲒⲘ ⲘⲫⲀⲨⲖⲞⲚ ⲠⲬⲀ
15 ⲬⲈ ⲠⲈ Ⲙ̄ⲠⲚⲞⲨⲦⲈ·   ³¹⁵ ⲠⲈⲦⲘⲈⲈⲨ
Ⲉ ⳄⲢⲀⲒ̈ Ⲛ̄ⳄⲎⲦⲔ̄ ⲬⲞⲞⲤ ⳄⲘ̄ ⲠⲈⲔⳄⲎⲦ
ⲬⲈ Ⲛ̄ⲦⲞⳋ ⲠⲈ ⲠⲢⲰⲘⲈ·   ³¹⁶ ⲠⲘⲀ Ⲉ
ⲦⳋϢⲞⲞⲠ Ⲙ̄ⲘⲈⲨ Ⲛ̄ⳅⲒ ⲠⲈⲔⲘⲈ>
ⲈⲨⲈ ⳋϢⲞⲞⲠ Ⲙ̄ⲘⲈⲨ Ⲛ̄ⳅⲒ ⲠⲈⲔ
20 [Ⲁⲅ]ⲅ̣ⲀⲐⲞⲚ·   ³¹⁷ Ⲙ̄ⲠⲢ̄ϢⲒⲚⲈ Ⲛ̄ⲤⲀ ⲀⲅⲀ>
[Ⲑ]ⲞⲚ ⳄⲚ̄ ⲤⲀⲢⳆ·   ³¹⁸ ⲠⲈⲦⲢ̄ ⲂⲖⲀⲠⲦⲒ
[ⲁ]ⲛ̣ Ⲛ̄ⲦⲮⲨⲬⲎ ⲞⲨⲆⲈ ⳋⲈⲒⲢⲈ ⲈⲚ Ⲙ̄
[ⲠⲢⲰ]Ⲙ̣Ⲉ·   ³¹⁹ Ⲙ̄Ⲛ̄ⲚⲤⲀ ⲠⲚⲞⲨⲦⲈ ⲞⲨ
[ⲤⲞⲫⲞⲤ] Ⲛ̄ⲢⲰⲘⲈ ⲈⲢⲒ ⲦⲒⲘⲀ Ⲙ̄ⲘⲞⳋ
25 [ⲬⲈ Ⲛ̄ⲦⲞ]ⳋ ⲠⲈ ⲪⲨⲠⲎⲢⲈⲦⲎⲤ
[Ⲙ̄ⲠⲚⲞⲨⲦ]ⲉ̣   ³²⁰ ⲠⲤⲰⲘⲀ Ⲛ̄ⲦⲈⲔ>
[ⲮⲨⲬⲎ ⲈⲔⲦⲢⲈ]ⳋⳄⲢⲞϢ ⲘⲈⲚ ⲞⲨⲘ̄Ⲛ̄Ⲧ
[ⲬⲀⲤⲒ ⳄⲎⲦ] ⲦⲈ· ⲈⲂⲘ̄ ⳅⲞⲘ ⲆⲈ Ⲛ̄Ⲣ̄>
[ⲀⲠⲞⲤ]Ⲧ̣ⲒⲖⲈ Ⲙ̄ⲘⲞⳋ ⳄⲚ̄ ⲞⲨⲘ̄Ⲛ̄Ⲧ

28*
[Ⲣ]Ⲙ̄[ⲢⲀ]Ϣ Ⲙ̄ⲠⲞ[ⲨⲞⲈⲒϢ ⲈⲦⲈϢϢⲈ ⲞⲨ]
Ⲙ̄Ⲛ̄ⲦⲘⲀⲔⲀⲢⲓ̣[ⲞⲤ ⲦⲈ   ³²¹ Ⲙ̄ⲠⲢ̄Ϣ̄Ⲱ]
ⲠⲈ Ⲛ̄ⲀⲒⲦⲈⲒⲞⲤ [Ⲙ̄ⲠⲘⲞⲨ ⲚⲀⲔ ⲞⲨⲀ]
ⲈⲈⲦⲔ̄· ⲠⲈⲦⲚⲀ[ⳋ]Ⲓ̣Ⲧ̣Ⲕ̣ [Ⲛ̄ⲦⲘ̄ ⲠⲤⲰ]
5 ⲘⲀ Ⲛ̄ⳋⲘⲞⲞⲨⲦⲔ̄ Ⲙ̄ⲠⲢ̄ⳅ[ⲰⲚⲦ ⲈⲢⲞⳋ]
³²² ⲞⲨⲈⲈⲒ ⲈⳋϢⲀⲚⲈⲒⲚⲈ Ⲙ̄[ⲠⲤⲞⲪⲞⲤ]
ⲈⲂⲞⲖ ⳄⲘ̄ ⲠⲤⲰⲘⲀ ⳄⲚ̄ Ⲟ̣[ⲨⲘ̄Ⲛ̄ⲦⲬⲒ]
Ⲛ̄ⳅⲞⲚ̄Ⲥ ⲘⲀⲖⲖⲞⲚ ⲈⳋⲈⲒⲢ[Ⲉ Ⲙ̄ⲠⲠⲈ]
ⲦⲚⲀⲚⲞⳋⳋ ⲚⲈⳋ· ⲀⲨⲂⲞ[Ⲗ]ⳋ ⲅ̣[ⲀⲢ Ⲉ]
10 ⲂⲞⲖ ⳄⲚ̄ ⳄⲈⲚⲘ̄ⲢⲢⲈ·   ³²³ ⲐⲢⲦⲈ Ⲙ̄[ⲠⲘⲞⲨ]
ϢⲀⲤⲢ̄ ⲖⲨⲠⲈⲒ Ⲙ̄ⲠⲢⲰⲘ[Ⲉ] ⲈⲂⲞ[Ⲗ ⳄⲚ̄]
ⲦⲘⲛ̄ⲦⲀⲦⲤⲞⲞⲨⲚ Ⲛ̄ⲦⲮⲨⲬⲎ·   ³²⁴ [ⲦⲤⳄ]
ⳋⲈ ⲈⲦⲘⲞⲨⲦ ⲢⲰⲘⲈ ⲚⲈⳄ̣ⲀⲘⲈⲒ[ⲚⲞⲚ]

sage⁰ participe⁰ à la royau-
10  [té] de Dieu.   ³¹² L'homme
mauvais ne veut pas que la provi-
dence⁰ de Dieu soit.   ³¹³ L'âme⁰
mauvaise est en fuite loin de
Dieu.   ³¹⁴ Toute chose vile⁰ est l'en-
15  nemie de Dieu.   ³¹⁵ Ce qui pense
en toi, dis dans ton cœur
que c'est cela, l'homme.   ³¹⁶ Là
où est ta pensée,
c'est là qu'est ton
20  bien⁰.   ³¹⁷ Ne cherche pas le
bien⁰ dans la chair⁰.   ³¹⁸ Ce qui ne fait pas de tort⁰
à l'âme⁰, n'(en) fait pas non plus⁰ à
[l'hom]me.   ³¹⁹ Après Dieu,
honore⁰ un homme [sage⁰],
25  [car il] est le serviteur⁰
de Dieu.   ³²⁰ Le corps⁰ de ton
[âme⁰, que tu t'en fasses] un fardeau (+ μέν), c'est chose
[orgueilleuse]; mais⁰ de pouvoir
le [congé]dier⁰ dans la


**28***

[douceur], lorsqu'il [le faut],
[c'est] chose heureuse⁰.   ³²¹ [Ne sois pas]
cause⁰ [de mort pour toi-]
même; celui qui te [fera sortir du]
5  corps⁰ et te tuera, ne t'[irrite pas contre lui].
³²² Si quelqu'un expulse le [sage⁰]
hors du corps⁰ par [vio-]
lence, il lui fait plutôt⁰
[du] bien : en [effet⁰], on l'a libéré
10  de liens.   ³²³ La crainte de [la mort]
afflige⁰ l'homme à cause [de]
l'ignorance de l'âme⁰.   ³²⁴ [L'é-]
pée qui tue l'homme, il était préférable⁰

ετм̄τρεсϣωπε · ν̄τερεсϣ̄[ω]

15 πε Δε χοος ϩм̄ πεκϩητ χε сϣο
οπ εν · ³²⁵ ογε εϥχω м̄μοс χε εει
ρ̄ πιстεγε καν εϥϣανρ̄ ογνοϭ
ν̄χρονος ϩν̄ ογμ̄ν̄τ† ϩο εβολ
ϥναμογν εβολ αν αλλα ϥνα >

20 ϩαϊε ³²⁶ᵃ ν̄θε ετϥ̄ϣοοπ м̄μοϥ [ν]
ϭι πεκϩητ ϥναϣωπε м̄μ[οϥ]
ν̄ϭι πεκβιος · ³²⁶ᵇ ογϩητ ν̄ρм̄[ννογ]
τε ϥτρεογβιος м̄μακα̣[ριος]
ϣωπε · ³²⁷ πετναϣο̣χ̣[νε επ πε]

25 θοογ εϩογν εκεγε̣ [ντοϥ ϥναρ]
πϣορπ̄ ν̄τεπ [πεθοογ ον]
³²⁸ ογρωμε ν̄αχ⟨α⟩ριст[ος мπρτρεϥ]
λαβε εροκ εκειρε м̄π[αγαθον]


29*

[³²⁹ мπρχοος ϩμ πε]κ̣ϩητ χ[ε ν]κα
[νιμ ντν] ν̣[εντα]γ̣ρ αιτει ммο >
[ογ ντακ]† ν̣[τε]γνογ м̄φογο м̄
[πετν]α̣χι[τ]ϥ ³³⁰ εκναρ χρασθαι

5 [νογνο]ϭ ν̄ογсια · εκϣα† ν̄νετ
[ρ̄ϭρωϩ] ϩν̄ ογπροθγμια · ³³¹ ογсο̄
[εϥρ αγν]ϣμονει ερι πιθε м̄μοϥ
[ετ]м̄ρ̄ α̣γνωμων · εϥϣανλγ
[сса ε]ρι τηρι м̄μοϥ ³³² ερι αγωνι

10 [ζε] εϫ̣ρο ερωμε νιμ ν̄ϩν τм̄ν̄τ
[ε]γνωμων · ³³⁴ κω νεκ м̄πεκ
[ρ̄]ϣ̣ω̣ε ³³³ κναϣχι νογс εν ειμη
[τ]ι ν̄г̄ммε ν̄ϣορπ̄ χε м̄ν̄τεκ
³³⁵ᵃ ϩ̣[ι] ϩωβ νιμ πιϣαχε ον πε · ³³⁵ᵇ м̄

15 μερος м̄πсωμα сεο νετπω
ν̄νετρ̄ χρασθαι м̄μοογ εν · >
³³⁶ νανογс ε ρ̄ ϩγπηρετει ν̄ϩν
κοογε ν̄ϩογο ετρεϩ̄νκοογε >
ρ̄ ϩγπηρετι м̄μοκ · ³³⁷ πετεπνογ

20 τε ναν̄τϥ εν εβολ ϩν̄ сωμα


p. 28*,27 αχ⟨α⟩¹τ̣[ος Wisse.
p. 29*,12 ειμη : м et н liés.

qu'elle n'existât pas ; mais⁰ une fois qu'elle

15  existe, dis dans ton cœur qu'elle n'existe pas.   ³²⁵ Quiconque dit : «je
crois⁰», même⁰ s'il demeure long-
temps⁰ dans la dissimulation,
il ne tiendra pas, mais⁰ il

20  tombera.   ³²⁶ᵃ De la manière qu'est
ton cœur, (ainsi) sera
ta vie⁰.   ³²⁶ᵇ Un cœur ami de [Dieu]
fait qu'une vie⁰ heu[reuse]⁰
soit (possible).   ³²⁷ Celui qui complote [le]

25  mal contre d'autres, [sera lui(-même)]
le premier à faire [aussi] l'expérience [du mal].
³²⁸ [Ne laisse pas] un homme ingrat⁰
t'empêcher de faire le [bien⁰].


**29\***

[³²⁹ Ne dis pas dans] ton cœur que,
(concernant) [toute chose] qu'on a demandée⁰
[tu as] donné à l'instant la plus grande part à
[celui qui] la recevra.   ³³⁰ Tu jouieras⁰

5  [d'une grande] fortune⁰ si tu donnes
avec empressement⁰ aux [indigents].   ³³¹ Un frère
[qui agit sans] réflexion⁰, persuade⁰-le
[de] ne pas être irréfléchi⁰ ; s'il devient fu-
[rieux]⁰, veille⁰ sur lui.   ³³² Lutte⁰

10  pour vaincre tout homme par la
prudence⁰.   ³³⁴ Sauvegarde ton
[au]tonomie.   ³³³ Tu ne pourras recevoir d'intellect⁰ si-
non⁰ en sachant d'abord que tu n'(en) possède pas.
³³⁵ᵃ Au sujet de toute chose, il y a aussi cette parole : ³³⁵ᵇ les

15  membres⁰ du corps⁰ sont un poids
pour ceux qui ne s'en servent⁰ pas.
³³⁶ Il est meilleur d'en servir⁰ d'
autres que de te faire servir⁰ par d'autres.
³³⁷ Celui que Dieu

20  ne fera pas sortir du corps⁰,

ⲙ̄ⲡⲣ̄ⲧⲣⲉϥⲣ̄ ⲃⲁⲣⲉⲓ ⲙ̄ⲙⲟϥ· ³³⁸ ⲟⲩ
ⲇⲟⲅⲙⲁ ⲉⲙⲉϥϯ ⲛ̄ⲛⲉⲧⲣ̄ ϭⲣⲱ꯭ϩ·
[ⲟ]ⲩ ⲙⲟ̣ⲛⲟⲛ ⲙ̄ⲡⲣ̄ⲭⲡⲟϥ ⲛⲉⲕ·
[ⲟⲩⲁ]ⲉ̣ ⲙ̄[ⲡ]ⲣ̄ⲥⲱⲧⲙ̄ ⲉⲣⲟϥ· ³³⁹ ⲡⲉⲧϯ
25 [ⲗⲁⲁ]ⲩ [ϩⲛ ⲟⲩ]ϫⲓ ϩⲟ ⲉϥⲣ̄ ϩⲩⲃⲣⲓⲍⲉ
[ ± 9-10 ] ³⁴⁰ ⲉⲕϣⲁⲛϥⲓ ⲡⲣⲟ
[ⲟⲩϣ ⲛⲛ]ⲟ̣ⲣⲫⲁⲛⲟⲥ ⲕⲛⲁϣⲱ>
[ⲡⲉ ⲛⲉⲓ]ⲱⲧ ⲛ̄ϩⲁϩ ⲛ̄ϣⲏⲣⲉ ⲉⲕⲟ

30*
ⲙ̄ⲙ[ⲁⲉ]ⲓⲛⲟⲩⲧⲉ ³⁴¹ [ⲡⲉⲛⲧⲁⲕⲣ̄ ϩⲩⲡⲟⲩⲣ]
ⲅⲓ ⲛⲉϥ ⲉⲧⲃⲉ ⲟⲩ[ⲉⲟⲟ]ⲩ ⲛ̄[ⲧⲁⲕⲣ̄ ϩⲩ]
ⲡⲟⲩⲣⲅⲓ ϩⲁ ⲟⲩⲃⲉ̣[ⲕⲉ] ³⁴² ⲉⲕ[ϣⲁⲛϯ ⲙ]
ⲡⲉⲧ⟨ⲧ⟩ⲁⲉⲓⲁⲕ ⲛ̄ⲧ. [.]ⲁⲣⲉ[ ± 2 ⲛ̄ⲧⲁⲕ]
5 ϯ ⲛ̄ⲟⲩⲣⲱⲙⲉ ⲉⲛ ⲁⲗⲗⲁ [ⲛ̄ⲧⲁⲕϯ]
ⲛ̄ⲧⲉⲕϩⲏⲇⲟⲛⲏ· ³⁴³ ⲙ̄ⲡⲣ̄ⲧ̣[ⲱⲃⲥ ⲛ]
ⲧⲟⲣⲅⲏ ⲛ̄ⲟⲩⲙⲏⲏϣⲉ ³⁴⁴ ⲙ̣[ⲙⲉ ϭⲉ]
ⲉⲩⲡⲉⲧⲉϣϣⲉ ⲉⲧⲣⲉϥⲉ̣[ⲓⲣⲉ ⲛ̄ϭⲓ]
ⲡⲣⲙ̄ⲙⲁⲟ· ³⁴⁵ ⲛⲁ̄ⲛⲟⲩⲥ ⲉⲙⲟⲩ [ⲛ̄ϩⲟⲩ]
10 ⲟ ⲉⲧ ϩⲁⲁⲥⲧⲛ̄ ⲛ̄ⲧⲯⲩⲭⲏ ⲉⲧⲃ[ⲉ ⲧⲙ̄ⲛ̄ⲧ]
ⲁⲧⲁⲙⲁϩⲧⲉ ⲛ̄ⲑⲏ· ³⁴⁶ ϫⲟⲟ[ⲥ] ϩⲙ̄ ⲡ[ⲉⲕ]
ϩⲏⲧ ϫⲉ ⲧ̄ϩⲃⲥⲱ ⲛ̄ⲧⲉⲕⲯⲩⲭⲏ [ⲧⲉ]
ⲡⲥⲱⲙⲁ· ⲁⲣⲏϩ ϭⲉ ⲉⲣⲟϥ ⲉϥ[ⲟⲩ]
ⲁⲇⲃ· ⲉϥⲟ ⲛ̄ⲁⲧⲛⲟⲃⲉ· ³⁴⁷ ⲛⲉⲧⲉ ⲧⲯⲩ̣
15 ⲭⲏ ⲛⲁⲁⲁⲩ ⲉⲥϩⲛ̄ ⲥⲱⲙⲁ· ⲟⲩⲛⲧⲉ
ⲥ ⲉⲙⲙⲛ̄ⲧⲣⲉ ⲉⲥⲃⲏⲕ ⲉϩⲣⲁ̈ⲓ ⲉ>
ⲧⲉⲕⲣⲓⲥⲓⲥ· ³⁴⁸ ϩⲛ̄ⲇⲁⲓⲙⲱⲛ ⲛⲁⲕⲁ
ⲑⲁⲣⲧⲟⲥ ϣⲁⲩⲣ̄ ⲉⲡⲓⲇⲓⲕⲁⲍⲉ ⲛ̄ⲟⲩ
ⲯⲩⲭⲏ ⲉⲥϫⲁϩⲙ̄ ³⁴⁹ ⲟⲩⲯⲩⲭⲏ ⲙ̄ⲡⲓ
20 ⲥⲧⲏ ⲛ̄ⲁⲅⲁⲑⲏ ⟨ⲛ⟩ⲇⲁⲓⲙⲱⲛ ⲉⲑⲟⲟⲩ
ⲛⲁϣⲣ̄ ⲕⲁⲧⲉⲭⲉ ⲙ̄ⲙⲟⲥ ⲉⲛ ϩⲛ̄ ⲧ
ϩⲓⲏ ⲙ̄ⲡⲛⲟⲩⲧⲉ· ³⁵⁰ ⲡⲗⲟⲅⲟⲥ ⲙ̄ⲡ[ⲛⲟⲩ]
ⲧⲉ ⲙ̄ⲡⲣ̄ⲧⲉⲉϥ ⲛ̄ⲟⲩⲟⲛ̣ ⲛⲓⲙ ³⁵¹ ⲛ̄[ⲉⲧ]
ϫⲁϩⲙ̄ ⲉⲃⲟⲗ ϩⲓⲧⲟⲟⲧⲩ̄ [ⲙ]ⲡ̣ⲉ[ⲟⲟⲩ]
25 ⲟⲩⲱⲣⲝ̄ ⲛⲁⲩ ⲁⲛ ⲡⲉ ⲉ[ⲧⲣⲉ]ⲩ[ⲥⲱⲧⲙ]
ⲉⲧⲃⲉ ⲡⲛⲟⲩⲧⲉ· ³⁵² ⲟ̣[ⲩⲕⲓⲛⲇⲩⲛⲟⲥ ⲛ]
ⲕⲟⲩⲉⲓ ⲉⲛ ⲡⲉ ⲉⲧⲣⲉⲛ̣[ϫⲱ ⲛ̄ⲧⲁⲗⲏ]
ⲑⲓⲁ ⲉⲧⲃⲉ ⲡⲛⲟⲩⲧⲉ ³⁵³ ⲙ̄[ⲡⲣ̄ϣⲁϫⲉ]

qu'il ne s'accable° pas lui-même.   338 Une
doctrine° qui ne (permet) pas de donner aux indigents,
[non] seulement° ne l'adopte pas,
ne l'écoute pas [non plus°].   339 Qui donne
25   [quelque chose avec] partialité agit avec insolence°
[          ± 9          ].   340 Si tu prends soin
[des] orphelins°, tu seras
[pè]re de nombreux fils, étant


**30\***

ami de Dieu.   341 [Celui à qui tu as rendu ser]-
vice° en vue de la [gloire], [tu (lui) as rendu]
service° contre sa[laire].   342 [Si tu [donnes à]
celui qui t'honore [      ± 9      tu]
5   n'a pas donné à un homme, mais° [tu as donné]
pour ton plaisir°.   343 N'[excite] pas
la colère° de la foule.   344 Ap[prends donc]
ce qu'il convient que [fasse]
l'homme riche.   345 Il est préférable de mourir [plutôt]
10   que d'obscurcir l'âme° à cause de [l'in-]
tempérance du ventre.   346 Dis dans [ton]
cœur que le vêtement de ton âme°, [c'est]
le corps°; garde-le donc
pur, sans péché,   347 Les choses que l'âme°
15   aura faites alors qu'elle était dans le corps°, elle
(les) aura comme témoins lorsqu'elle montera au
jugement°.   348 Les démons im-
purs° réclament° une
âme° qui est souillée.   349 Une âme° fi-
20   dèle° (et) bonne°, ⟨les⟩ démons° mauvais
ne pourront la retenir° sur le
chemin de Dieu.   350 La parole° de Dieu,
ne la donne pas à tout un chacun.   351 (Pour) ceux [qui]
sont corrompus par la [gloire],
25   il n'est pas prudent d'écouter (parler)
de Dieu.   352 Ce n'est pas un
petit [danger°] pour nous que de [dire la véri-]
té° au sujet de Dieu.   353 Ne [dis]

31*

[ⲗⲁⲁⲩ ⲉⲧⲃⲉ ⲡⲛ]ⲟ̣ⲩⲧⲉ ⲍ̣ⲁⲧ̣[ⲍ̣ⲏ ⲙ]
[ⲡⲁⲧⲕⲥ]ⲁ̣ⲃⲟ ⲛ̣ⲧⲟⲟⲧ̄ϥ̣ ⲙ̄ⲡ̄ⲛ[ⲟⲩ]
[ⲧⲉ  ³⁵⁴ ⲙ̄ⲡⲣ̄]ϣ̣ⲁⲭ̣ⲉ̣ ⲙ̄ⲛ̄ ⲟⲩⲁⲧⲛⲟⲩ[ⲧⲉ]
[ⲍ̣ⲁ ⲡⲣⲁ ⲙ]ⲡ̄ⲛⲟ̣[ⲩ]ⲧⲉ  ³⁵⁶ ⲉϣⲱⲡⲉ ⲕ[ⲧ]

5    [ⲃⲃⲏⲩ] ⲉⲛ ⲉⲍ̄ⲃⲏⲩⲉ ⲉⲧⲭⲁⲍ̄ⲙ̄
[ⲙ̄ⲡⲣ̄]ϣⲁⲭⲉ ⲍⲁ ⲡⲣⲁ ⲙ̄ⲡⲛⲟⲩⲧⲉ̣
[³⁵⁷ ⲟⲩϣⲁⲭ]ⲉ̣ ⲙ̄ⲙⲏⲉ ⲍⲁ ⲡⲣⲁ ⲙ̄ⲡⲛⲟ̣[ⲩ]
ⲧⲉ [ⲟⲩ]ϣⲁⲭⲉ ⲙ̄ⲡⲛⲟⲩⲧⲉ ⲡⲉ·  ±³⁵⁵ ϣ̣[ⲁ]
ⲭⲉ ⲉ̣ⲡⲗⲟⲅⲟⲥ ⲍⲁ ⲡⲣⲁ ⲙ̄ⲡⲛⲟⲩ

10   ⲧⲉ ⲍⲱⲥ ⲉⲕⲭⲱ ⲙ̄ⲙⲟϥ ⲍⲁⲧⲛ̄ ⲡⲛⲟⲩ
[ⲧ]ⲉ̣  ³⁵⁸ ⲉⲣϣⲁⲛⲡⲉⲕⲍⲏⲧ ⲧⲱⲧ ⲛ̄>
ϣⲟⲣⲡ̄ ⲭⲉ ⲁⲕⲣ̄ ⲙⲁⲉⲓⲛⲟⲩⲧⲉ ·>
[ⲧ]ⲟ̣ⲧⲉ ⲛⲉⲧⲕⲟ̄ⲩⲁϣ̄ⲟⲩ ϣⲁⲭⲉ
ⲉ̣ⲣⲟⲟⲩ ⲍⲁ ⲡⲣⲁ ⲙ̄ⲡⲛⲟⲩⲧⲉ·  ³⁵⁹ ⲛⲉⲕ

15   ⲍⲃⲏⲩⲉ ⲙ̄ⲙⲁⲉⲓⲛⲟⲩⲧⲉ ⲙⲁⲣⲟⲩ
ⲥⲱⲕ ⲍⲏⲧ̄ϥ̄ ⲛ̄ϣⲁⲭⲉ ⲛⲓⲙ ⲍⲁ ⲡⲣⲁ
ⲙ̄ⲡⲛⲟⲩⲧⲉ·  ³⁶⁰ ⲙ̄ⲡ̄ⲣ̄ⲟⲩⲱϣ ⲉϣⲁ
ⲭⲉ ⲍⲁⲧⲛ̄ ⲟⲩⲙⲛⲏϣⲉ ⲍⲁ ⲡⲣⲁ ⲙ̄
ⲡⲛⲟⲩⲧⲉ·  ³⁶¹ ⲟⲩϣⲁⲭⲉ ⲉⲧⲃⲉ ⲡⲛⲟⲩ

20   ⲧⲉ ⲧ̄ ⲥⲟ ⲉⲣⲟϥ ⲉⲧⲃⲉ ⲟⲩⲯⲩⲭⲏ·  ³⁶² ϥ̣
ⲥⲟⲧⲡ̄ ⲁⲧ̄ ⲟⲩⲯⲩⲭⲏ ⲉⲍⲟⲩⲟ ⲉⲛⲉⲭ
ⲟⲩϣⲁⲭⲉ ⲉⲃⲟⲗ ⲉⲡⲭⲓⲛⲭⲏ ⲍⲁ ⲡⲣⲁ
ⲙ̄ⲡⲛⲟⲩⲧⲉ  ³⁶³ᵃ ⲕⲭⲉ ⲟⲩⲱ ⲙⲉⲛ ⲙ̄ⲡⲥⲱ
ⲙⲁ ⲙ̄ⲡⲣⲙ̄ⲛ̄ⲛⲟⲩⲧⲉ· ⲕⲛⲁϣⲣ̄ ⲭⲟ

25   ⲉⲓⲥ ⲇⲉ ⲉ̣ⲛ ⲉⲡⲉϥϣⲁⲭⲉ·  ³⁶³ᵇ ⲡⲕⲉⲙⲟⲩ
ⲉⲓ ⲍⲱϥ ϣ̣[ⲁ]ϥ̣ⲣ̄ ⲁⲣⲭⲉⲓ ⲉⲡⲥⲱⲙⲁ ⲙ̄
[ⲡⲥⲟⲫⲟ]ⲥ̣ ⲡⲕⲉⲧⲩⲣⲁⲛⲟⲥ ⲣ̄ ⲁⲣⲭⲓ
[ⲉⲣⲟϥ] ⲟⲩⲁⲉⲉⲧ̄ϥ·  ³⁶⁴ ⲉⲣϣⲁⲛⲟⲩⲧⲩ⟨ⲣⲁⲛⲟⲥ⟩


32*

[ⲁⲡⲉⲓ]ⲗⲉⲓ ⲛⲉⲕ [+ 2].[ ± 8 ⲉⲣⲓ]
[ⲡ]ⲙⲉⲉⲩ ⲙ̄ⲡⲛⲟ̣[ⲩ]ⲧ̣ⲉ·  ³⁶⁵ ⲡ̣[ⲉⲧϣⲁⲭⲉ]
[ⲙ̄]ⲡⲗⲟⲅⲟⲥ ⲙ̄ⲡ[ⲛ̄]ⲟ̣ⲩⲧⲉ̣ [ⲉⲛⲉⲧⲉ]
ⲱϣⲉ ⲉⲛ ⲡⲉⲉ[ⲓ] ⲡⲉ ⲡ̣[ⲡⲣⲟⲇⲟ]

5    [ⲧ]ⲏⲥ ⲙ̄ⲡⲛⲟⲩⲧⲉ·  ³⁶⁶ ⲛⲁⲛ[ⲟⲩⲥ ⲉⲧⲣⲉⲕ]

---

p. 31*,10 ⲙ̄ⲡⲛⲟⲩ : ⲡ et ⲛ liés — 20 cf. comm — 22 ⲡⲣⲁ : ⲣ légèrement au-dessus de la
ligne — 23 ⲙ̄ⲡⲥⲱ : ⲙ et ⲡ liés.
p. 32*,1 cf. comm

**31\***

   [rien au sujet de] Dieu avant [que]

   [tu ne l'aies] appris d'auprès de Dieu.

   [³⁵⁴ Ne] parle [pas] à un impie

   [au sujet de] Dieu.   ³⁵⁶ Si tu n'[es]

5  pas [purifié] des œuvres corrompues,

   [ne] parle [pas] au sujet de Dieu.

   [³⁵⁷ Une paro]le vraie sur Dieu,

   c'est une parole de Dieu.   ± ³⁵⁵ Par-

   le de la parole ⁰ concernant Dieu

10 comme ⁰ si tu la disais en présence de

   Dieu.   ³⁵⁸ Si ton cœur est persuadé

   d'abord que tu as été ami de Dieu,

   alors ⁰ ceux à qui tu veux, parle-

   leur de Dieu.   ³⁵⁹ Que tes

15 œuvres pieuses

   précèdent toute parole concernant

   Dieu.   ³⁶⁰ Ne souhaite pas par-

   ler de Dieu devant

   une foule ⁰.   ³⁶¹ Une parole au sujet de Dieu

20 sois-en (plus) économe (qu')au sujet d'une âme ⁰.   ³⁶² Il

   est préférable de livrer une âme ⁰ plutôt que de proférer

   en vain une parole au sujet

   de Dieu.   ³⁶³ᵃ Tu engendres (+ μέν) le

   corps ⁰ de l'homme de Dieu, mais ⁰ tu ne pourras domi-

25 ner sa parole.   ³⁶³ᵇ Le lion

   aussi se rend maître ⁰ du corps ⁰ du

   [sage ⁰], le tyran ⁰ de même se rend maître ⁰

   [de lui] seul.   ³⁶⁴ Si un ty⟨ran⟩ ⁰


**32\***

   te me[nace ⁰   ± 11       sou-]

   viens-toi de Dieu.   ³⁶⁵ Celui [qui dit]

   la parole ⁰ de Dieu [à qui]

   il ne convient pas, celui-là est le [traî-]

5  tre ⁰ (à l'égard) de Dieu.   ³⁶⁶ Il est pré[férable de te]

ⲕⲁ ⲣⲱⲕ ⲉⲡⲗⲟⲅⲟⲥ ⲙ̄ⲡⲛ̣[ⲟⲩⲧⲉ]
ⲏ ⲉⲧⲣⲉⲕϫⲟⲟⲥ ϩ̄ⲛ ⲟⲩⲙ̣[ⲛⲧⲡⲣⲟ]
ⲡⲉⲧⲏⲥ · ³⁶⁷ ⲡⲉⲧϫⲱ ⲛ̄ϩⲛ̄ⲃⲟⲗ [ϩ̣]ⲁ̣ ⲡⲣ̣[ⲁ]
ⲙ̄ⲡⲛⲟⲩⲧⲉ · ⲡⲉⲉⲓ ⲉϥϫⲓ ϭ[ⲟ]ⲗ ⲉ⟩
10  ⲡⲛⲟⲩⲧⲉ    ³⁶⁸ ⲟⲩⲣⲱⲙⲉ ⲉⲙⲛ̄ⲧⲁϥ
ⲗⲁⲁⲩ ⲉⲙ̄ⲙⲏⲉ ⲉϫⲱ ϩⲁ̣ ⲡⲣⲁ ⲙ̣[ⲡⲛⲟⲩ]
ⲧⲉ ϥⲟ ⲛ̄ϫⲁⲉⲓⲉ ⲉⲡⲛⲟⲩⲧⲉ · ³⁶⁹ [ⲙⲛ]
ϭⲟⲙ ⲛ̄ⲅ̄ⲥⲟⲩⲛ ⲡⲛⲟⲩⲧⲉ ⲉⲕⲣ̄ [ⲥⲉ]
ⲃⲉⲥⲑⲁⲓ ⲛⲉϥ ⲉⲛ · ³⁷⁰ ⲟⲩⲣⲱⲙⲉ ⲉϥ
15  ϫⲓ ⲟⲩⲉ ⲛ̄ϭⲟⲛⲥ ϥⲛⲁϣ̄ⲣ ⲥⲉⲃⲉⲥⲑⲉ
ⲁⲛ ⲉⲡⲛⲟⲩⲧⲉ · ³⁷¹ ⲧⲁⲣⲭⲏ ⲛ̄ⲧⲙⲛ̄ⲧ
ⲛⲟⲩⲧⲉ ⲧⲉ ⲧⲙⲛⲧⲙⲁⲉⲓⲣⲱⲙⲉ ·
³⁷² ⲡⲉⲧϥⲓ ⲙ̄ⲡⲣⲟⲟⲩϣ̣ ⲛ̄ⲣⲱⲙⲉ ⲉϥ⟩
ϣⲗⲏⲗ ϩⲁⲣⲟⲟⲩ ⲧⲏⲣⲟⲩ ⲧⲉⲉⲓ ⲧⲉ
20  ⲧⲁⲗⲏⲑⲓⲁ ⲙ̄ⲡⲛⲟⲩⲧⲉ · ³⁷³ ⲡⲁⲡⲛⲟⲩ
ⲧⲉ ⲙⲉⲛ ⲡⲉ ⲁⲧⲁⲛϩⲉ ⲡⲉⲧϥⲟⲩⲁ̣
ϣ̣ϥ · ³⁷⁴ ⲡⲁⲡⲣⲙ̄ⲛ̄ⲛⲟⲩⲧⲉ ϩⲱⲱϥ
ⲡⲉ ⲁϣⲗⲏⲗ ⲉⲡⲛⲟⲩⲧⲉ ⲉⲧⲁⲛ⟩
ϩⲉ ⲟⲩⲟⲛ ⲛⲓⲙ · ³⁷⁵ ϩⲟⲧⲁⲛ ⲉⲕϣⲁⲛ
25  ϣⲗⲏⲗ ⲉⲧⲃⲉ ⲟⲩϩⲱⲃ ⲛ̄ϥϣⲱⲡⲉ
ⲛⲁⲕ ⲉⲃⲟⲗ ϩⲓⲧⲛ̄ ⲡⲛ̣ⲟ̣[ⲩ]ⲧⲉ ⲧⲟⲧ̣[ⲉ]
ϫⲟⲟⲥ ϩⲙ̄ ⲡⲉⲕϩⲏⲧ ϫⲉ ⲟ̣[ⲩⲛⲧⲉⲕ]

33*

[ ± 12 ] .. [ ± 5-6 ]
[³⁷⁶ᵃ ⲟⲩ]ⲣⲱ̣[ⲙⲉ ⲉ]ϥ̄ⲙ̄ⲡϣⲁ ⲙⲡⲛⲟ̣ⲩ
ⲧⲉ̣ [ⲡⲉ]ⲉ̣[ⲓ] ⲡⲉ ⲡ̣ⲛⲟⲩⲧⲉ ⲉⲧϩ̄ⲛ ⲛ̄⟩
ⲣ̄ⲣ[ⲱ]ⲙⲉ̣ ³⁷⁶ᵇ ⲁⲩⲱ ⲡϣⲏⲣⲉ ⲙ̄ⲡⲛⲟⲩ⟩
5  ⲧⲉ [ⲡ]ⲉ̣ ϥϣⲟⲟⲡ ⲙⲉⲛ ⲛ̄ⲃⲓ ⲡⲛⲟϭ
ⲁⲩⲱ ϥϣⲟⲟⲡ ⲛ̄ⲃⲓ ⲡⲉⲧϩⲏⲛ ⲉ⟩
ϩⲟⲩⲛ ⲉⲡⲛⲟϭ · ³⁷⁷ ⲛⲁⲛⲟⲩⲥ ⲉⲧⲣⲉ
ⲡⲣⲱⲙⲉ ϣⲱⲡⲉ ⲉⲙⲛ̄ⲧⲉϥ ϩⲛⲉ
ⲉⲩ · ⲛ̄ϩⲟⲩⲟ ⲉⲟⲩⲛⲧⲉϥ ϩⲁϩ ⲛ̄ϩⲛⲉ
10  ⲉⲩ ⲉⲛϥ̄ϯ ⲉⲛ ⟨ⲛ⟩ⲛⲉⲧⲣ̄ ϭⲣⲱϩ · ³⁷⁸ ⲛ̄ⲧⲟⲕ
ϩⲱⲱⲕ ⲉⲕϣⲁⲧⲱⲃ̣ϩ̣ ⲙ̄ⲡⲛⲟⲩⲧⲉ

p. 32*,16-17 ⲙⲛⲧ|ⲛⲟⲩⲧⲉ : ⲙ, ⲛ et ⲧ liés.
p. 33*,1 cf. comm — 2 [ⲟⲩ]ⲣⲱ̣[ⲙⲉ frgmt 6 — 3 ⲧⲉ̣ frgmt 3 // [ⲡⲉ]ⲉ̣[ⲓ] frgmt 6 —
4 ⲣ̄ⲣ[ⲱ]ⲙⲉ̣ frgmt 3 // ⲁⲩⲱ... cf. comm — 4-5 ⲡⲛⲟⲩ ⟩|ⲧⲉ frgmt 3 — 6 ⲁⲩⲱ frgmt
3 — 6-7 ⲉ ⟩ |ϩⲟⲩⲛ frgmt 3 — 8 ⲡⲣⲱⲙⲉ frgmt 3.

taire au sujet de la parole⁰ de [Dieu]
que⁰ de la dire avec [témé-]
rité⁰.    ³⁶⁷ Celui qui dit des mensonges au sujet
de Dieu, celui-là, c'est à Dieu qu'il
10    ment.    ³⁶⁸ Un homme qui n'a
rien de vrai à dire au sujet de [Dieu]
est déserté par Dieu.    ³⁶⁹ [Il est im-]
possible que tu connaisses Dieu, si tu ne l'[ho-]
nores⁰ pas.    ³⁷⁰ Un homme qui
15    fait violence à quelqu'un, ne pourra honorer⁰
Dieu.    ³⁷¹ Le principe⁰ de la
piété, c'est l'amour envers l'homme.
³⁷² Celui qui se soucie des hommes en
priant pour eux tous, telle est
20    la vérité⁰ de Dieu.    ³⁷³ Le propre de Dieu (+ μέν),
c'est de sauver qui il
désire,    ³⁷⁴ mais le propre de l'homme de Dieu,
c'est de prier Dieu de sauver
un chacun.    ³⁷⁵ Quand tu
25    pries pour une chose et qu'elle t'advient
de la part de Dieu, alors⁰
dis dans ton cœur que tu as


**33\***

[                              ]
[³⁷⁶ᵃ Un homme qui] est digne de Dieu,
[celui-là] est Dieu qui est parmi
les hommes    ³⁷⁶ᵇ et le fils de Dieu :
5    l'un (+ μέν) est le grand
(l'autre) est celui qui est près
du grand.    ³⁷⁷ Il est préférable que
l'homme soit sans rien posséder
que de posséder beaucoup de choses,
10    alors qu'il ne donne pas aux indigents ;    ³⁷⁸ toi
aussi, si tu pries Dieu,

[ϥ]ⲛⲁϯ ⲛⲉⲕ ⲉⲛ · ³⁷⁹ ϩⲙ̅ ⲡⲉⲕϩⲏⲧ ⲧⲏ
ⲣϥ̅ · ⲉⲕϣⲁⲛϯ ⲙ̅ⲡⲉⲕⲟⲉⲓⲕ ⲛ̅ >
ⲛⲉⲧϩⲕⲁⲉⲓⲧ · ⲡϯ ⲙⲉⲛ ⲟⲩⲕⲟⲩⲓ
15 ⲡⲉ · ⲧⲉⲡⲣⲟⲑⲩⲙⲓⲁ ⲇⲉ ⲟⲩⲛⲟϭ >
ⲧⲉ ϩⲁϩⲧⲛ̅ ⲡⲛⲟⲩⲧⲉ · ³⁸⁰ ⲡⲉⲧⲙⲉ
ⲉⲩ ϫⲉ ⲙ̅ⲗⲁⲁⲩ ϣⲟⲟⲡ ⲛ̅ⲁϩⲣⲛ̅
ⲡⲛⲟⲩⲧⲉ · ⲡⲉⲉⲓ ϭⲁϫⲃ̅ ⲉⲛ ⲉⲡⲛⲟⲩ
ⲧⲉ · ³⁸¹ ⲡⲉⲧⲧⲟⲛⲧⲛ̅ ⲛ̅ⲡⲉϥϩⲏⲧ ⲉ
20 ⲡⲛⲟⲩⲧⲉ ⲕⲁⲧⲁ ⲧⲉϥϭⲟⲙ · ⲡⲉⲓ̈
[ⲡ]ⲉ ⲉⲧⲣ̅ ⲧⲓⲙⲁ ⲙ̅ⲡⲛⲟⲩⲧⲉ ⲙ̅ⲡϣⲁ ·
³⁸² ⲡⲛⲟⲩⲧⲉ ⲙⲉⲛ ϥⲣ̅ ⲭⲣⲓⲁ ⲉⲛ ⲛ̅ⲗⲁ
[ⲁ]ⲩ · ϥⲣⲁϣⲉ ⲇⲉ ⲉϫⲛ̅ ⲛⲉⲧϯ ⲛ̅ⲛⲉⲧ
ⲣ̅ ϭⲣⲱϩ ³⁸³ ⲙ̅ⲡⲓⲥⲧⲟⲥ ⲙⲉⲩϫⲉ ϩⲁϩ
25 ⲛ̅ϣⲁϫⲉ · ⲛⲉⲩϩⲃⲏⲩⲉ ⲇⲉ ⲛⲁϣⲱ
[ⲟⲩ] ³⁸⁴ ⲟ[ⲩ]ⲡⲓⲥⲧⲟⲥ ⲙ̅ⲙⲁⲉⲓϫⲓ ⲥⲃⲱ
[ⲡ]ⲉⲉⲓ ⲡⲉ ⲡⲉⲣⲅⲁⲧⲏⲥ ⲛ̅ⲧⲁⲗⲏⲑⲓⲁ ·

34*

[³⁸⁵ ⲉⲣⲓ ϩⲁⲣⲙ]ⲟϩⲉⲓ ⲙ̅[ⲙⲟⲕ ± 3 ⲛ̅ⲡⲉⲣⲓ]
ⲥⲧⲁⲥⲓⲥ ϩⲓⲛⲁ ϫⲛ̅[ⲛⲉⲕⲣ ⲗ]ⲩⲡ[ⲉⲓ ³⁸⁶ ⲉⲕ]
ⲙ̅ϫⲓ ⲗⲁⲁⲩ ⲉⲛϭⲟⲛⲥ̅ ⲕⲛⲁⲣ [ϩⲟ]ⲧⲉ
ⲉⲛ ϩⲏⲧϥ̅ ⲛ̅ⲗⲁⲁⲩ · ³⁸⁷ ⲡⲧⲩⲣⲁⲛⲛ[ⲟⲥ] ϥⲛⲁ
5 ϣ ϥⲓ ⲁⲛ ⲙ̅ⲙⲁⲩ ⲛ̅ⲧⲙⲛ̅ⲧⲣⲙ̅ⲙⲁⲟ ·
³⁸⁸ ⲡⲉⲧⲉϣϣⲉ ⲉⲁⲁϥ ⲁⲣⲓϥ ϩⲙ̅ ⲡⲉⲕ
ⲟⲩⲱϣⲉ · ³⁸⁹ᵃ ⲡⲉⲧⲉϣϣⲉ ⲉⲛ ⲉⲉϥ ⲙ̅
ⲡⲣⲁⲁϥ ⲛ̅ⲗⲁⲁⲩ ⲛ̅ⲥⲙⲟⲧ · ³⁸⁹ᵇ ⲉⲣⲓ ϩⲩ >
ⲡⲟⲥⲭⲟⲩ ⲛ̅ϩⲱⲃ ⲛⲓⲙ ⲉϩⲟⲩ[ⲟ ⲉ]
10 ⲧⲣⲉⲕϫⲟⲟⲥ ϫⲉ ⲁⲛⲟⲕ ⲟⲩⲥⲟⲫⲟ[ⲥ]
³⁹⁰ ⲡⲉⲧⲕⲉⲓⲣⲉ ⲙ̅ⲙⲟϥ ⲕⲁⲗⲱⲥ ϫⲟⲟ[ⲥ]
ϩⲙ̅ ⲡⲉⲕϩⲏⲧ ϫⲉ ⲡⲛⲟⲩⲧⲉ ⲡ[ⲉ]
ⲧ{ⲕ̅}ⲉⲓⲣⲉ ⲙ̅ⲙⲟϥ · ³⁹¹ ⲙⲛ̅ ⲗⲁⲁⲩ ⲛ̅ⲣⲱ
ⲙⲉ ⲉϥⲥⲟⲙⲧ̅ ⲉⲡⲓⲧⲛ̅ ⲉϫⲛ̅ ⲡⲕⲁϩ
15 ⲁⲩⲱ ⲉϫⲛ̅ ϩⲛ̅ⲧⲣⲁⲡⲉⲍⲁ ⲉϥⲟ ⲛ̅ⲥⲟ
ⲫⲟⲥ · ³⁹² ⲡⲫⲓⲗⲟⲥⲟⲫⲟⲥ ⲉⲧⲟ ⲛ̅ϣ
ⲙⲁ ⲙ̅ⲡⲥⲁ ⲛⲃⲟⲗ · ⲛ̅ⲧⲟϥ ⲉⲛ ⲡⲉ ⲉ >
ⲧⲉϣϣⲉ ⲉⲧⲁⲉⲓⲟϥ ⲁⲗⲗⲁ ⲫⲓⲗⲟ

p. 34*,2 ⲣ̅ ⲗ]ⲩⲡ[ⲉⲓ frgmt 6 — 3 [ϩⲟ]ⲧⲉ frgmt 3 — 4 ϥⲛⲁ frgmt 3 — 5 ⲣⲙ̅ⲙⲁⲟ· frgmt
3 — 6-7 ⲡⲉⲕ|ⲟⲩⲱϣⲉ frgmt 3 — 7 ⲉⲉϥ cf. comm — 7-8 ⲙ̅|ⲡⲣⲁⲁϥ frgmt 3 —
8-9 ϩⲩ > |ⲡⲟⲥⲭⲟⲩ frgmt 3 — 12-13 ⲡ[ⲉ]|ⲧ{ⲕ̅}ⲉⲓⲣⲉ cf. comm.

il ne te donnera pas.   ³⁷⁹ Si de tout ton
cœur tu donnes ton pain à
ceux qui ont faim, le don certes° est petit,
15   mais° la bonne volonté° est grande
auprès de Dieu.   ³⁸⁰ Celui qui pense qu'il n'y a rien en face de
Dieu, celui-là n'est pas humble au regard de
Dieu.   ³⁸¹ Celui qui assimile son cœur à
20   Dieu selon° sa capacité, [c'est]
celui-là qui honore° Dieu davantage.
³⁸² Dieu certes° n'a besoin° de rien,
il se réjouit cependant° de ceux qui donnent aux
indigents.   ³⁸³ Les fidèles° ne disent pas beaucoup
25   de paroles, mais° leurs œuvres sont nom-
[breuses].   ³⁸⁴ Un fidèle° qui aime à recevoir l'enseignement
c'est celui-là l'artisan° de la vérité°.


**34\***

[³⁸⁵ Ajus]te°-[toi    ± 3    les circons-]
tances° afin que [tu] ne [sois] pas [affligé°.   ³⁸⁶   Si]
tu ne fais violence à personne, tu ne [crain]dras
devant personne.   ³⁸⁷ Le tyran° ne pourra
5   enlever la richesse.
³⁸⁸ Ce qu'il faut faire, fais-le volontiers.   ³⁸⁹ᵃ Ce qu'il ne faut pas faire, ne
le fais en aucune manière.   ³⁸⁹ᵇ Engage°-toi à
toute chose plutôt [que de]
10   dire : « Je suis sage° ».
³⁹⁰ Ce que tu fais bien°, dis
dans ton cœur : « C'est Dieu
qui le fait ».   ³⁹¹ Il n'y a aucun
homme incliné vers la terre
15   et vers les tables°, qui soit sa-
ge°.   ³⁹² Le philosophe° qui est un
corps° extérieur, ce n'est pas lui qu'il
convient d'honorer, mais° (le) philo-

ⲥⲟⲫⲟⲥ ⲕⲁⲧⲁ ⲡⲣⲱⲙⲉ ⲉⲧⲛ̄ⲡⲥⲁ̄

20 ϩⲟⲩⲛ· ³⁹³ ⲁⲣⲏϩⲉ ⲉⲣⲟⲕ ⲉⲭⲓ ⲃⲟⲗ· ⲟⲩⲛ
ⲡⲉⲧⲣ̄ ⲁⲡⲁⲧⲁ· ⲁⲩⲱ ⲟⲩⲛ ⲡⲉⲧⲟⲩ
ⲣ̣ ⲁⲡⲁⲧⲁ ⲙ̄ⲙⲟϥ· ³⁹⁴ ⲛⲓⲙ ⲡⲉ ⲡⲛ[ⲟⲩ]
ⲧⲉ ⲙ̄ⲙⲉ· ⲙ̄ⲙⲉ ⲇⲉ ϫⲉ ⲛ̣ⲓ̣ⲙ ⲡⲉⲧ̣
ⲛⲟⲉⲓ ϩⲣⲁⲓ̈ ⲛ̄ϩⲏⲧⲕ̄ ³⁹⁵ ⲟⲩⲣⲱⲙⲉ ⲛ̄[ⲁ]

25 ⲅⲁⲑⲟⲥ ⲡⲉⲉⲓ ⲡⲉ ⲡϩⲱⲃ ⲉⲧⲛⲁⲛⲟ̣[ⲩϥ]
ⲙ̄ⲡⲛⲟⲩⲧⲉ· ³⁹⁶ ϩⲛ̄ⲧⲁⲗ[ⲁ]ⲓ̣ⲡⲱⲣ̣ⲟ̣[ⲥ]
ⲛⲉ `ⲛ̄ⲉⲉⲓ ⲉⲧⲟⲩϫⲉ ⲟⲩⲁ ⲉⲡⲗ̄[ⲟⲅⲟⲥ]
ⲉⲧⲃⲏⲧⲟⲩ ³⁹⁷ ⲡⲙⲟⲩ ⲛⲁϣ ⲧⲉⲕ[ⲟ ⲉⲛ]

*(sic desinit)*

sophe ⁰ selon ⁰ l'homme inté-

20 rieur.   ³⁹³ Garde-toi de mentir : il y a
celui qui trompe ⁰, et il y a celui qui est
trompé ⁰.   ³⁹⁴ Sache qui est
Dieu, sache aussi ⁰ qui est celui
qui pense ⁰ à l'intérieur de toi.   ³⁹⁵ Un homme

25 bon ⁰, telle est l'œuvre bonne
de Dieu.   ³⁹⁶ Ce sont des misérables ⁰,
ceux à cause de qui est blasphémée la parole ⁰.
³⁹⁷ La mort [ne] pourra détruire

*(sic desinit)*

# COMMENTAIRE

Le commentaire de SSext que l'on va lire ici est essentiellement philologique et textuel, il se propose deux objectifs : situer la version copte des *Sentences de Sextus* par rapport au texte grec attesté, et justifier la reconstitution du texte que nous avons proposée. En conséquence, on retrouvera dans le commentaire les éléments suivants :

1. Le texte grec de chacune des sentences, le plus souvent d'après l'édition de H. Chadwick. À quelques reprises, nous avons opté pour un texte différent, pour mieux faire voir la proximité du copte avec l'un ou l'autre des deux manuscrits grecs. Les sentences pour lesquelles nous nous écartons du texte de Chadwick sont les suivantes : 165g, 166, 169, 173, 347, 354, 358 et 361.

2. La traduction du grec.

3. La justification de certaines conjectures et l'indication de leur degré de certitude. Les reconstitutions dont il n'est rien dit, sont considérées comme absolument sûres.

4. L'indication de certaines leçons dont il est permis de penser qu'elles se trouvaient dans le modèle du copte, mais qui ne sont plus attestées dans la tradition manuscrite grecque des *Sentences*[1].

*Sentence* 157 (p. [14*, x-]15*,2)

      μακρολογία σημεῖον ἀμαθίας.

      «La prolixité est un signe d'ignorance».

Sentence omise par V.

p. 15*,1 : [ⲙ]ⲟⲉⲓⲧ : Reconstitution très incertaine. Aucun des équivalents coptes habituels pour σημεῖον[2] ne peut être restitué ici. Nous avons opté pour ⲙⲟⲉⲓⲧ (Crum 188a) qui rend une fois ἴχνος, «trace», «indice»; on pourrait penser aussi à ⲣⲉϥϫⲓⲙⲟⲉⲓⲧ, «guide».

*Sentence* 158 (p. 15*,2)

      τὸ ἀληθὲς ἀγάπα.

      «Aime le vrai».

---

[1] Pour le grec et le latin, nous utilisons l'édition de Chadwick; pour le syriaque, celle de De Lagarde (cf. *supra*, p. 12, n. 31, et p. 16, n. 49).

[2] Cf. *CNTS* Index 154.

p. 15*,2 : [ΜΕΡΕ] : Forme usuelle de l'impératif de ΜΕ[3], correspond tout à fait à l'espace disponible.

*Sentence* 159 (p. 15*,2-3)

τῷ ψεύδει χρῶ ὡς φαρμάκῳ.

« Use du mensonge comme d'un poison ».

p. 15*,3 : [ΕΡΙ ΧΡⲰ] : À deux reprises (sent. 330 et 335b), SSext rend χρᾶσθαι par Ρ ΧΡΑⲤⲐΑΙ. Cependant, ici et pour la Sent. 163b, nous avons opté pour ΧΡⲰ[4], forme bien attestée et seule possible en raison de l'espace disponible.

p. 15*,3 : [ΝΕ]Ⲕ : Le Ⲕ s'impose en raison des traces qui subsistent. Dès lors nous restituons un datif d'intérêt.

p. 15*,3 : ΠΧⲰ : Sens incertain, d'après Ⲥʀᴜᴍ[5]. Le contexte et le grec justifient de traduire par « poison », ou à la rigueur par « remède ».

*Sentence* 160 (p. 15*,3-5)

καιρὸς τῶν λόγων σου προηγείσθω.

« Que le moment opportun précède tes paroles ».

p. 15*,3-4 : ⲔⲈ[ΡΟⲤ] : Forme surprenante pour καιρός, à moins de supposer ⲔⲈΙΡΟⲤ par itacisme.

p. 15*,4 : [ΕϤΕ] : À préférer à ΜΑΡΕϤ à cause de l'espace disponible. D'ailleurs, le futur III, en raison de son sens de futur énergique[6], convient bien ici.

p. 15*,4 : [ⲤⲰ]Ⲕ : Cf. sent. 359 (p. 31*,16).

*Sentence* 161 (p. 15*,5-6)

λέγε ὅτε σιγᾶν οὐ καθήκει.

« Parle lorsqu'il ne sied pas de se taire ».

Les conjectures aux lignes 5 et 6 s'imposent.

---

[3] Cf. Tɪʟʟ 297 et les exemples qui y sont donnés.
[4] Cf. *CNTS* I 320.
[5] 285b. Se basant sur l'occurrence de ce mot dans la version copte de Job (en 20,18, pour rendre στρίφνος que porte la Septante), W. Spiegelberg (*Koptisches Handwörterbuch*, Heidelberg, 1921, p. 98) le traduit par *zähes Fleisch*, interprétation reprise par W. Westendorf (*Koptisches Handwörterbuch*, Heidelberg, 1977, p. 158). Crum, après avoir mentionné que le sens de ce mot est incertain, suggère une traduction qui rejoint celle de Spiegelberg : « *hard, tough flesh* or *nightshade* » (*loc. cit.*).
[6] Cf. M. R. Wɪʟꜱᴏɴ, *Coptic Future Tenses : Syntactical Studies in Sahidic* (*Janua Linguarum* : series practica, 64), La Haye/Paris, 1970, p. 22.

*Sentence* 162a (*deest in* SSext)

περὶ ὧν οὐκ οἶδας σιώπα.
«Au sujet de ce que tu ne sais pas, garde le silence».

La sentence manque dans SSext, peut-être du fait d'une lacune du modèle. Cependant elle a pu être omise par le copiste, par un passage du même au même[7] : le copiste aura alors sauté du ⲕⲁ ⲣⲱⲕ qui terminait la sent. 161 à celui de la fin de la sent. 162a. Nous aurions alors le texte suivant : (161)...[ⲉⲕⲁ ⲣⲱⲕ] (162a) ⟨ⲉⲧⲃⲉ ⲛⲉⲧⲕⲥⲟⲟⲩⲛⲉ ⲁⲛ ⲕⲁ ⲣⲱⲕ⟩ (162b) [ⲉⲧⲃⲉ] ⲛⲉⲧⲕⲥⲟⲟⲩⲛⲉ ⲇⲉ...

*Sentence* 162b (p. 15*,6-8)

περὶ ὧν οἶδας, ὅτε δεῖ λέγε.
«Ce que tu sais, parles-en quand c'est nécessaire».

p. 15*,6 : ⲇⲉ: Confirme R (*autem*) et invite à lire περὶ δὲ...
p. 15*,7 : [ⲙⲡⲟⲩⲟⲉⲓϣ]: Cf. sent. 163a (p. 15*,8) et 320 (p. 28*,1). ⲙⲡⲥⲟⲡ serait trop court.

*Sentence* 163a (p. 15*,8-9)

λόγος παρὰ καιρὸν διανοίας ἔλεγχος κακῆς.
«Parler à contretemps est preuve de mauvais jugement».

p. 15*,9 : [ϫⲡⲓⲟ]: Des équivalents coptes de ἔλεγχος, c'est celui qui convient le mieux ici. ⲟⲩⲱⲛϩ ⲉⲃⲟⲗ[8] est trop long et ⲥⲱϩⲉ se rencontre surtout en bohaïrique[9]. D'autre part ϫⲡⲓⲟ rend bien ἔλεγχος au sens de «mise à jour de la culpabilité», «blâme», en plus d'être bien attesté[10].

*Sentence* 163b (p. 15*,10-11)

ὁπότε δεῖ πράττειν, λόγῳ μὴ χρῶ.
«Quand il faut agir, garde-toi de parler».

Sentence omise par PR.
p. 15*,10 : [ⲙⲡⲥⲟⲡ ⲉⲧⲉ]: Cette reconstitution ne s'impose pas absolument tout en convenant bien et pour le sens et pour l'espace.
p. 15*,11 : [ⲭⲣⲱ]: ⲭⲣⲁⲥⲑⲁⲓ serait trop long[11].

[7] Cf. P.-H. Poirier, «Le texte de la version copte...», p. 386.
[8] *CNTS* Index 86.
[9] Crum 381a.
[10] Cf. Crum 778b; aux références signalées par Crum, ajouter Pr 1,25.30; 5,12; 12,1; Ps 72,14.
[11] Cf. *supra*, p. 49, commentaire *ad* sent. 159.

*Sentence* 164a (p. 15*,11-13)

ἐν συλλόγῳ πρῶτος λέγειν μὴ ἐπιτήδευε.

«Dans une assemblée, ne t'évertue pas à parler le premier».

p. 15*,13 : [ⲚⲢⲰⲘⲈ]: Le copte rend σύλλογος par une périphrase «(au) milieu de...». Notre choix s'explique pour des raisons d'espace. ⲠⲘⲎⲎϢⲈ est possible quant au sens, mais, outre le fait qu'il est plus long, on attendrait Ⲙ à la fin de la ligne 12.

*Sentence* 164b (p. 15*,13-15)

ἡ αὐτὴ ἐπιστήμη ἐστὶ τοῦ λέγειν καὶ τοῦ σιωπᾶν.

«C'est la même science que parler et se taire».

Sentence omise par PVR, mais dont le texte grec est donné par Clitarque 38.

p. 15*,13-14 : [ϢⲀⲬⲈ ... ⲔⲀ ⲢⲰⲔ]: Comme élément d'une phrase nominale, l'infinitif n'est pas introduit par une préposition [12].

p. 15*,13 : ⲈⲨⲈⲠⲒⲤⲦⲎⲘⲎ: Nous faisons du ⲉ, en contraction avec ⲟⲩ, l'indication d'une proposition circonstantielle : «alors que c'est un art que de parler» [13].

*Sentence* 165a (p. 15*,15-17)

ἄμεινον ἡττᾶσθαι τἀληθῆ λέγοντα τοῦ περιγενέσθαι μετὰ ἀπάτης.

«Il est préférable d'être vaincu en disant le vrai que de l'emporter par la tromperie».

p. 15*,15 : [± 3 ⲚⲀⲚⲞ]ⲨⲤ: La reconstitution de la sentence précédente nous laisse avec un blanc au début de la sent. 165a. On pourrait le remplir avec un très hypothétique ⲀⲨⲰ.

p. 15*,16 : [ⲈⲔⲬⲈ ⲦⲘⲎⲈ]: La forme ⲘⲎⲈ est plus courante dans SSext (voir l'Index).

p. 15*,16 : [ⲚⲆ]ⲞⲨⲞ Ⲉ-: La forme est attestée par la sent. 377 (p. 33*,9).

p. 15*,17 : [ⲆⲚ ⲞⲨⲀⲠⲀⲦⲎ]: μετὰ + gén. est régulièrement rendu par ⲆⲚ ⲞⲨ + subst. : cf. Mt 14,7; Lc 17,15; Hb 7,21; Ac 2,29; etc.

---

[12] Cf. TILL 337.
[13] Contrairement à ce que peuvent laisser croire TILL (329) et même STERN (410), la forme ⲉ (au lieu de ⲉⲣⲉ) utilisée pour donner une valeur circonstantielle à une phrase nominale n'est pas rare, cf. STEINDORFF 377.

*Sentence* 165b (p. 15*,17-18)

ὁ νικῶν τῷ ἀπατᾶν νικᾶται ἐν ἤθει.

«Celui qui est vainqueur par la fourberie, est vaincu moralement».

Les sentences 165b-g sont omises par PR.

p. 15*,17 : [ⲡ]ⲉⲧ.ⲭⲣⲁⲉⲓⲧ: Le qualitatif rend régulièrement νικῶν au sens de «celui qui a vaincu», «qui est victorieux»[14].

*Sentence* 165c (p. 15*,19-20)

μάρτυρες κακῶν γίνονται λόγοι ψευδεῖς.

«Les paroles mensongères deviennent les témoins des méchants».

p. 15*,20 : [ⲙⲛⲧⲣⲉ]: Nous construisons sans article ϣⲱⲡⲉ ⲛ employé dans un sens prédicatif, comme cela est habituel[15].

*Sentence* 165d (p. 15*,20-22)

μεγάλη περίστασις ᾗ πρέπει ψεῦδος.

«C'est une grave situation à laquelle convient le mensonge».

Cette sentence ne peut être reconstruite de façon sûre.

p. 15*,21 : ⲣ ⲁ[ : Verbe grec commençant par ἀ- et rendant vraisemblablement πρέπει. Faut-il supposer quelque chose comme ⲣ ⲁⲛⲁⲅⲕⲏ ou ⲣ ⲁⲛⲁⲅⲕⲁⲓⲟⲥ[16]?

*Sentence* 165e (p. 15*,22-24)

ὁπότε ἁμαρτάνων εἶ τἀληθῆ λέγων, ἀναγκαίως τότε ψευδῆ λέγων οὐχ ἁμαρτήσεις.

«Si en disant la vérité tu pèches, de toute nécessité alors tu ne pécheras pas en disant le mensonge».

Texte très mutilé qui ne supporte aucun essai de reconstitution. Ce qui reste du copte semble supposer un autre texte grec que celui de nos manuscrits.

*Sentence* 165f (p. 15*,24-26)

μηδένα ἀπάτα, μάλιστα τὸν συμβουλίας δεόμενον.

---

[14] Cf. *CNTS* II 1642.
[15] Cf. STERN 496.
[16] Ces formes ne sont pas attestées par *CNTS* I 22-23.

«Ne trompe personne, et surtout pas celui qui te demande conseil».

p. 15*,25 : [Ṇ̣ọογο м]: Equivalent bien attesté pour μάλιστα[17].

## Sentence 165g (p. 15*,26-27)

μετὰ πλειόνας λέγων μᾶλλον ὄψει τὰ συμφέροντα.
«En parlant après plusieurs, tu verras mieux ce qu'il est avantageux (de dire)».

p. 15*,26 : [ⲉⲕϣ]ⲁ̣ⲭ̣ⲉ: Nous avons opté pour un présent circonstanciel (qui rend bien λέγων), le conditionnel étant trop long.
p. 15*,26-27 : ⲙⲛⲛⲥⲁ [ϩⲁϩ]: Le copte supporte le texte donné par Clitarque 39,2[18], plutôt que celui de V : μετὰ πλειόνων.

## Sentence 166 (p. 15*,28-29)

πιστὸς ἁπασῶν καλῶν πράξεων ἡγεμών ἐστιν.
«Le fidèle est le guide de toutes les belles œuvres».

p. 15*,28 : [ⲟⲩⲡⲓⲥⲧⲟ ⲥ]: La copule au masculin et le reste de la sentence invite à restituer ici πιστός, leçon des deux manuscrits grecs, au lieu de πίστις, texte donné par Elter et Chadwick d'après R et Syr 2[19]. Pour la construction ⲟⲩⲡⲓⲥⲧⲟⲥ ⲡⲉⲉⲓ ⲡⲉ, cf. sent. 384 (p. 33*,26) et 395 (p. 34*, 24-25).
p. 15*,29 : [ⲛⲉⲧⲛⲁⲛⲟ]ⲩⲟⲩ: Comme V, le modèle du copte portait καλῶν, omis par R; cependant, contre PVR mais avec Syr 2, le copte omet πράξεων.

## Sentence 167 (p. 16*,1-2)

σοφία ψυχὴν ὁδηγεῖ πρὸς θεόν.
«La sagesse conduit l'âme vers Dieu».

p. 16*,2 : ⲉⲡⲙⲁ ⲙⲡ[ⲛⲟⲩⲧⲉ]: Suppose peut-être un texte proche de P : παρὰ θεῷ πρὸς θεόν.

## Sentence 168 (p. 16*,2-4)

οὐδὲν οἰκειότερον σοφίᾳ ἀληθείας.

---

[17] Cf. *CNTS* II 1528.
[18] Éd. CHADWICK, p. 78.
[19] Éd. DE LAGARDE, p. 16,22-23.

« Il n'y a rien de plus familier à la sagesse que la vérité ».

La reconstruction du texte ne cause pas de problème. Noter que le sens de la sentence en copte est le contraire de celui de la sentence grecque : il y a eu inversion de σοφία et de ἀλήθεια[20].

*Sentence* 169 (p. 16*,4-6)

 οὐ δυνατὸν τὴν φύσιν πιστὴν εἶναι καὶ φιλοψευδῆ.
« Il est impossible que la nature fidèle soit aussi mensongère ».

Le copte se rapproche de VR, en omettant αὐτήν et τε, contre le texte de P retenu par les éditeurs.

*Sentence* 170 (p. 16*,6-8)

δειλῇ καὶ ἀνελευθέρῳ φύσει πίστις οὐκ ἂν μετείη.
« La foi ne saurait être le lot d'une nature lâche et servile ».

p. 16*,6-7 : [ⲉⲩⲉⲗⲉⲩⲑⲉ]ⲣⲁ ⲉⲛ ⲧⲉ : Nous avons manifestement ici une phrase nominale, que nous rattachons au reste de la sentence par un présent circonstantiel.

*Sentence* 171a (p. 16*,8-10)

τὸ λέγειν ἃ δεῖ τοῦ ἀκούειν πιστὸς ὢν μὴ προτίμα.
« Si tu es fidèle, n'attache pas plus d'importance à dire ce qu'il convient plutôt qu'à écouter ».

Le copte supporte le texte de V contre P et surtout contre R et Clitarque 44.

p. 16*,9-10 : ⲙ[ⲡⲣⲧⲁⲉⲓⲟⲩ ⲛ̄ϩⲟⲩ]ⲟ ⲁ- : Répond bien au sens et à la construction de μὴ προτίμα.

*Sentence* 171b (p. 16*,10-12)

ἐν πιστοῖς ὢν μᾶλλον ἄκουε ἤπερ λέγε.
« Si tu te trouves parmi des fidèles, écoute plutôt que de parler ».

Sentence omise par R.

p. 16*,10-11 : ⲉⲕϣ[ⲟⲟⲡ ⲛⲙⲙⲁⲩ] ⲙⲛ : Cette construction avec un complément pronominal annonçant le pronom substantival remplit bien la lacune. Ce ⲛⲙⲙⲁⲩ est cependant loin d'être sûr.

---

[20] On ne saurait dire si cette inversion existait déjà dans le modèle.

*Sentence* 172 (p. 16\*,12-13)

φιλήδονος ἀνὴρ ἄχρηστος ἐν παντί.
« Un homme qui aime le plaisir est inutile en toute chose».

p. 16\*,12-13 : [ⲙⲁⲓ̣ⲍⲏⲇⲟ]ⲛⲏ : Le copte s'accorde avec PR et Syr 2[21] contre V.

*Sentence* 173 (p. 16\*,14-15)

ἀνεύθυνος ὢν λόγοις χρῶ περὶ θεοῦ.
« Si tu es irréprochable, sers-toi de paroles au sujet de Dieu».

p. 16\*,14 : ⲉⲙⲛ ⲛⲟ̣[ⲃⲉ ⲙⲙⲟⲕ]: Cette reconstruction s'impose[22]. Mais il ne reste plus suffisamment de place pour loger l'équivalent copte du μὴ χρῶ de P retenu par les éditeurs. Mais en lisant χρῶ avec VR et Syr 2[23], on peut reconstituer ϣⲁⲝⲉ qui convient et à l'espace disponible et au sens.

p. 16\*,15 : ⲍⲛ ⲍⲱⲃ ⲛⲓⲙ: Rien n'y correspond en grec pas plus qu'en latin.

p. 16\*,15 : ⲛⲧⲛ [ⲡⲛⲟⲩⲧⲉ]: SSext rend περί + gén. par ⲉⲧⲃⲉ ou ⲍⲁ ⲡⲣⲁ ⲛ-; dès lors comment traduire ce ⲛⲧⲛ-? Si on veut respecter l'idée de provenance exprimée par cette préposition[24], on peut comprendre : «en toute chose (qui est) de Dieu».

*Sentence* 174 (p. 16\*,15-17)

τὰ τῶν ἀγνοούντων ἁμαρτήματα τῶν διδαξάντων αὐτοὺς ὀνείδη.
« Les péchés des ignorants sont le reproche de ceux qui leur ont enseigné».

Le copte supporte le texte donné par P et Syr 2[25], contre VR et Clitarque 45[26].

*Sentence* 175 (p. 16\*,17-19)

νεκροὶ παρὰ θεῷ δι᾽ οὓς τὸ ὄνομα τοῦ θεοῦ λοιδορεῖται.
« Ce sont des morts auprès de Dieu, ceux à cause de qui le nom de Dieu est insulté».

---

[21] Éd. De Lagarde, p. 16,30-17,1.
[22] Cf. Crum 167a *in fine*.
[23] Éd. De Lagarde, p. 17,1-2.
[24] Stern 535.
[25] Éd. De Lagarde, p. 17,2-3.
[26] Éd. Chadwick, p. 78.

p. 16\*,19-20 : [ΝΑ]2ΡΝ: Seule possibilité pour rendre παρά + dat.[27], en tenant compte des lettres qui restent.

*Sentence* 176 (p. 16\*,20-22)

σοφὸς ἀνὴρ εὐεργέτης μετὰ θεόν.
«L'homme sage est un bienfaiteur après Dieu».

Les conjectures peuvent être considérées comme sûres.

*Sentence* 177 (p. 16\*,22-24)

τοὺς λόγους σου ὁ βίος βεβαιούτω παρὰ τοῖς ἀκούουσιν.
«Que ta vie soit le garant de tes paroles auprès de tes auditeurs».

p. 16\*,22-23 : [ΜΑΡΕϤ]ΤΑΧΡΟ: C'est une des constructions possibles; on pourrait aussi songer au fut. III[28]. Mais l'«optatif» ΜΑΡΕ- est utilisé presque exclusivement pour rendre le jussif (3ᵉ personne de l'impératif)[29].

*Sentence* 178 (p. 16\*,24-25)

ὃ μὴ δεῖ ποιεῖν, μηδ᾽ ὑπονοοῦ ποιεῖν.
«Ce qu'il ne faut pas faire, ne songe même pas à le faire».

Le copte appuie V plutôt que P, plus prolixe.
p. 16\*,24 : ΠΕΤ[ΕϢϢΕ ΑΝ ΕΑΑϤ]: Restitué d'après la sentence 389a (p. 34\*,7-8). Voir aussi la tournure affirmative à la sentence 388 (p. 34\*,6-7).
p. 16\*,25 : ΜΕϵ[ΓΕ Ε-]: Pour ὑπονοεῖν, cf. Ac 13,25[30].

*Sentence* 179 (p. 16\*,25-27)

ἃ μὴ θέλεις παθεῖν, μηδὲ ποίει.
«Ce que tu ne veux pas subir, ne le fais pas non plus».

p. 16\*,26 : [ΟΥΛΕ]: Suggéré par la sentence précédente, qui rend ainsi μηδέ (p. 16\*,24-25)[31].

---

[27] Cf. *CNTS* Index 136.
[28] Cf. M. R. WILSON, *loc. cit.*, *supra*, n. 6.
[29] Cf. H.J. POLOTSKY, «Modes grecs en copte?», dans *Coptic Studies in Honor of W.E. Crum*, Boston, 1950, p. 80-81 = *Collected Papers*, Jérusalem, 1971, p. 215-216.
[30] Dans *CNTS* II 427 ou G. HORNER, *The Coptic Version of the New Testament in the Southern Dialect*, Oxford, 1924, t. 6, p. 300.
[31] Pour l'équivalence μηδέ = ΟΥΛΕ + tournure négative, cf. *CNTS* I 193.

*Sentence* 180 (p. 16\*,27-[17\*,x])

αʹ ποιεῖν αἰσχρόν, καὶ προστάττειν ἑτέρῳ αἰσχρόν.

«Ce qu'il est honteux de faire, il est honteux aussi de le prescrire à un autre».

p. 16\*,27 : [ⲁⲅⲱ]: Nous supposons cette conjonction, car la ligne 27 ne saurait être remplie seulement avec ⲡⲉ.

Après ⲉⲁⲁϥ, la sentence pouvait se continuer ainsi : ⲟⲩⲁⲓⲥⲭⲣⲟⲛ ⲟⲛ ⲡⲉ ...

Les sentences 181-306 (p. 17\*-26\*) manquent.

*Sentence* 307 (p. 27\*,1-2)

σοφὸς ἀνὴρ θεὸν ἀνθρώποις συνιστᾷ.

«L'homme sage introduit l'homme auprès de Dieu».

p. 27\*,1-2 : [ⲡⲉⲧⲉϥⲧⲣⲉ ⲡⲛⲟⲩⲧⲉ ⲁϩⲉ]ⲣⲁⲧϥ: Il nous semble difficile d'éviter cette construction périphrastique. En effet ⲡⲛⲟⲩⲧⲉ ne peut être reconstitué à la ligne 3, qui commence absolument avec la sentence 308. Il faut alors le rejeter avant ⲁϩⲉ]ⲣⲁⲧϥ et construire avec l'infinitif causatif. Mais tout cela demeure assez conjectural.

*Sentence* 308 (p. 27\*,3-4)

ὁ θεὸς τῶν ἰδίων ἔργων μέγιστον φρονεῖ ἐπὶ σοφῷ.

«De (toutes) ses œuvres, c'est du sage que Dieu est le plus fier».

Le copte supporte P contre V qui omet ἔργων.

p. 27\*,3 : ϩⲉ: Conjecture de F. Wisse[32] qui rend bien compte de la trace qui précède le ⲉ.

*Sentence* 309 (p. 27\*,4-6)

οὐδὲν οὕτως ἐλεύθερον μετὰ θεὸν ὡς σοφὸς ἀνήρ.

«Rien n'est aussi libre, après Dieu, que l'homme sage».

Les conjectures s'imposent.

*Sentence* 310 (p. 27\*,7-8)

ὅσα θεοῦ κτήματα, καὶ σοφοῦ.

«Tout ce qui est possession de Dieu, l'est aussi du sage».

---

[32] *Notes, ad loc.*

Les sentences 310-311 sont omises par V.

p. 27*,7 : [ΝΕΝΤΔ]: Nous construisons le verbe ϫⲡⲟ au parfait pour rendre le sens de «posséder», i.-e. «avoir acquis»[33]. L'emploi du présent (ⲛⲉⲧⲉ) n'est cependant pas exclu absolument[34].

p. 27*,7-8 : ⲟⲩⲛ[ⲧⲁϥⲥⲟⲩ]: Forme exigée par la double suffixation[35].

### Sentence 311 (p. 27*,8-10)

κοινωνεῖ βασιλείας θεοῦ σοφὸς ἀνήρ.

«L'homme sage participe à la royauté de Dieu».

Les conjectures s'imposent.

### Sentence 312 (p. 27*,10-12)

κακὸς ἀνὴρ πρόνοιαν θεοῦ εἶναι οὐ θέλει.

«L'homme méchant n'admet pas l'existence de la providence de Dieu».

Le copte supporte les manuscrits grecs contre R qui omet θεοῦ.

### Sentence 313 (p. 27*,12-14)

ψυχὴ κακὴ θεὸν φεύγει.

«L'âme mauvaise fuit Dieu».

Sentence omise par V.

p. 27*,13 : ⲥⲡⲏⲧ: Le qualitatif de ⲡⲱⲧ a souvent le sens de «être en fuite», ou de «fuir» compris comme un état[36].

### Sentence 314 (p. 27*,14-15)

πᾶν τὸ φαῦλον θεῷ πολέμιον.

«Toute vilenie est ennemie de Dieu».

### Sentence 315 (p. 27*,15-17)

τὸ ἐν σοὶ φρονοῦν τοῦτο νόμιζε εἶναι ἄνθρωπον.

«Ce qui pense en toi, considère que c'est cela l'homme».

---

[33] Cf. CRUM 779a.
[34] Cf. p. ex. Lc 18,12 qui rend πάντα ὅσα κτῶμαι par ⲛⲛⲉϯϫⲡⲟ ⲙⲙⲟⲟⲩ ⲧⲏⲣⲟⲩ (CNTS II 1636 et G. HORNER, op. cit., t. 2, p. 340; même texte chez H. QUECKE, Das Lukasevangelium saïdisch [Papyrologica Castroctaviana, 6], Barcelone, 1977, p. 229).
[35] Cf. STERN 316 et TILL 291-292.
[36] Cf. CNTS II 639.

p. 27*,16 : ϫⲟⲟⲥ ϩⲙ ⲡⲉⲕϩⲏⲧ : Cette expression revient six fois dans SSext. À trois reprises, elle traduit νομίζειν[37] ; dans les trois autres cas, elle rend respectivement κρίνειν[38], ἡγεῖσθαι[39] et ἀναφέρειν[40].

*Sentence* 316 (p. 27*,17-20)

> ὅπου σου τὸ φρονοῦν, ἐκεῖ σου τὸ ἀγαθόν.
> «Là où est ta pensée, là est ton bien».

Même si les deux textes sont proches l'un de l'autre, rien n'indique que SSext soit ici influencé par la version copte de Mt 6,21[41].

*Sentence* 317 (p. 27*,20-21)

> ἀγαθὸν ἐν σαρκὶ μὴ ἐπιζήτει.
> «Ne recherche pas le bien dans la chair».

*Sentence* 318 (p. 27*,21-23)

> ὃ μὴ βλάπτει ψυχήν, οὐδὲ ἄνθρωπον.
> «Ce qui ne nuit pas à l'âme, ne nuit pas non plus à l'homme».

p. 27*,22 : ϥⲉⲓⲣⲉ : L'emploi de ce verbe est surprenant à première vue. Cependant, tout comme le verbe français «faire» ou l'anglais «do», le verbe copte ⲉⲓⲣⲉ employé absolument peut servir de substitut à un verbe précédent[42]. Cette tournure est tout à fait indiquée ici, puisque le grec ne répète pas le verbe βλάπτει.

*Sentence* 319 (p. 27*,23-26)

> φιλόσοφον ἄνθρωπον ὡς ὑπηρέτην θεοῦ τίμα μετὰ θεόν.
> «Après Dieu, vénère le philosophe comme serviteur de Dieu».

p. 27*,23-24 : ⲟⲩ[ⲥⲟⲫⲟⲥ] ⲛ̄ⲣⲱⲙⲉ : Cette formulation du copte est différente de P (φιλόσοφον ἄνθρωπον) et de V (πιστὸν ἄνθρωπον).

---

[37] Sent. 315 (p. 27*,16), 324 (p. 28*,15) et 346 (p. 30*,11-12).
[38] Sent. 329 (p. 29*,1).
[39] Sent. 375 (p. 32*,27).
[40] Sent. 390 (p. 34*,11-12).
[41] Éd. G. HORNER, *op. cit.*, t. 1, p. 48 : ⲡⲙⲁ ⲅⲁⲣ ⲉⲧⲉⲣⲉ ⲡⲉⲕⲁϩⲟ ⲛⲁϣⲱⲡⲉ ⲛ̄ϩⲏⲧϥ ϥⲛⲁϣⲱⲡⲉ ⲙ̄ⲙⲁⲩ ⲛ̄ϭⲓ ⲡⲉⲕⲕⲉϩⲏⲧ. Sur le rapprochement de la sentence 316, sous sa forme grecque, avec une variante de Mt 6,21, cf. G. DELLING, «Zur Hellenisierung des Christentums in den "Sprüchen des Sextus"», p. 231.
[42] Voir CRUM 83a (I, c.) et les exemples qu'il cite, en particulier celui tiré de Shénouté : ⲉⲓϣⲁⲛⲣ ⲛⲟⲃⲉ, ⲏ ⲉⲓϣⲁⲛⲧⲙⲉⲓⲣⲉ (Éd. É. CHASSINAT, *Mémoires de l'Institut français d'archéologie orientale*, Le Caire, 1911, t. 23, p. 71, l. 31-33); voir aussi l'*Épître apocryphe de Jacques* (NH I,2), p. 10,5-6.

p. 27\*,25 : [ϫⲉ ⲛⲧⲟ]ϥ : À moins de supposer que les lettres soient plus espacées qu'à l'accoutumé[43], il faut admettre que ϫⲉ, seul, est un peu court pour remplir la lacune. ⲉⲡⲓⲇⲏ, qui conviendrait tout à fait ici, nous semble cependant trop long.

*Sentence* 320 (p. 27\*,26-28\*,2)

τὸ σκήνωμα τῆς ψυχῆς σου βαρύνεσθαι μὲν ὑπερήφανον, ἀποθέσθαι δὲ πραέως ὁπότε χρὴ δύνασθαι μακάριον.

«Autant il est présomptueux de supporter avec peine la tente de ton corps, autant il est heureux de pouvoir s'en défaire calmement quand il le faut».

p. 27\*,26-27 : ⲡⲥⲱⲙⲁ ⲛⲧⲉⲕ[ⲯⲩⲭⲏ] : Les hésitations de la tradition des *Sentences* pour cette expression, que ce soit en grec, en latin (*tabernaculum corporis*) ou en copte, s'expliquent suffisamment par la diffusion de la métaphore σῶμα/σκήνωμα, qui amenait de fréquents passages de l'un à l'autre terme, et dans les deux sens[44]. Le modèle grec de SSext a donc très bien pu porter τὸ σῶμα τῆς ψυχῆς.

p. 27\*,27 : [ⲉⲕⲧⲣⲉ]ϥϩⲣⲟϣ : Cette tournure rend bien le sens du moyen βαρύνεσθαι.

p. 27\*,27-28 : ⲙⲛⲧ[ϫⲁⲥⲓ ϩⲏⲧ] : Traduction normale pour ὑπερήφανον[45].

p. 27\*,28-29 : ⲣ [ⲁⲡⲟⲥ]ⲧⲓⲗⲉ : Le copte n'a conservé que la finale du verbe grec utilisé pour rendre ἀποθέσθαι. Cette finale (ⲧⲓⲗⲉ) ne peut appartenir qu'à un composé de στέλλειν passé en copte sous la forme de l'aoriste, -ⲥⲧⲉⲓⲗⲉ ⟩ -ⲥⲧⲓⲗⲉ[46]. Parmi les composés de στέλλειν, nous avons retenu ἀποστέλλειν qui signifie «envoyer», «renvoyer», «bannir». Ce verbe convient à l'espace disponible et au sens général de la sentence[47].

Les conjectures de la p. 28\*,1-2 s'imposent.

---

[43] Voir en ce sens le début de la ligne 21 de cette même page 27\*.

[44] Voir P.-H. POIRIER, «À propos de la version copte des *Sentences de Sextus* (Sent. 320)», *Laval théologique et philosophique* 36 (1980) 317-320.

[45] Cf. *CNTS* II 1490-1491.

[46] Cf. TILL 280 : «Einige [griechische] Verba sind vom griechieschen Aorist abgeleitet».

[47] F. Wisse conjecture ⲣ ⲕⲁⲧⲁⲥⲧⲓⲗⲉ (*Notes, ad loc.*) et traduit (*The Nag Hammadi Library in English*, p. 456) : «restrain». Mais cela correspond peu au sens général de la sentence ni au texte grec.

*Sentence* 321 (p. 28\*,2-5)

θανάτου μὲν σαυτῷ παραίτιος μὴ γένῃ, τῷ δὲ ἀφαιρουμένῳ σε τοῦ σώματος μὴ ἀγανάκτει.

«Ne sois pas pour toi-même cause de mort, mais ne t'irrite pas contre celui qui te dépouille du corps».

Comme le remarque F. Wisse[48], il est possible que le copte ait fait deux éléments gnomiques de cette unique sentence grecque; c'est ce que laisserait croire l'absence de coordination entre les deux phrases de la sentence.

p. 28\*,4 : ⲡⲉⲧⲛⲁ[ϥ]ⲓⲧⲕ̄ : Seule conjecture quelque peu problématique pour cette sentence. Les traces de lettre qui subsistent entre ⲛⲁ- et ⲕ imposent le ⲓ et le ⲧ. Dès lors il ne reste qu'une lettre à restituer, et l'on doit choisir entre ϥ (ϥⲓⲧ⸗) et ϫ (ϫⲓⲧ⸗). Nous avons opté pour la première possibilité, plus satisfaisante pour l'espace disponible et pour le sens[49].

p. 28\*,4-5 : [ⲛ̄ⲧⲙ̄ ⲡⲥⲱ]ⲙⲁ : Pour rendre (ἀπὸ) τοῦ σώματος, on voudrait pouvoir lire, après ϥⲓⲧⲕ, ⲉⲃⲟⲗ ϩⲛ, qui est trop long. D'où ⲛ̄ⲧⲛ.

p. 28\*,5 : ⲙ̄ⲡⲣ̄ϭ̄[ⲱⲛⲧ] : Un des équivalents habituels d'ἀγανακτεῖν[50].

*Sentence* 322 (p. 28\*,6-10)

σοφὸν ὁ τοῦ σώματος ἀφαιρούμενος τῇ ἑαυτοῦ κακίᾳ εὐεργετεῖ, λύεται γὰρ ὡς ἐκ δεσμῶν.

«Celui qui dépouille le sage de son corps lui rend service par sa propre méchanceté; il est pour ainsi dire délivré de ses liens».

p. 28\*,7-8 : ϩⲛ ⲟ[ⲩⲙⲛⲧϫⲓ] ⲛϭⲟⲛⲥ : Se rapproche plus du latin *injuste* que de la leçon des mss grecs τῇ ἑαυτοῦ κακίᾳ. Le copte s'accorde aussi avec les deux versions syriaques qui donnent respectivement ܐܟܣܝܐ[51] et ܟܝܠܒܐ[52], deux termes qui signifient «par violence». Il est dès lors possible que le modèle du copte (et peut-être aussi du latin) ait porté ἀδικίᾳ[53].

p. 28\*,8 : ⲙⲁⲗⲗⲟⲛ : Aucun équivalent en grec.

p. 28\*,9-10 : ⲁⲩⲃⲟ[ⲗ]ϥ ⲅ̣[ⲁⲣ ⲉ]ⲃⲟⲗ : Le copte ne donne rien qui

---

[48] *Notes, ad loc.*
[49] Cf. *CNTS* II 1338.
[50] Cf. *CNTS* Index 46 et CRUM 822b.
[51] Éd. DE LAGARDE, p. 6,15.
[52] Éd. DE LAGARDE, p. 22,15.
[53] Cf. *CNTS* II 1711 et CRUM 822b.

corresponde au ὡς des mss grecs. En outre, la ligne 9 se terminait peut-être par un chevron.

*Sentence* 323 (p. 28*,10-12)

> ἄνθρωπον θανάτου φόβος λυπεῖ ἀπειρίᾳ ψυχῆς.
> «La crainte de la mort afflige l'homme à cause de l'inexpérience de l'âme».

Les conjectures n'appellent aucun commentaire et s'imposent.

*Sentence* 324 (p. 28*,12-16)

> σίδηρον ἀνδροφόνον ἄριστον μὲν ἦν μὴ γενέσθαι, γενόμενον δὲ σοὶ μὴ νόμιζε εἶναι.
> «Un fer meurtrier, il eût mieux valu qu'il n'existât pas. Mais du moment qu'il existe, ne pense pas qu'il est pour toi».

p. 28*,13 : ⲀⲘⲈⲓⲚ[ⲟⲚ]: Reconstitution sûre paléographiquement et tout à fait convenable quant au sens[54]. Cet ἄμεινον, très rare en copte à notre connaissance, est toutefois un peu surprenant, à moins de supposer que le modèle portait ἄμεινον au lieu de ἄριστον[55].

*Sentence* 325 (p. 28*,16-20)

> οὐδεμία προσποίησις ἐπὶ πολὺν χρόνον λανθάνει, μάλιστα δὲ ἐν πίστει.
> «Aucune simulation ne passe longtemps inaperçue surtout en matière de foi».

Quant au sens, le copte a tous les éléments du grec et aucun en plus; cependant, pour la forme, nous sommes en présence d'un cas de réécriture d'une sentence, plutôt que d'une traduction stricte.
p. 28*,18 : ⲘⲚⲦϯ Ⲣⲟ ⲈⲂⲟⲗ: Litt. : «le fait de donner de la face vers l'extérieur»; rend bien προσποίησις, quoique non attesté comme traduction de ce mot.

*Sentence* 326a (p. 28*,20-22)

> οἷον ἂν ᾖ σου τὸ ἦθος, τοιοῦτος ἔσται σου καὶ ὁ βίος.
> «Tel est ton comportement, telle sera aussi ta vie».

---

[54] F. Wisse, dans sa traduction (p. 456) et dans ses *Notes* (*ad loc.*) propose, inutilement, de rétablir ⲚⲈⲚⲀⲚⲟⲩⲤ.
[55] Ἄμεινον se retrouve aux sentences 13,165a et 366.

p. 28*,21 : мм[оq]: Pour cet emploi de ммоq après ϣⲱⲡⲉ, cf. Crum 579b.

*Sentence* 326b (p. 28*,22-24)

ἦθος θεοσεβὲς ποιεῖ βίον μακάριον.

« Un comportement pieux fait une vie heureuse ».

*Sentence* 327 (p. 28*,24-26)

ὁ βουλευόμενος κατ᾽ ἄλλου κακῶς, φθάνει κακῶς πάσχων.

« Qui a de mauvais desseins contre autrui, en pâtira le premier ».

p. 28*,24-25 : [ⲉⲡⲡⲉ]ⲑⲟⲟⲩ: L'article n'est pas absolument nécessaire.

p. 28*,25 : [qⲛⲁⲣ]: On pourrait tout aussi bien lire ϣⲁqⲣ.

p. 28*,25-26 : [ⲣ] ⲡϣⲟⲣⲡ ⲛ-: Suivie d'un infinitif, cette tournure peut rendre le grec φθάνειν + participe[56].

p. 28*,26 : ⲧⲉⲡ-: Dès lors quel infinitif lire après ⲛ-? Une seule possibilité : ⲧⲉⲡ, état construit de ⲧⲱⲡⲉ[57], qui signifie « goûter », mais aussi, comme le moyen-égyptien *dp*[58], « faire l'expérience de »[59]. Avec ⲡⲉⲑⲟⲟⲩ comme complément, ⲧⲱⲡⲉ est l'équivalent strict de πάσχειν au sens de « souffrir » ou de « faire l'expérience de quelque chose de mauvais ».

p. 28*,26 : [ⲟⲛ]: Très conjectural.

*Sentence* 328 (p. 28*,27-28)

μή σε παύσῃ τοῦ εὐεργετεῖν ἀχάριστος ἄνθρωπος.

« Que l'homme ingrat ne te détourne pas de faire le bien ».

p. 28*,27 : ⲁⲭ⟨ⲁ⟩ⲣⲓⲥⲧ[ⲟⲥ]: À la limite, on pourrait conserver le texte du manuscrit et voir en ⲁⲭⲣⲓⲥⲧⲟⲥ le grec ἄχρηστος, « inutile », « mauvais ». Nous avons cependant préféré y voir, avec F. Wisse[60], une transcription fautive de ἀχάριστος et avons corrigé en conséquence.

---

[56] Cf. Crum 588a.

[57] Crum 423a et J. Černý, *Coptic Etymological Dictionary*, Cambridge, 1976, p. 191.

[58] Cf. A. Hermann, H. Grapow, *Wörterbuch der ägyptischen Sprache*, Berlin, 1931, t. 5, p. 444.

[59] On retrouve ce sens, pour ⲭⲓ ϯⲡⲉ, dans l'*Évangile selon Thomas* (*NH* II, 2), logion 1 (Éd. A. Guillaumont, H.-Ch. Puech, *et al.*, Paris, 1959, p. 2), et aussi dans le Nouveau Testament sahidique (Mt 16,28; Mc 9,1; Lc 9,27; Jn 8,52; Hb 2,9; cf. *CNTS* I 935).

[60] Traduction, p. 456 et *Notes, ad loc.* Cf. P.-H. Poirier, « La version copte … », p. 389.

p. 28\*,28 : [ⲁⲅⲁⲑⲟⲛ]: Convient mieux que ⲡⲉⲧⲛⲁⲛⲟⲩϥ en raison
de l'espace disponible, et est attesté en SSext[61]. On notera cependant
que SSext rend ailleurs εὐεργέτης/εὐεργετεῖν par ⲣⲉϥⲣ ⲡⲉⲧⲛⲁⲛⲟⲩϥ/
ⲉⲓⲣⲉ ⲙⲡⲉⲧⲛⲁⲛⲟⲩϥ[62].

*Sentence* 329 (p. 29\*,1-4)

> μηθὲν ὧν παραχρῆμα αἰτούμενος δῷς, πλείονος ἄξιον κρίνῃς
> τοῦ λαμβάνοντος.
> « N'accorde pas plus de prix à ce que tu donnes quand on te
> le demande, qu'à celui qui reçoit ».

Les variantes des manuscrits grecs témoignent d'une mauvaise transmission pour cette sentence. Il est alors difficile de voir quel pouvait
être le modèle de la traduction copte. Même si plusieurs éléments de
notre reconstitution peuvent être considérés comme sûrs, l'ensemble
ne donne pas un sens très satisfaisant.

p. 29\*,1-2 : [ⲙⲡⲣ̄ⲭⲟⲟⲥ ... ⲛⲓⲙ]: Ces reconstitutions sont sûres.

p. 29\*,2 : [ⲛⲧⲛ]: Préposition indiquant la provenance, nécessaire pour
rendre μηθὲν ὧν.

p. 29\*,2 : ⲛ̄[ⲉⲛⲧⲁ]ⲩⲣ ⲁⲓⲧⲉⲓ: Bien proportionné à l'espace disponible
et rend bien ὧν.

p. 29\*,2-3 : ⲙⲙⲟ[ⲟⲩ]: Manière habituelle d'introduire le pronom de
rappel avec le verbe ⲁⲓⲧⲉⲓ[63].

p. 29\*,3 : [ⲛⲧⲁⲕ]ϯ: Remplit bien la lacune. Il est difficile de supposer
autre chose. Nous comprenons ce ⲛⲧⲁ⸗ comme un parfait II.

p. 29\*,3 : ⲛ̄[ⲧⲉ]ⲩⲛⲟⲩ: Sûr.

p. 29\*,3 : ⲙⲫⲟⲩⲟ: Doit être considéré comme un substantif, objet direct
de ϯ[64].

p. 29\*,4 : [ⲡⲉⲧⲛ]ⲁ̣ⲭⲓ[ⲧ]ϥ: La première partie de cette reconstitution
(à l'intérieur des premiers crochets droits) est probable, la seconde, en
revanche, est sûre.

*Sentence* 330 (p. 29\*,4-6)

> κάλλιστα οὐσίᾳ χρήσῃ τοῖς δεομένοις προθύμως μεταδιδούς.
> « Tu useras au mieux de ta fortune en la partageant de bon
> cœur avec ceux qui sont dans le besoin ».

---

[61] Sent. 316 (p. 27\*,20) et 317 (p. 27\*,20-21).
[62] Sent. 176 (p. 16\*,21) et 322 (p. 28\*,8-9).
[63] Cf. *CNTS* I 13-15.
[64] Cf. STERN 275 (p. 131).

p. 29\*,5 : [ΝΟ]б ΝΟΥϹΙⲀ: Se rapproche davantage du texte de Syr 2[65] (ܟܐ̈ܝܕܘܣ ܟܐܣܝܣ = καλλίστη οὐσίᾳ d'après Elter[66]) que de celui des mss grecs.

*Sentence* 331 (p. 29\*,6-9)

ἀδελφὸν ἀγνωμονοῦντα πεῖθε μὴ ἀγνωμονεῖν καὶ ἀνιάτως ἔχοντα συντήρει.

«Si ton frère est sujet à des égarements, persuade-le de ne pas persévérer, et s'il est incurable, garde-le sous surveillance».

p. 29\*,8-9 : ⲈϤϢⲀΝⲀΥ[ϹϹⲀ]: Seule difficulté de cette sentence. La reconstitution est quasi sûre. En effet, des verbes grecs commençant par λυ-, on ne peut retenir, en raison de l'espace et du sens, que λυπεῖν et λυσσᾶν[67]. Ce dernier verbe rend mieux ἀνιάτως ἔχοντα.

*Sentence* 332 (p. 29\*,9-11)

εὐγνωμοσύνῃ πάντας ἀνθρώπους νικᾶν ἀγωνίζου.

«Efforce-toi de vaincre tout le monde par la bienveillance».

p. 29\*,10 : ⲚꝢⲚ: Forme très rare, mais attestée[68], de ꝢⲚ.

*Sentence* 334 (p. 29\*,11-12)

αὐτάρκειαν ἄσκει.

«Applique-toi à te suffire».

Pour les sentences 332-335, le copte présente un ordre propre, qui est différent de celui du grec et du latin, mais se rapproche étroitement de celui de Syr 2[69].

*Sentence* 333 (p. 29\*,12-13)

νοῦν οὐ πρότερον ἕξεις πρὶν ἢ γνῷς οὐκ ἔχων.

«Tu n'acquerras pas d'intellect avant de savoir que tu n'en a pas».

p. 29\*,12-13 : ⲈΙⲘⲎ[Т]Ι: Se rapproche de Syr 2, qui donne ܐܟ ܟܠܟ, mais dans un ensemble fortement christianisé[70].

---

[65] Éd. De Lagarde, p. 22,26.

[66] P. xxii, apparat *ad loc.*, repris par Chadwick.

[67] Pour l'utilisation de ce verbe au sens figuré, cf. G.W.H. Lampe, *A Patristic Greek Lexicon*, Oxford, 1972, p. 815.

[68] On en relève au moins une attestation dans le *Traité tripartite* (*NH* I, 5) 67, 28 (éd. R. Kasser *et al.*, Berne, 1973, p. 98).

[69] Cf. *supra*, p. 22.

[70] Éd. De Lagarde, p. 22,30.

p. 29*,13 : ⲙⲛⲧⲉⲕ : Emploi de ⲙⲛⲧⲉ= sans sujet grammatical exprimé pour rendre οὐκ ἔχων, comme en Mt 13,12; 25,29; 1 Co 7,29[71].

### Sentence 335a (p. 29*,14)

Nous avons ainsi numéroté cette sentence, ou plutôt cet élément de transition, qui manque en grec et en latin mais qui se retrouve en Syr 2[72]. Le syriaque correspond très exactement, du moins pour la place des mots, au copte. Il donne en effet ceci[73] : ܒܪܐ ܚܕܐ ܐܝܬ ܗܘ ܠܥܠ ܐܠܐ ܗܝ ܗܘ , ce qui se traduit : «Et au sujet de toute doctrine[74] qui existe, il y a cette parole». Ainsi que le suggère la traduction de V. Ryssel[75], il est possible que le syriaque lie cette phrase à la sentence précédente, soit la sent. 333. Dans la version copte, elle semble plutôt introduire la *gnômè* qui suit, i.-e. la sent. 335 (335b dans notre numérotation).

p. 29*,14 : ϩ[ⲓ]: Reconstitution absolument sûre, la largeur de la lacune ne permettant pas autre chose qu'un ⲓ. Le sens de cette préposition est surtout local («sur»)[76], mais elle peut signifier aussi «au sujet de, concernant», rendant alors περί + gén.[77], tout comme la préposition syriaque ܠ[78].

### Sentence 335b (p. 29*,14-16)

τὰ μέλη τοῦ σώματος τοῖς οὐ χρωμένοις φορτία.

«Les membres du corps constituent un fardeau pour qui ne s'en sert pas».

p. 29*,15 : ⲙⲉⲣⲟⲥ: Pour ⲙⲉⲗⲟⲥ; passage de μέλος à μέρος, aussi fréquent en grec qu'en copte[79].

### Sentence 336 (p. 29*,17-19)

ὑπηρετεῖν κρεῖττον ἑτέροις ἢ πρὸς ἄλλων ὑπηρετεῖσθαι.

«Mieux vaut servir autrui que d'être servi par autrui».

---

[71] Voir ces exemples en *CNTS* II 364-365.

[72] Cf. *supra*, p. 22.

[73] Éd. DE LAGARDE, p. 22,30-23,1.

[74] Le syr. ܪܥܝܢܐ (< ܪܥܐ) signifie «intellect», «conscience», «pensée», «opinion», «sens (d'un mot)»; cf. R. PAYNE SMITH, *Thesaurus syriacus*, Oxford, 1901, t. 2, c. 3948-3949.

[75] «Die syrische Übersetzung der Sextussentenzen», *Zeitschrift für wissenschaftliche Theologie* 39 (1896), p. 611.

[76] Cf. CRUM 643b-644a.

[77] Cf. CRUM 644a-b.

[78] Cf. R. DUVAL, *Traité de grammaire syriaque*, Paris, 1881, p. 277.

[79] Cf. STERN 33.

*Sentence* 337 (p. 29*,19-21)

ὃν οὐκ ἀπαλλάττει ὁ θεὸς τοῦ σώματος μὴ βαρυνέσθω.

« Celui que Dieu ne délivre pas de son corps, qu'il n'en soit pas accablé ».

p. 29*,21 : ⲙⲡⲣⲧⲣⲉϥⲣ ⲃⲁⲣⲉⲓ ⲙⲙⲟϥ : On pourrait penser à traduire ainsi cette phrase : « ne le laisse pas s'accabler lui-même ». Cependant l'examen des exemples cités par Stern[80] invite à voir dans cet infinitif causatif négatif la négation de l'impératif à la 3ᵉ personne μὴ βαρυνέσθω. Au lieu du passif, le copte a préféré le transitif βαρεῖν, employé avec un ⲙⲙⲟϥ réflexif.

*Sentence* 338 (p. 29*,21-24)

δόγμα ἀκοινώνητον οὐ μόνον ἔχειν ἀλλὰ καὶ ἀκούειν χαλεπὸν ἡγοῦ.

« Une doctrine qui ne permet pas le partage (ou : "qui n'est pas admise communément"), considère-la comme difficile non seulement à professer, mais aussi à écouter ».

p. 29*,22 : ⲙⲉϥϯ ⲛⲛⲉⲧⲣ ϭⲣⲱϩ : Rend ἀκοινώνητον, comme dans la sent. 377 (p. 33*,7-10).
p. 29*,24 : [ⲟⲩⲗ]ⲉ̣ : Conjecture de F. Wisse[81] qui convient très bien à l'espace laissé libre par la lacune.

*Sentence* 339 (p. 29*,24-26)

ὁ διδοὺς ὁτιοῦν μετ' ὀνείδους ὑβρίζει.

« Celui qui donne quoi que ce soit avec blâme, agit avec insolence ».

p. 29*,25 : [ϩⲛ ⲟⲩ]ⲭⲓ ϩⲟ : Nous entendons ce substantif dans son sens quasi exclusif, qui désigne l'acception des personnes, la προσωπολημ-ψία[82]. Nous n'avons pas comblé la lacune du début de la ligne 26. En effet on ne voit pas trop ce qu'on pourrait y mettre, car ce que donne déjà le copte rend bien le grec retenu par les éditeurs. Il n'est cependant

---

[80] STERN 398.
[81] *Notes, ad loc.*
[82] Cf. *CNTS* II 1396-1398, CRUM 647b; voir aussi L. VAN ROMPAY, « The rendering of πρόσωπον λαμβάνειν and related expressions in the early oriental versions of the New Testament », *Orientalia Lovaniensia Periodica* 6/7 (1975/1976) 569-575, sp. 573-574. La traduction de F. WISSE (*The Nag Hammadi Library*, p. 457) : « without respect » ne semble guère possible, car elle donne à ⲭⲓ ϩⲟ un sens positif qu'il n'a presque jamais.

pas exclu que le copte ait présenté une addition comme celle que porte le ms. V : καὶ εἰς θεὸν ἁμαρτάνει, «et il pèche contre Dieu»[83]. Dès lors on peut supposer que le texte emporté par la lacune donnait quelque chose comme : ⲁⲩⲱ ⲉϥⲣ ⲛⲟⲃⲉ.

*Sentence* 340 (p. 29*,26-30*,1)

> κηδόμενος ὀρφανῶν πατὴρ ἔσῃ πλειόνων τέκνων θεοφιλής.
> «Celui qui prend soin des orphelins sera père de nombreux enfants, étant ami de Dieu».

Les reconstitutions n'appellent aucun commentaire. Le copte s'accorde avec P contre V, R et Syr 2.

*Sentence* 341 (p. 30*,1-3)

> ᾧ ἂν ὑπουργήσῃς ἕνεκα δόξης, μισθοῦ ὑπούργησας.
> «S'il arrive que tu rendes service à quelqu'un en vue de la gloire, tu as rendu service moyennant salaire».

Les sentences 341-342 sont omises par V.
Dans l'ensemble, nos reconstitutions s'imposent. Cependant, à la ligne 1, au lieu du parfait, on pourrait trouver un présent. Toutefois en raison de la longueur de la lacune, nous avons préféré le parfait. En revanche, à la ligne 2, le parfait II s'impose quant à l'espace, et au sens : il place en effet l'emphase sur ϩⲁ ⲟⲩⲃⲉⲕⲉ pour le mettre en parallèle avec ⲉⲧⲃⲉ ⲟⲩⲉⲟⲟⲩ.

*Sentence* 342 (p. 30*,3-6)

> ἐάν τι δῷς ἐπὶ τὸ αὐτὸ γνωσθῆναι, οὐκ ἀνθρώπῳ δέδωκας, ἰδίᾳ δὲ ἡδονῇ.
> «Si tu donnes quelque chose pour que cela soit connu, tu n'as pas donné à un homme, mais à ta propre satisfaction».

Texte relativement facile à reconstituer, sauf pour la lacune de la ligne 4. Comme pour la sentence précédente, nous avons préféré restituer le parfait II, en raison de l'emphase mise sur les deux termes opposés ⲛⲟⲩⲣⲱⲙⲉ/ⲛⲧⲉⲕϩⲏⲁⲟⲛⲏ. Mais cela ne s'impose pas absolument[84].

---

[83] Lĕ latin présente aussi une addition, mais différente : «qui dat aliquid et inputat, contumeliam *magis quam beneficium* dedit».

[84] Ajoutons qu'aux l. 4-5, le parf. II semble préférable en raison de l'emploi de la négation ⲉⲛ, cf. STERN 392.

*Sentence* 343 (p. 30*,6-7)

ὀργὴν πλήθους μὴ παρόξυνε.

« N'excite pas la colère de la foule ».

p. 30*,6 : ⲙⲡⲣⲧ[ⲱⲃⲥ] : Reconstitution sûre[85].

*Sentence* 344 (p. 30*,7-9)

μάθε τοίνυν τί δεῖ ποιεῖν τὸν εὐδαιμονήσοντα.

« Apprends donc ce que doit faire celui qui veut être heureux ».

p. 30*,7 : [ϭⲉ] : Des équivalents coptes de τοίνυν[86], c'est celui qui est préférable quant à l'espace disponible. La ligne se terminait peut-être par un chevron.

p. 30*,9 : ⲡⲣⲙⲙⲁⲟ : Comme à la sentence 387 (p. 34*,5), ce mot rend un mot grec de la famille de εὐδαιμονεῖν. Est-ce là un des sens — non encore attesté[87] — du terme copte, ou faut-il supposer un modèle grec différent?

*Sentence* 345 (p. 30*,9-11)

κρεῖττον ἀποθανεῖν λιμῷ ἢ διὰ γαστρὸς ἀκρασίαν ψυχὴν ἀμαυρῶσαι.

« Il est préférable de mourir de faim plutôt que d'obscurcir l'âme par l'intempérance du ventre ».

p. 30*,9-10 : [ⲛ̄ϩⲟⲩ]ⲟ ⲉ- : Sûr. Les dimensions de la lacune permettraient de restituer [ϩⲁ ⲡϩⲕ]ⲟ et d'y lire le λιμῷ que donnent P et V. Cependant, dans SSext, ⲛⲁⲛⲟⲩⲥ, au sens de « il est préférable de », se construit toujours avec ⲛ̄ϩⲟⲩⲟ ⲉ-[88] et impose de restituer comme nous l'avons fait. Le copte omet donc λιμῷ, comme d'ailleurs Clitarque[89].

p. 30*,10-11 : [ⲧⲙ̄ⲛⲧ]ⲁⲧⲁⲙⲁϩⲧⲉ : Le ⲙ̄ⲛⲧ a dû être serré en fin de ligne, comme cela est fréquent dans SSext[90].

---

[85] Cf. CRUM 401a.

[86] Pour ϭⲉ, cf. *CNTS* II 1682; pour les autres possibilités, voir l'index grec de CRUM, *s.v.* τοίνυν.

[87] Ni par CRUM ni par *CNTS*.

[88] Voir notre index *s.v.*

[89] Sent. 114, éd. CHADWICK p. 82.

[90] Cf. p. 27*,4.9.29; 32*,16.

*Sentence* 346 (p. 30\*,11-14)

> ἐκμαγεῖον τὸ σῶμά σου νόμιζε τῆς ψυχῆς· καθαρὸν οὖν τήρει.
>
> «Considère que ton corps est l'empreinte de l'âme; donc garde-le pur».

p. 30\*,12 : ϩⲃⲥⲱ: Comme le latin (*vestimentum*) et Syr 2 (ܠܒܫܐ) le copte aura compris ἐκμαγεῖον au sens de «vêtement» ou encore, plus probablement, aura trouvé dans son modèle quelque chose comme ἔνδυμα ou χιτών.

p. 30\*,14 : ⲉϥⲟ ⲛⲁⲧⲛⲟⲃⲉ: Ajout du copte par rapport à PVR. Cependant cet ajout a pu se trouver dans son modèle, étant donné que, sur ce point, il y a accord du copte et de Syr 2 [91]. Cette version porte en effet : «Et sache que ton corps est le vêtement de ton âme; à cause de cela, avec précaution garde-le sans péché (ܕܠܐ ܚܛܗܐ)». En conséquence, il y a des chances que le modèle du copte ait porté : καθαρὸν οὖν καὶ ἀναμάρτητον τήρει.

*Sentence* 347 (p. 30\*,14-17)

> ὁποῖα ἂν ἐπιτηδεύσῃ ψυχὴ ἐνοικοῦσα τῷ σώματι, τοιαῦτα μαρτύρια ἔχουσα ἄπεισιν ἐπὶ τὴν κρίσιν.
>
> «Les choses auxquelles l'âme se sera appliquée lorsqu'elle habitait dans le corps, tels sont les témoins qu'elle aura lorsqu'elle partira pour le jugement».

Comme VR, le copte omet δέ, contre P. Syr 2, en revanche porte ܓܝܪ [92].

*Sentence* 348 (p. 30\*,17-19)

> ἀκαθάρτου ψυχῆς ἀκάθαρτοι δαίμονες ἀντιποιοῦνται.
>
> «Les démons impurs revendiquent l'âme impure».

*Sentence* 349 (p. 30\*,19-22)

> πιστὴν ψυχὴν καὶ ἀγαθὴν ἐν ὁδῷ θεοῦ κακοὶ δαίμονες οὐκ ἐμποδίζουσιν.
>
> «Les démons mauvais ne mettent pas d'embûches à l'âme fidèle et bonne, sur le chemin de Dieu».

En grec, il n'est pas absolument clair que le ἐν ὁδῷ θεοῦ doive être rattaché au verbe plutôt qu'aux deux adjectifs qui précèdent. En copte, une telle ambiguïté est levée, du fait que l'ordre des mots est différent.

---

[91] Éd. DE LAGARDE, p. 23,16-17.
[92] Éd. DE LAGARDE, p. 23,17.

*Sentence* 350 (p. 30*,22-23)

> λόγου περὶ θεοῦ μὴ παντὶ κοινώνει.
> « Ne communique pas à tout un chacun une parole qui concerne Dieu ».

p. 30*,22-23 : ⲡⲗⲟⲅⲟⲥ ⲙⲡ[ⲛⲟⲩ]ⲧⲉ : Le modèle donnait peut-être λόγου θεοῦ.

*Sentence* 351 (p. 30*,23-26)

> οὐκ ἀσφαλὲς ἀκούειν περὶ θεοῦ τοῖς ὑπὸ δόξης διεφθαρμένοις.
> « Il n'est pas sans risque d'écouter parler de Dieu pour ceux qui sont corrompus par la gloire ».

Les reconstitutions s'imposent.

*Sentence* 352 (p. 30*,26-28)

> περὶ θεοῦ καὶ τἀληθῆ λέγειν κίνδυνος οὐ μικρός.
> « Dire même la vérité au sujet de Dieu n'est pas un petit danger ».

p. 30*,27-28 : ⲉⲧⲣⲉⲛ[ⲭⲱ ⲛⲧⲁⲗⲏ]ⲑⲓⲁ : Reconstitution sûre quant au sens. Dans le détail, elle l'est moins. ⲭⲱ s'impose, car ϣⲁϫⲉ serait trop long. Mais il pourrait être restitué tout aussi bien sous la forme ⲭⲉ-. Notre choix s'explique par le souci de remplir au mieux l'espace laissé libre par la lacune.

*Sentence* 353 (p. 30*,28-31*,3)

> περὶ θεοῦ μηδὲν εἴπῃς μὴ μαθὼν παρὰ θεοῦ.
> « Au sujet de Dieu, ne dis rien que tu n'aies appris de Dieu ».

Le texte copte est passablement lacuneux, mais sa reconstitution ne pose pas de problème majeur.
p. 31*,1-2 : ϩⲁⲧ[ϩⲏ ⲙⲡⲁⲧⲕ ⲥ]ⲁⲃⲟ : La construction est bien attestée[93]. Nous entendons ⲥⲁⲃⲟ(‹ ⲥⲃⲟ) au sens intransitif, où il rend fréquemment μανθάνειν[94].

*Sentence* 354 (p. 31*,3-4)

> ἀθέῳ περὶ θεοῦ μηδὲν εἴπῃς.
> « Ne dis rien à l'impie au sujet de Dieu ».

---

[93] Cf. Till 320, Stern 575 (*in fine*), *CNTS* II 1385 (Hb 11,5).
[94] Cf. *CNTS* II 762.

Le copte, d'accord avec P, omet δέ.

p. 31*,4 : [ϩⲁ ⲡⲣⲁ]: Remplit mieux la lacune que ⲉⲧⲃⲉ et est tout à fait indiqué dans une section où cette préposition apparaîtra encore neuf fois pour rendre περί + génitif[95].

Pour l'ordre des sentences 354-357, voir notre introduction[96].

### Sentence 356 (p. 31*,4-6)

> μὴ καθαρεύων ἀνοσίων ἔργων μὴ φθέγξῃ περὶ θεοῦ λόγον.
> «Si tu n'es pas pur de toute œuvre sacrilège, ne profère aucune parole qui concerne Dieu».

p. 31*,4-5 : ⲉⲱⲱⲡⲉ ⲕ[ⲧⲃⲃⲏⲩ]: Ce qualitatif est l'équivalent habituel de καθαρεύειν/καθαρὸς εἶναι[97]. Le présent I, peu attesté après ⲉⲱⲱⲡⲉ, est cependant possible[98].

### Sentence 357 (p. 31*,7-8)

> λόγος ἀληθὴς περὶ θεοῦ λόγος ἐστὶν θεοῦ.
> «Une parole vraie sur Dieu est parole de Dieu».

### Sentence ± 355 (p. 31*,8-11)

Cette sentence présente des éléments qui l'apparentent à la sentence 355, mais elle en diffère notablement. Le grec porte en effet :

> περὶ θεοῦ λόγον ἀληθῆ ὡς θεὸν τίμα.
> «Une parole vraie sur Dieu, honore-la comme Dieu».

### Sentence 358 (p. 31*,11-14)

> πεισθεὶς πρότερον θεοφιλὴς εἶναι πρὸς οὓς ἂν πεῖσαι θέλῃς λέγε περὶ θεοῦ.
> «Assure-toi d'abord que tu es pieux aux yeux de ceux que tu veux persuader, (puis) parle de Dieu».

Le texte donné par le grec est mal assuré. Nous le reproduisons en y intégrant une conjecture de H. Lloyd-Jones, qui lit πεῖσαι θέλῃς au lieu de πεισθῆς[99]. Cette lecture donne un sens plus satisfaisant, se justifie paléographiquement et est partiellement confirmée par le copte.

---

[95] Cf. *supra*, p. 11-12.

[96] *Supra*, p. 23.

[97] Cf. CNTS II. 908. et CRUM 399b.

[98] Cf. TILL 449 : «Der davon abhängige Satz ist an keine bestimmte Art gebunden»; voir aussi STERN 626 et STEINDORFF[1] 488-491.

[99] Voir l'apparat de H. CHADWICK, *ad loc.*

*Sentence* 359 (p. 31*,14-17)

τὰ ἔργα σου θεοφιλῆ προηγείσθω παντὸς λόγου περὶ θεοῦ.
«Que tes œuvres pieuses précèdent toute parole au sujet de Dieu».

*Sentence* 360 (p. 31*,17-19)

ἐπὶ πλήθους λέγειν περὶ θεοῦ μὴ ἐπιτήδευε.
«Ne cherche pas à parler de Dieu devant la foule».

*Sentence* 361 (p. 31*,19-20)

λόγου περὶ θεοῦ φείδου μᾶλλον ἢ περὶ ψυχῆς.
«Sois plus avare de la parole concernant Dieu que de celle concernant l'âme».

Le copte, en supposant περὶ ψυχῆς, appuie le texte des deux mss grecs, contre celui donné par Chadwick. Il n'y a rien dans le copte qui corresponde à μᾶλλον ἤ. Il faut peut-être rétablir après ⲉⲣⲟϥ quelque chose comme ⲛϩⲟⲩⲟ. Encore que le texte ne soit pas incompréhensible tel que transmis. On peut en effet traduire : «une parole au sujet de Dieu, sois-en économe au sujet d'une âme», et y voir une exhortation à ne pas appliquer à l'âme ce que l'on dit à propos de Dieu. Il y aurait là une mise en garde contre la divinisation de l'âme.

*Sentence* 362 (p. 31*,20-23)

ψυχὴν αἱρετώτερον ἢ λόγον εἰκῇ προέσθαι περὶ θεοῦ.
«Il est préférable de livrer une âme plutôt que de (prononcer) à la légère une parole au sujet de Dieu».

*Sentence* 363a (p. 31*,23-25)

θεοφιλοῦς ἀνδρὸς σώματος μὲν ἄρξεις, λόγου δὲ οὐ κυριεύσεις.
«Tu te rendras maître du corps de l'homme qui aime Dieu, mais tu ne domineras pas sa parole».

Le copte s'accorde avec PV (λόγου) contre R (*animae*).
p. 31*,23 : ⲕⲝⲉ ⲟⲩⲱ : De toute évidence, le copte a compris ἄρχειν non au sens de «dominer», mais de «donner commencement, origine à»[100], d'où «engendrer».

---

[100] Cf. H.G. LIDDELL-R. SCOTT, *A Greek-English Lexicon*, Oxford, 1940, p. 254.

*Sentence* 363b (p. 31\*,25-28)

> σοφοῦ σώματος καὶ λέων ἄρχει, τούτου δὴ μόνου καὶ τύραννος.
> «De même que le lion (ne) se rend maître (que) du corps du
> sage, de même le tyran, et de lui seul».

*Sentence* 364 (p. 31\*,28-32\*,2)

> ὑπὸ τυράννου γινομένης ἀπειλῆς τίνος εἶ τότε μάλιστα μέμνη-
> σο.
> «Si une menace survient de la part d'un tyran, alors surtout
> souviens-toi de celui à qui tu appartiens».

Les reconstitutions que demande cette sentence ne posent pas de
problème, sauf à la p. 32\*,1. Le plus simple est sans doute de restituer
ⲧⲟⲧⲉ ⲙⲁⲗⲓⲥⲧⲁ, qui convient tout à fait aux dimensions de la lacune.
Nous avons cependant hésité à l'introduire dans le texte, étant donné
les distances que prend parfois le traducteur copte par rapport à la
formulation du grec.
p. 31\*,28 : ⲧⲩ⟨ⲣⲁⲛⲟⲥ⟩ : Le scribe a oublié d'écrire la seconde partie du
mot, que nous restituons[101].
p. 32\*,2 : ⲡⲛⲟ[ⲩ]ⲧⲉ : Tout comme le syriaque[102], le copte identifie le
τίνος du grec.

*Sentence* 365 (p. 32\*,2-5)

> λόγον οἷς οὐ θέμις ὁ λέγων περὶ θεοῦ προδότης θεοῦ νομιζέσθω.
> «Si quelqu'un parle de Dieu à ceux à qui il est interdit de le
> faire, qu'on considère qu'il trahit Dieu».

Les conjectures s'imposent.
p. 32\*,4 : ⲡⲉ : Le copte rend par une phrase nominale le νομιζέσθω,
repris par le latin (*putandus est*) et le syriaque (ܕܡܬܚܫܒ)[103].

*Sentence* 366 (p. 32\*,5-8)

> λόγον περὶ θεοῦ σιγᾶν ἄμεινον ἢ προπετῶς διαλέγεσθαι.
> «Il vaut mieux taire une parole au sujet de Dieu que d'en
> discuter avec précipitation».

Ici aussi, les conjectures s'imposent.

---

[101] On pourrait aussi lire ⲧⲩⲣⲁⲛⲛⲟⲥ, cf. index *s.v.*
[102] Cf. Syr 2, éd. DE LAGARDE, p. 26,18 : «Quand un tyran s'irrite contre toi, au
plus haut point mets ta confiance en Dieu».
[103] Cf. Syr 1 (éd. DE LAGARDE, p. 7,10) et Syr 2 (*ibid.*, p. 26,19).

*Sentence* 367 (p. 32*,8-10)

ὁ λέγων ψευδῆ περὶ θεοῦ καταψεύδεται θεοῦ.

«Celui qui dit des faussetés au sujet de Dieu, diffame Dieu».

Le copte confirme le texte de PV contre R.

*Sentence* 368 (p. 32*,10-12)

ἄνθρωπος μηδὲν ἔχων λέγειν περὶ θεοῦ ἀληθὲς ἔρημός ἐστιν θεοῦ.

«L'homme qui n'a rien de vrai à dire au sujet de Dieu, est dépourvu de Dieu».

Les lettres à la fin de la ligne 11 (ⲡⲛⲟⲩ) ont dû être très serrées.

*Sentence* 369 (p. 32*,12-14)

θεὸν οὐκ ἔστιν γινώσκειν μὴ σεβόμενον.

«Il n'est pas possible de connaître Dieu si on ne l'honore pas».

*Sentence* 370 (p. 32*,14-16)

οὐκ ἔστιν ὅπως ἀδικῶν τις ἄνθρωπον σέβοι τὸν θεόν.

«Il n'est pas possible de nuire à l'homme et d'honorer Dieu».

Sentence omise par P.

*Sentence* 371 (p. 32*,16-17)

κρηπὶς θεοσεβείας φιλανθρωπία.

«Le fondement de la piété, c'est l'amour à l'égard de l'homme».

p. 32*,16 : ⲧⲁⲣⲭⲏ : Le copte supporte partiellement R, qui donne : *fundamentum et initium*. On peut supposer avec une certaine vraisemblance que le début de la sent. 371 a été transmis de trois façons différentes (3. étant probablement une *lectio conflata* à partir de 1. et 2.) : 1. κρηπὶς θεοσεβείας (PV), 2. ἀρχὴ θ. (d'après le copte), 3. κρηπὶς καὶ ἀρχὴ θ. (d'après R).

*Sentence* 372 (p. 32*,18-20)

ὁ προνοῶν ἀνθρώπων εὐχόμενός τε ὑπὲρ πάντων οὗτος ἀληθείᾳ θεοῦ νομιζέσθω.

«Que celui qui se soucie des hommes et prie pour eux tous, soit considéré en vérité comme étant de Dieu».

Le copte présente une rupture de construction entre la relative et la principale, due au fait qu'il a traduit ἀλήθεια au lieu de ἀληθείᾳ. Le copte a bien pu trouver cette leçon dans son modèle, puisqu'elle est attestée par P, d'après Elter[104], et qu'elle est supportée par Syr 2[105].

*Sentence* 373 (p. 32*,20-22)

θεοῦ μὲν ἴδιον τὸ σώζειν οὓς ἂν προαιρῆται.
« Il appartient à Dieu de sauver ceux qu'il choisit ».

*Sentence* 374 (p. 32*,22-24)

εὐσεβοῦς δὲ τὸ εὔχεσθαι θεῷ σώζειν.
« Mais il appartient à l'homme pieux de prier Dieu de sauver ».

p. 32*,22 : ϩⲱⲱϥ : Rend le δέ du grec[106].

p. 32*,24 : ⲟⲩⲟⲛ ⲛⲓⲙ : Rien n'y correspond en grec. Cet ajout du copte a cependant son équivalent en latin (*pro salute hominum*) et en syriaque (Syr 2 : ܐܢܫܐ ܕܚ ܕܟܠܗ)[107].

*Sentence* 375 (p. 32*,24-33*,1)

ὁπόταν εὐξαμένῳ σοι γένηται ὑπὸ τοῦ θεοῦ, τότε ἐξουσίαν ἔχειν ἡγοῦ παρὰ θεῷ.
« Quand après avoir prié, t'échoit de la part de Dieu (l'objet de ta prière), considère alors que tu as du pouvoir auprès de Dieu ».

Le texte de cette sentence ne pose aucun problème, si ce n'est à la première ligne de la p. 33*, tout à fait manquante. On pouvait probablement y lire quelque chose comme : [ⲧⲉϫⲟⲩⲥⲓⲁ ⲙⲙⲁⲩ[108] ⲛⲛ]ⲁϩ[ⲣⲙ[109] ⲡⲛⲟⲩⲧⲉ].

*Sentence* 376a (p. 33*,2-4)

ἄξιος ἄνθρωπος θεοῦ θεὸς ἐν ἀνθρώποις.
« Un homme digne de Dieu est un dieu parmi les hommes ».

Le copte supporte V contre P, qui omet θεοῦ.

---

[104] Voir son apparat *ad loc.*, p. xxiv; l'édition de Chadwick est muette sur cette variante.

[105] Cf. éd. DE LAGARDE, p. 26,22-23 : «Tout homme qui persiste à se soucier des hommes et à prier pour eux, celui-là se tient dans la vérité de Dieu» (c'est ainsi qu'il convient de traduire, nonobstant ce que dit V. RYSSEL, *art. cit.*, p. 615).

[106] Cf. *CNTS* II 1402 et CRUM 652a.

[107] Éd. DE LAGARDE, p. 26,25.

[108] Pour cette traduction de ἐξουσίαν ἔχειν, cf. *CNTS* I 99.

[109] Équivalent le plus fréquent de παρά + dat., cf. *CNTS* II 1399.

*Sentence* 376b (p. 33*,4-7)

> θεὸς καὶ υἱὸς θεοῦ τὸ μὲν ἄριστον, τὸ δὲ ἐγγυτάτω τοῦ ἀρίστου.
> «Dieu et le fils de Dieu : (l'un est) ce qu'il y a de meilleur, (l'autre), ce qui est le plus près du meilleur».

Sentence omise par R.

Le texte copte que donne le Codex XII pour cette sentence a sûrement subi un accident de transmission, soit au moment de la traduction du grec en copte, soit au moment de la copie de la traduction copte. Cet accident a occasionné la chute de θεός ou de ⲡⲛⲟⲩⲧⲉ ⲡⲉ, selon l'hypothèse retenue. Un tel accident nous semble plus facile à expliquer à partir du copte qu'à partir du grec, par passage du premier ⲡⲛⲟⲩⲧⲉ ⲡⲉ au second. Dans cette hypothèse, le texte copte devait se lire ainsi : ⟨ⲡⲛⲟⲩⲧⲉ ⲡⲉ⟩ ⲁⲩⲱ ⲡϣⲏⲣⲉ ⲙⲡⲛⲟⲩⲧⲉ ⲡⲉ ... Cette conjecture est très vraisemblable, car nous obtenons ainsi un texte copte qui est le calque du grec et une syntaxe copte qui, nonobstant sa concision, est tout à fait satisfaisante.

*Sentence* 377 (p. 33*,7-10)

> ἀκτήμονα κρεῖττον ἢ ἀκοινώνητον εἶναι πολυκτήμονα.
> «Il vaut mieux être sans ressources qu'opulent sans partager».

*Sentence* 378 (p. 33*,10-12)

> μὴ διδοὺς δεομένοις δυνατὸς ὢν οὐ λήψῃ δεόμενος παρὰ θεοῦ.
> «Si tu ne donnes pas à ceux qui sont dans le besoin alors que tu le peux, tu ne recevras (rien) de Dieu si tu es (toi-même) dans le besoin».

Le copte est fort déficient par rapport au grec. En effet, il ne rend ni μὴ διδοὺς δεομένοις, ni δυνατὸς ὤν. Dans le premier cas, on peut supposer que s'est produite une haplographie par passage du même au même et restituer au début de la sentence (ligne 10) : ⲉⲕⲧⲙϯ ⲛⲛⲉⲧⲣ ϭⲣⲱϩ. Pour δυνατὸς ὤν, repris par le latin et le syriaque[110], il est plus difficile d'imaginer ce qui a pu se produire. Quoi qu'il en soit, le texte copte tel que transmis reste cohérent, les sent. 377 et 378 étant coordonnées sémantiquement par ϩⲱⲱⲕ.

[110] Syr 2, éd. DE LAGARDE, p. 26,30.

*Sentence* 379 (p. 33*,12-16)

τροφῆς δεομένῳ μεταδιδόντος ἐξ ὅλης ψυχῆς δόμα μέν τι βραχύ, προθυμία δὲ μεγάλη παρὰ θεῷ.

«Si tu partages de toute ton âme ta nourriture avec celui qui en manque, le don certes est humble, mais la bonne volonté est grande auprès de Dieu».

Après μεγάλη, P insère les sentences 488-489.

p. 33*,12-13 : ϩⲙ ⲡⲉⲕϩⲏⲧ ⲧⲏⲣϥ: Le copte supporte le texte de V contre P, qui omet ἐξ ὅλης, et R, qui ne rend pas ὅλης (*ex animo*).

*Sentence* 380 (p. 33*,16-19)

θεὸν οὐ νομίζοντος ὁ νομίζων καὶ οὐδὲν εἶναι πρὸς αὐτὸν ἡγούμενος οὐχ ἧττον ἄθεος.

«Celui qui reconnaît Dieu et considère que rien ne le touche, n'est pas moins impie que celui qui ne le reconnaît pas».

Le texte transmis par les deux manuscrits grecs est fortement corrompu et aucune des deux reconstitutions qui ont été proposées ne s'impose[111]. Nous reproduisons le texte retenu par Chadwick.

Quant au copte, différent du grec et du latin, il repose sur un modèle divergent, à moins que ses écarts ne soient à mettre au compte du traducteur.

p. 33*,18 : ϭⲁⲝⲃ: Le sens de la sentence exige de traduire ce qualitatif par «(n')est (pas) humble». Mais cette traduction n'est guère satisfaisante, car le sens obvie de ϭⲁⲝⲃ ⲉ- est plutôt «être moindre que», «être plus humble que»[112]. On pourrait peut-être corriger le texte ainsi : ϭⲁⲝⲃ ⲉⲛ ⲉ⟨ⲟⲩⲁⲧ⟩ⲛⲟⲩⲧⲉ, «(celui-là) n'est pas moindre qu'un sans-dieu».

*Sentence* 381 (p. 33*,19-21)

τιμᾷ θεὸν ἄριστα ὁ τὴν ἑαυτοῦ διάνοιαν ἐξομοιώσας θεῷ εἰς δύναμιν.

«Qui assimile son intelligence à Dieu selon ses possibilités, honore Dieu parfaitement».

V place cette sentence après 385.

---

[111] Cf. A. ELTER, *op. cit.*, p. xxv, et H. Lloyd-Jones, *apud* CHADWICK, p. 56.
[112] Cf. CRUM 842a.

*Sentence* 382 (p. 33*,22-24)

θεὸς δεῖται μὲν οὐδαμῇ οὐδενός, χαίρει δὲ τοῖς μεταδιδοῦσι τοῖς δεομένοις.

«Dieu n'a nul besoin de quoi que ce soit mais il met sa joie en ceux qui partagent avec les nécessiteux».

Le copte omet οὐδαμῇ avec Syr 2[113].

*Sentence* 383 (p. 33*,24-26)

πιστῶν ὀλίγοι μὲν ἔστωσαν οἱ λόγοι, ἔργα δὲ πολλά.

«Que les paroles des fidèles soient rares, mais leurs œuvres, nombreuses».

*Sentence* 384 (p. 33*,26-27)

πιστὸς φιλομαθὴς ἐργάτης ἀληθείας.

«Le fidèle qui aime à s'instruire est artisan de vérité».

*Sentence* 385 (p. 34*,1-2)

ἁρμόζου πρὸς τὰς περιστάσεις ἵνα εὐθυμῇς.

«Ajuste-toi aux circonstances afin de faire bonne contenance».

p. 34*,1-2 : μ[μοκ ± 3 νπερι]ϲταϲιϲ : L'espace laissé en blanc dans la lacune devait donner une traduction de πρός[114]. Par ailleurs, les reconstitutions proposées pour la ligne 1 s'imposent.

p. 34*,2 : ϩινα χ̄ν̄[νεκρ λ]γπ̄[ει] : La graphie χ̄ννε- pour χε ννε- est fréquente avec le futur III négatif[115], lui-même obligatoire après (ϩινα) χε introduisant une finale négative[116]. Il faut donc restituer un verbe qui rende par la négative l'idée exprimée par εὐθυμῇς. Notre ρ λγπει n'est pas absolument sûr, mais il convient à la fois au sens général de la sentence, à l'espace disponible et aux traces de lettres encore visibles.

*Sentence* 386 (p. 34*,2-4)

μηδένα ἀδικῶν οὐδένα φοβηθήσῃ.

---

[113] Éd. DE LAGARDE, p. 27,5-6.

[114] Voir les équivalents coptes de πρός dans *CNTS* Index 149.

[115] Cf. STERN 611 : «Das negative verb wird nach dem S. χε immer durch ννε ausgedrückt (...); für χε ννε wirdt oft χννε geschrieben». Pour d'autres exemples de cette crase, cf. TILL 408 et p. 265, n. 8.

[116] Cf. STERN 611 (cf. *supra*, note précédente); TILL 361; STEINDORFF[1] 406.

«Si tu ne lèses personne, tu n'éprouveras de crainte devant personne».

Les reconstitutions sont sûres.

*Sentence* 387 (p. 34*,4-5)

τύραννος εὐδαιμονίαν οὐκ ἀφαιρεῖται.
«Le tyran n'enlève pas le bonheur».

p. 34*,5 : ⲙⲛⲧⲣⲙⲙⲁⲟ : Le copte rend ainsi εὐδαιμονία, comme d'ailleurs à la sent. 344.

*Sentence* 388 (p. 34*,6-7)

ὃ δεῖ ποιεῖν, ἑκὼν ποίει.
«Ce qu'il fait faire, fais-le de bon cœur».

Sentence omise par V.

*Sentence* 389a (p. 34*,7-8)

ὃ μὴ δεῖ ποιεῖν, μηδενὶ τρόπῳ ποίει.
«Ce qu'il ne faut pas faire, ne le fais en aucune façon».

p. 34*,7 : ⲉⲉϥ : On pourrait songer à corriger en ⲉⲉⲉϥ. Mais la forme ⲉ⸗ pour ⲉⲉ⸗ est suffisamment attestée[117] pour que la leçon du manuscrit soit maintenue.

*Sentence* 389b (p. 34*,8-10)

πάντα μᾶλλον ἢ τὸ σοφὸς εἶναι ὑπισχνοῦ.
«Fais-toi fort de tout, mais pas d'être sage».

R présente une lacune aux sentences 389b-390.

*Sentence* 390 (p. 34*,11-13)

οὖ καλῶς πράττεις τὴν αἰτίαν ἀνάφερε εἰς θεόν.
«De ce que tu fais bien, rapporte la cause à Dieu».

p. 34*,12-13 : ⲡ[ⲉ]ⲧ{ⲕ}ⲉⲓⲣⲉ : Il faut corriger pour obtenir un sens satisfaisant, à moins de supposer une haplographie : ⲡⲛⲟⲩⲧⲉ ⟨ⲡⲉⲧⲉⲓⲣⲉ ⲙ⟩ⲡⲉⲧⲕⲉⲓⲣⲉ ⲙⲙⲟϥ, «c'est Dieu qui fait ce que tu fais (bien)».

---

[117] Cf. KASSER 15 et KASSER[1] 28.

*Sentence* 391 (p. 34*,13-16)

οὐδεὶς σοφὸς ἀνὴρ κάτω που βλέπων εἰς γῆν καὶ τραπέζας.

«Il n'y a aucun homme sage qui regarde en bas vers la terre et vers les tables».

p. 34*,14 : ϲⲟⲙⲧ : Malgré la vraisemblance de la correction de ce verbe en ϲⲟⲙⲥ, nous conservons le texte du manuscrit, du fait de la parenté du copte avec Syr 1[118].

*Sentence* 392 (p. 34*,16-20)

τὸν φιλόσοφον οὐ τὸν χρηματισμὸν ἐλευθεροῦν δεῖ, ἀλλὰ τὴν ψυχήν.

«Ce n'est pas son nom que le philosophe doit déclarer libre, mais son âme».

Tout en donnant un texte cohérent et dont le sens général rejoint celui du grec, le copte diffère notablement de celui-ci.

p. 34*,16-17 : ⲛⲥⲱⲙⲁ : Comme le suggère F. Wisse[119], le copte a probablement lu σκηματισμόν au lieu de χρηματισμόν.

*Sentence* 393 (p. 34*,20-22)

ψεύδεσθαι φυλάττου· ἔστιν γὰρ ἀπατᾶν καὶ ἀπατᾶσθαι.

«Garde-toi de mentir; en effet, c'est tromper et se tromper».

La traduction du copte, qui rend ἔστιν par ⲟⲩⲛ- et les infinitifs par des relatives substantivées, est servile au point de faire contre-sens.

*Sentence* 394 (p. 34*,22-24)

τίς θεὸς γνῶθι· μάθε τὸ νοοῦν ἐν σοί.

«Apprends à connaître Dieu; reconnais en toi ce qui pense».

p. 34*,23 : ⲇⲉ : Sans équivalent en grec.

*Sentence* 395 (p. 34*,24-26)

θεοῦ καλὸν ἔργον ἀγαθὸς ἄνθρωπος.

«C'est une belle œuvre de Dieu qu'un homme bon».

---

[118] Cf. P.-H. POIRIER, «Le texte de la version copte ...», p. 388.
[119] *Notes, ad loc.*

*Sentence* 396 (p. 34*,26-28)

ἄθλιοι δι᾽ οὓς ὁ λόγος ἀκούει κακῶς.
« Malheureux ceux par qui la parole est décriée ».

*Sentence* 397 (p. 34*,28-    )

ψυχὴν θάνατος οὐκ ἀπόλλυσιν ἀλλὰ κακὸς βίος.
« Ce n'est pas la mort qui détruit l'âme, mais une mauvaise vie ».

# INDEX

L'ordre de classement retenu dans l'index est celui du dictionnaire de CRUM. Lorsque la forme type choisie par CRUM n'est pas attestée dans le texte, elle est indiquée entre parenthèses.

Les variantes orthographiques ont été relevées systématiquement; lorsque plusieurs variantes orthographiques sont attestées pour un même vocable (dans l'index copte comme dans l'index grec), elles sont identifiées par un chiffre placé en exposant.

Les références correspondant à des reconstitutions sont indiquées entre crochets. L'astérisque accompagnant la pagination du Codex XII dans l'édition en fac-similé (cf. *supra*, p. 8) n'a pas été repris dans l'index.

## INDEX GREC

ἀγαθός, ἡ [1] bon
30,20[1]; 34,24s.
ἀγαθόν m. bien
27,19s. 20; [28,28].
(ἀγνωμονεῖν) ρ ⲀⲅⲚⲰⲘⲞⲚⲈⲒ, ρ
ⲀⲅⲚⲰⲘⲰⲚ [1] être irréfléchi, agir
sans réflexion
29,[7].8[1].
(ἀγωνίζεσθαι) ⲀⲅⲰⲚⲒⲌⲈ lutter
[29,9].
(αἰσχρός) ⲀⲒⲤⲬⲢⲞⲚ honteux
[16,28].
(αἰτεῖν) ρ ⲀⲒⲦⲈⲒ demander
29,2.
(αἴτιος) ⲀⲒⲦⲈⲒⲞⲤ cause de
28,3.
ἀκάθαρτος impur
30,17s.
(ἀλήθεια) ⲀⲖⲎⲐⲒⲀ f. vérité
15,2; [16,3]; [30,27]; 32,20; 33,
27.
ἀλλά mais
28,19; 30,5; 34,18.
(ἀμείνων) ⲀⲘⲈⲒⲚⲞⲚ il est préférable
[28,13].
(ἀπατᾶν) ρ ⲀⲠⲀⲦⲀ tromper
15,24; 34,21bis.
ἀπάτη f. tromperie
[15,17bis].
(ἀπειλεῖν) ⲀⲠⲈⲒⲖⲈⲒ Ⲛ- (datif) me-
nacer quelqu'un
[32,1].
(ἀποστέλλειν) ρ ⲀⲠⲞⲤⲦⲒⲖⲈ envoyer, renvoyer, bannir
[27,28s].

(ἁρμόζειν) ⳅⲀⲢⲘⲞⳅⲈⲒ ajuster,
adapter
[34,1].
(ἄρχειν) ρ ⲀⲢⲬⲈⲒ, ρ ⲀⲢⲬⲒ[1] ⲉ-
commander, être maître de
31,26.27[1].
ἀρχή f. commencement, principe
32,16.
(ἀχάριστος) ⲀⲬ⟨Ⲁ⟩ⲢⲒⲤⲦⲞⲤ ingrat
[28,27].
(βαρύνεσθαι) ρ ⲂⲀⲢⲈⲒ supporter
avec peine
29,21.
βίος m. vie
[16,22]; 28,22.23.
(βλάπτειν) ρ ⲂⲖⲀⲠⲦⲒ nuire, faire
du tort à
27,21.
γάρ car, etc.
[28,9].
δαίμων m. démon
30,17.20.
δέ mais, etc.
15,6; 27,3.28; 28,15; 31,25; 33,
15.23.25; 34,23.
δόγμα m. doctrine
29,21s.
εἰ μή τι si ce n'est
[16,3s]; [29,12s].
ἐλεύθερος, ἐλεύθερα[1] libre
[16,6s][1]; [27,5s].
(ἐπιδικάζειν) ρ ⲈⲠⲒⲆⲒⲔⲀⳅⲈ récla-
mer (en justice)
30,18.
ἐπιστήμη f. science, art
15,13.[14].

# INDEX COPTE

(ⲁⲙⲁϩⲧⲉ) ⲧⲙⲛⲧⲁⲧⲁⲙⲁϩⲧⲉ f.
intempérance
30,10.

ⲁⲛⲟⲕ moi
34,10.

ⲛⲧⲟⲕ m. toi
16,27; 33,10.

ⲛⲧⲟϥ m. lui
27,1.17.[25]; [28,25]; 34,17.

ⲁⲩⲱ et
15,2.23; [16,27]; 33,4.6; 34,15.
21.

ⲃⲱⲕ, ⲃⲏⲕ†[1] aller
ⲃⲱⲕ ⲉϩⲣⲁⲓ̈ ⲉ- monter
30,16[1].

ⲃⲉⲕⲉ m. salaire
[30,3].

(ⲃⲱⲗ) ⲃⲟⲗ⸗ délier, libérer
28,9.

ⲙⲡⲥⲁ ⲛⲃⲟⲗ extérieur
34,17.

ⲉⲃⲟⲗ cf. ⲉⲓⲛⲉ, ⲙⲟⲩⲛ, ⲛⲟⲩϫⲉ,
ⲡⲱⲧ, ⲧⲱⲣⲉ, ϩⲟ, ϩⲛ

ⲉⲧⲃⲉ-, ⲉⲧⲃⲏⲧ⸗[1] à cause de, au
sujet de
[15,6]; 16,19[1]; 30,2.[10].28; 31,
[1].19.20; 34,28[1].

cf. ⲥⲱⲧⲙ, ϣⲗⲏⲗ

ⲉⲟⲟⲩ m. gloire
30,[2].[24].

ⲉϣϫⲉ si
15,23.

(ⲏⲓ) ⲣⲙⲛⲏⲉⲓ m. ou f. familier
16,3.

(ⲉⲓⲙⲉ) ⲙⲙⲉ savoir
[30,7]; 34,23.

ⲙⲙⲉ ϫⲉ- savoir, savoir que
29,13; 34,23.

ⲉⲓⲛⲉ, ⲛⲧ⸗[1] ⲉⲃⲟⲗ ϩⲛ- amener
hors de
28,6; 29,20[1].

ⲉⲓⲣⲉ, ⲁⲁ⸗[1], ⲉ⸗[2] faire, agir
15,10; 16,[24][1].[25][1].[27][1].[28][1];
27,22; 28,8.28; 30,[8].15[1]; 34,
6[1].7[2].8[1].11.13.

ⲟ† être
16,16; 27,5; 29,28; 30,14; 34,15.
16.

cf. ⲥⲱϣ, ⲱⲧⲡ, ϫⲁⲉⲓⲉ

ⲉⲣⲓ-, ⲁⲣⲓ⸗[1] (impératif)
[15,3]; 27,24; 29,7.9bis; [32,1];
34,[1].6[1].8.

ⲣ-
15,21; 28,17; 31,12.

cf. ⲛⲁⲛⲟⲩ, ⲛⲟⲩⲧⲉ, ϣⲱⲣⲡ,
ϩⲟⲧⲉ, ϫⲟⲉⲓⲥ, ϭⲣⲱϩ, ἀγνω-
μονεῖν, αἰτεῖν, ἀπατᾶν, ἀποστέλλειν, ἀρχεῖν, βαρύνεσθαι,
βλάπτειν, ἐπιδικάζειν, κατέχειν,
κοινωνεῖν, λυπεῖν, πιστεύειν, σέ-
βεσθαι, τιμᾶν, ὑβρίζειν, ὑπηρετεῖν, ὑπουργεῖν, χρᾶσθαι, χρεία

ⲉⲓⲱⲧ m. père
[29,28].

(ⲉⲓⲧⲛ) ⲉⲡⲓⲧⲛ en bas
34,14.

ⲕⲉ-, pl. ⲕⲟⲟⲅⲉ[1], ⲕⲉⲅⲉ[2] (variante
nouvelle) autre
28,25[2]; 29,17[1].18[1].

ⲕⲉ- aussi, de même
31,25.27.

ⲕⲟⲩⲓ, ⲕⲟⲩⲉⲓ[1] petit
30,26s[1]; 33,14.

ⲕⲱ ⲛ- (dat.) placer
29,11.

ⲕⲁ ⲣⲱ⸗ cf. ⲣⲟ

ⲕⲁ2 m. terre
34,14.

ⲗⲁⲁⲩ quelque chose
[29,25].

ⲗⲁⲁⲩ + négation : personne,
rien, aucun
[15,25]; 27,5; [31,1]; 32,11; 33,
17.[22s]; 34,3.4.8.13.

ⲗⲁⳃⲉ faire cesser
28,27s.

ⲙⲁ m. place
16,2; 27,17.

(ⲙⲉ) ⲙⲉⲣⲉ- aimer
[15,2].

ⲙⲁⲉⲓ cf. ⲛⲟⲩⲧⲉ, ⲣⲱⲙⲉ, ⲥⲁⲃⲉ,
ⳃⲟⲗ, ἡδονή

ⲙⲉ, ⲙⲏⲉ[1] f. vérité
15,[16][1].18; 31,7[1]; 32,11[1].

ⲙⲟⲩ, ⲙⲟⲟⲩⲧ†[1] mourir
[16,19][1].

ⲙⲟⲩ [2ⲁ]- mourir à cause, de
30,9.

ⲙⲟⲩ m. mort
28.[3].[10]; 34,28.

(ⲙⲟⲩⲓ) ⲙⲟⲩⲉⲓ m. lion
31,25.

(ⲙⲙⲛ-) ⲙⲛ-, ⲙⲛⲧⲉ⸗[1], ⲙⲛⲧⲁ⸗[2]
il n'y a pas
[16,2]; 27,5; 29,13[1]; 32,10[2]; 33,
8[1].17; 34,13.

ⲙⲛ- (ⲙⲙⲟ⸗)
16,14.
cf. ⳃⲟⲙ

ⲙⲛ- avec
16,11.
cf. ⳃⲱⲡⲉ, ⳃⲁϫⲉ

ⲙⲟⲩⲛ ⲉⲃⲟⲗ rester, demeurer
28,19.

ⲙⲛⲧⲣⲉ m. témoin
[15,18s]; 30,16.

ⲙⲡⳃⲁ être digne
33,2.

ⲙⲡⳃⲁ beaucoup
27,3; 33,21.

(ⲙⲟⲩⲣ) ⲙⲣⲣⲉ f. lien
28,10.

ⲙⲟⲉⲓⲧ m. chemin, trace
[15,1].

ϫⲓ ⲙⲟⲉⲓⲧ (2ⲏⲧ⸗) guider
16,1.

ⲙⲏⲧⲉ f. milieu
2ⲛⲧⲙⲏⲧⲉ au milieu
15,12.

(ⲙⲁⲩ) ⲙⲙⲉⲩ là
27,18.19.

ⲙⲙⲁⲩ cf. ϥⲓ

ⲙⲉⲉⲩⲉ, ⲙⲉⲉⲩ[1] penser
[16,25][1]; 27,[3].15s.

ⲙⲉⲉⲩⲉ ϫⲉ- penser que
33,16s[1].

(ⲙⲉⲉⲩⲉ) ⲙⲉⲉⲩ m. pensée
27,18s.

ⲣ ⲡⲙⲉⲉⲩ (se) souvenir
32,1s.

(ⲙⲟⲩⲟⲩⲧ) ⲙⲟⲩⲧ-, ⲙⲟⲟⲩⲧ⸗[1]
tuer
28,5[1].13.

ⲙⲏⲏⳃⲉ m. foule
30,7; 31,18.

ⲛⲟⲃⲉ m. péché
16,[14].[15s].

ⲁⲧⲛⲟⲃⲉ sans péché
30,14.

ⲛⲕⲁ ⲛⲓⲙ toute chose
[29,1].

ⲛⲓⲙ qui? (interrogation indirecte)
34,22.23.

ⲛⲓⲙ tout, chaque
16,[13].15; 27,14; 29,10.14; 31,
16; 34,9.

cf. ⲛⲕⲁ, ⲟⲩⲟⲛ

(ⲛⲁⲛⲟⲩ-) ⲛⲁⲛⲟⲩ⸗ être bon
15,[15].[29]; 29,17; 30,9; [32,5];
33,7; 34,25.

ⲡⲉⲧⲛⲁⲛⲟⲩϥ m. bien
28,9.

ⲣⲉϥⲣ ⲡⲉⲧⲛⲁⲛⲟⲩϥ m. bien-
faiteur
[16,21].

ⲛⲟⲩⲧⲉ m. Dieu
16,[2].[15].[18s].20.22; 27,[2].[3].
5. 7. 10. 12. [13s]. 15. 23. [26]; 29,
19s; 30,22.[22].26.28; 31,[1].[2s].
[4].6.[7s].8.9s.10s.14.17.18s.19s.
23; 32,[2].[3].5.[6].9.10.[11s].12.
13.16.20bis.23.[26]; 33,2s.3.4s.
11. 16. 18 bis. 19s. 21. 22; 34,12.
[22s].26.

ⲁⲧⲛⲟⲩⲧⲉ sans dieu, impie
[31,3].

ⲙⲛⲧⲛⲟⲩⲧⲉ f. divinité
32,16s.

ⲙⲁⲉⲓⲛⲟⲩⲧⲉ ami de Dieu, pieux
[30,1]; 31,12.15.

ⲣⲙⲛⲛⲟⲩⲧⲉ m. homme de Dieu
[28,22s]; 31,24; 32,22.

ⲛⲧⲟⲕ, ⲛⲧⲟϥ cf. ⲁⲛⲟⲕ

ⲛⲁⲩ voir
[15,27].

(ⲛⲁϣⲉ-) ⲛⲁϣⲱ⸗ être nombreux
33,25s.

(ⲛⲟⲩϥⲣ) ⲛⲟϥⲣⲉ f. profit, avan-
tage
15,27.

(ⲛⲟⲩϫⲉ) ⲛⲉϫ- ⲉⲃⲟⲗ jeter
31,21s.

ⲛⲟϭ grand
15,20; 28,17; [29,5]; 33,5.7.15.

ⲟⲉⲓⲕ m. pain
33,13.

ⲟⲛ aussi
15,14; [28,26]; 29,14.

(ⲡⲱⲧ) ⲡⲏⲧ† ⲉⲃⲟⲗ ⲛ- être en
fuite, fuir loin de
27,13.

ⲡϫⲱ m. poison
15,3.

(ⲣⲁ) ϩⲁ ⲡⲣⲁ au sujet de
31,[4].6.7.9.14.16.18.22; 32,[8].
11.

(ⲣⲟ) ⲕⲁ ⲣⲱ⸗ se taire
15,[6].[14]; 32,5s.

(ϩⲁⲣⲛ-) ⲛⲁϩⲣⲛ- devant, en présence de
16,[19].[23]

cf. ϣⲱⲡⲉ

ⲣⲱⲙⲉ m. homme
[15,12s]; 16,[12].[20]; 27,[1].2.
6.[8s].10.17.[22s].24; 28,[11].13.
27; 29,10; 30,5; 32,10.14.18;
33,[2].[3s].7s; 34,13s.19.24.

ⲙⲛⲧⲙⲁⲉⲓⲣⲱⲙⲉ f. amour en-
vers l'homme, philanthropie
32,17.

ⲣⲙⲙⲁⲟ riche
30,9.

ⲙⲛⲧⲣⲙⲙⲁⲟ f. richesse
34,5.

ⲣⲙ- cf. ⲛⲟⲩⲧⲉ, ⲣⲁϣ

ⲣⲉϥ- cf. ⲛⲁⲛⲟⲩ⸗

ⲣⲁⲛ m. nom
[16,18].

(ⲣⲣⲟ) ⲙⲛⲧⲣⲣⲟ f. royauté
[27,9s].

(ⲣⲁⲧ⸗) ⲉⲣⲁⲧ⸗
27,2.

cf. ⲱϩⲉ

ⲣⲟⲟⲩϣ m. soin, souci
ϥⲓ ⲣⲟⲟⲩϣ, ϥⲓ ⲙⲡⲣⲟⲟⲩϣ[1]
prendre soin de, se soucier de

[29,26s]; 32,18[1].

(ⲣⲁⲱ) ⲙⲛⲧⲣⲙⲣⲁⲱ f. douceur
[27,29s].

ⲣⲁⲱⲉ ⲉⲭⲛ- se réjouir de
33,23.

ⲣⲱⲱⲉ m. suffisance
[29,12].

(ⲥⲁ) ⲙⲛⲛⲥⲁ- après
15,26; [16,21s]; 27,[4s].23.
ⲛⲥⲁ- cf. ⲱⲓⲛⲉ
ⲙⲡⲥⲁ ⲛⲃⲟⲗ cf. ⲃⲱⲗ
ⲙⲡⲥⲁ ⲛ²ⲟⲩⲛ cf. ²ⲟⲩⲛ

(ⲥⲟ) † ⲥⲟ ⲉ- épargner, écono-
miser
31,20.

(ⲥⲁⲃⲉ) ⲥⲃⲱ f. enseignement
ⲙⲁⲉⲓⲭⲓ ⲥⲃⲱ aimer à recevoir
l'enseignement
33,26.
ⲥⲁⲃⲟ cf. ⲧⲥⲁⲃⲟ

ⲥⲱⲕ ²ⲏⲧ= précéder
15,[4].28s; 31,15s.

(ⲥⲱⲙⲧ) ⲥⲟⲙⲧ† être tendu
34,14.

ⲥⲙⲟⲧ f. aspect, manière
34,8.

ⲥⲟⲛ m. frère
29,6.

(ⲥⲟⲡ) ⲙⲡⲥⲟⲡ lorsque, au moment où
15,[5].[10].

ⲥⲱⲧⲙ écouter
16,[11].23s; 29,24.
ⲥⲱⲧⲙ ⲉⲧⲃⲉ- écouter parler de
[30,25].
ⲥⲱⲧⲙ m. le fait d'écouter
16,10.

(ⲥⲱⲧⲡ) ⲥⲟⲧⲡ† ⲉ-... ⲉ²ⲟⲩⲟ ⲉ-
être préférable à
31,20s.

(ⲥⲟⲟⲩⲛ) ⲥⲟⲟⲩⲛⲉ, ⲥⲟⲩⲛ-[1]
connaître
15,6; 32,13[1].
ⲁⲧⲥⲟⲟⲩⲛ ignorant
[16,16].
ⲙⲛⲧⲁⲧⲥⲟⲟⲩⲛ f. ignorance
[15,1s]; 28,12.

(ⲥⲱⲱ) ⲱⲱⲥ m. honte
(ⲟ†) ⲛⲱⲱⲥ ⲛ- être la honte de
16,16s.

ⲥⲏⲋⲉ f. épée
[28,12].

(ⲧⲁⲉⲓⲟ) ⲧⲁⲉⲓⲟ=, ⲧⲁⲉⲓⲁ=[1]
honorer
[16,9]; 30,4[1]; 34,18.

†, †-[1], ⲧⲉⲉ=[2] donner
29,3.5.22.24[1]; 30,[3].4s.[5].23[2];
31,21; 33,10.12.13.23.
† m. don
33,14.
cf. ⲥⲟ, ²ⲟ, ²ⲗⲟ ⲥⲧ(ⲉ)ⲛ

(ⲧⲃⲃⲟ) ⲧⲃⲃⲏⲩ† ⲉ- être purifié de
[31,4s].

ⲧⲱⲃⲥ exciter
[30,6].

ⲧⲱⲃ² prier
33,11.

(ⲧⲁⲕⲟ) ⲧⲉⲕⲟ détruire
[34,28].

ⲧⲟⲛⲧⲛ ⲉ- imiter
33,19.

(ⲧⲁⲛ²ⲟ) ⲧⲁⲛ²ⲉ- sauver
32,21.23s.

(ⲧⲱⲡⲉ) ⲧⲉⲡ- goûter, faire l'expérience de
28,26.

ⲧⲏⲣ= tout, entier
15,29; 32,19; 33,12s.

(ⲧⲱⲣⲉ) ⲛⲧⲛ-, ⲛⲧⲟⲟⲧ=[1] par
16,15; [28,4]; [29,2]; 31,2[1].

ϩⲁⲧⲛ- sous, près de
31,10.
cf. ϣⲁϫⲉ
ⲉⲃⲟⲗ ϩⲓⲧⲛ-, ⲉⲃⲟⲗ ϩⲓⲧⲟⲟⲧ⸗[1] hors de, grâce à
30,24[1]; 32,26.
(ⲧⲥⲁⲃⲟ) ⲧⲥⲁⲃⲟ⸗ instruire
[16,17].
(ⲥⲃⲟ) ⲥⲁⲃⲟ apprendre
[31,2].
ⲧⲱⲧ persuader
31,11.
ⲧⲁϫⲣⲟ affermir, confirmer
16,22s.
(ⲟⲩⲁ) ϫⲉ ⲟⲩⲁ ⲉ- blasphémer
16,18; 34,27.
ⲟⲩⲁ, ⲟⲩⲉ[1], ⲟⲩⲉⲉⲓ[2] un
[15,21]; 28,6[2].16[1]; 32,15[1].
(ⲟⲩⲁⲁ⸗) ⲟⲩⲁⲉⲉⲧ⸗ seul
[28,3s]; 31,28.
(ⲟⲩⲱ) ϫⲉ ⲟⲩⲱ concevoir
31,23.
(ⲟⲩⲛ) ⲟⲩⲛ-, ⲟⲩⲛⲧⲁ⸗[1], ⲟⲩⲛⲧⲉ⸗[2] il y a
[27,7s[1]]; 30.15[2]; [32,27[2]]; 33,9[2]; 34,20.21.
ⲟⲩⲟⲛ quelqu'un
15,22.
ⲟⲩⲟⲛ ⲛⲓⲙ quiconque
30,23; 32,24.
(ⲟⲩⲛⲟⲩ) ⲛⲧⲉⲩⲛⲟⲩ aussitôt
[29,3].
(ⲟⲩⲟⲡ) ⲟⲩⲁⲁⲃ† être saint
[30,13s].
ⲟⲩⲟⲉⲓϣ m. temps, moment
15,[7].8; [28,1].
ⲟⲩⲱϣ, ⲟⲩⲱϣⲉ[1], ⲟⲩⲁϣ⸗[2] vouloir, désirer
[15,11]; 16,[11].[25][1]; 27,11; 31,13[2].17; 32,21s[2].
ⲟⲩⲱϣⲉ m. désir
34,6s.
ⲱⲣϫ être solide, sûr.
30,25.
(ⲱⲧⲡ) ⲉⲧⲡⲱ f. poids, fardeau
ⲟ ⲛⲉⲧⲡⲱ être un poids
29,15.
(ⲱϩⲉ) ⲁϩⲉ† ⲣⲁⲧ⸗ ⲛ- se tenir auprès de
[27,2].
ϣ- pouvoir
16,7; 29,12; 30,21; 31,24; 32,15; 34,4s.28.
ϣⲁϩⲣⲁï cf. ϩⲣⲁï
ϣⲗⲏⲗ ⲉ- prier
32,23.
ϣⲗⲏⲗ ⲉⲧⲃⲉ- prier pour
32,24s.
ϣⲗⲏⲗ ϩⲁ- prier pour (quelqu'un)
32,18s.
ϣⲓⲛⲉ ⲛⲥⲁ- chercher
27,20.
ϣⲱⲡⲉ, ϣⲟⲟⲡ†[1] devenir, être
15,19; 16,3[1].[5][1].[8][1]; 27,12.17s[1]. 19[1]; 28,[2s].14[bis]. 15s[1].20[1].21.24; 29,[27s]; 33,5[1].6[1].8.
ϣⲱⲡⲉ ⲙⲛ- être avec
[16,10][1].
ϣⲱⲡⲉ ⲛ- (datif) arriver à
[16,26]; 32,25s.
ϣⲱⲡⲉ ⲛⲁϩⲣⲛ- être en face de
33,17[1].
ⲉϣⲱⲡⲉ si
16,14; 31,4.
ϣⲏⲣⲉ m. fils
29,28; 33,4.
(ϣⲱⲣⲡ) ⲛϣⲟⲣⲡ en premier, d'abord
[15,12]; 29,13; 31,11s.

ϩⲣⲁⲓ̈ ⲛϩⲏⲧ⸗ dans, à l'intérieur de
27,16 ; 34,24.
(ϩⲟⲩⲛ) ⲉϩⲟⲩⲛ ⲉ- cf. ϣⲟϫⲛⲉ, ϩⲱⲛ
ⲛⲡⲥⲁ ⲛϩⲟⲩⲛ intérieur
34,19s.
(ϩⲱⲛ) ϩⲏⲛ† ⲉϩⲟⲩⲛ ⲉ- être près de
33,6s.
(ϩⲛⲁⲁⲩ) ϩⲛⲉⲉⲩ m. chose
33,8s.9s.
(ϩⲣⲁⲓ̈) ϣⲁϩⲣⲁⲓ̈ ⲉ- jusqu'à
16,2.
cf. ϩⲛ-, ϫⲱ⸗
ϩⲣⲧⲉ f. crainte
28,10.
ϩⲣⲟϣ être lourd
27,27.
(ϩⲁⲣⲉϩ) ⲁⲣⲏϩⲉ (variante nouvelle) ⲉ- (objet direct) garder
30,13 ; 34,20.
ϩⲏⲧ m. cœur
15,9 ; 27,16 ; 28,15.21.22 ; 29,1 ; 30,11s ; 31,11 ; 32,27 ; 33,12.19 ; 34,12.
ϩⲁϩⲧⲛ- auprès de
33,16.
cf. ⲙⲟⲉⲓⲧ, ⲥⲱⲕ, ϩⲟⲧⲉ, ϫⲓⲥⲉ
(ϩⲟⲧⲉ) ⲣ ϩⲟⲧⲉ craindre
[16,6].
ⲣ ϩⲟⲧⲉ ϩⲏⲧ⸗ ⲛ- craindre devant quelqu'un, craindre quelqu'un, avoir peur de
[34,3s].
ϩⲟⲟⲩ être mauvais
15,9.[20] ; 27,[10s].13 ; 28,24s.[26] ; 30,20.
ϩⲟⲩⲟ m. la plus grande part
29,3.
ⲉϩⲟⲩⲟ ⲉ- plutôt que
31,21 ; [34,9].
cf. ⲥⲱⲧⲡ
ⲛϩⲟⲩⲟ plus, mieux
15,[25].[27].
ⲛϩⲟⲩⲟ ⲉ-, ⲛϩⲟⲩⲟ ⲁ[1]- plus que
[15,16] ; 16,[9s][1].[11s] ; 29,18 ; [30,9s] ; 33,9.
ϩⲁϩ beaucoup
[15,27] ; 29,28 ; 33,9.24.
(ϫⲁ(ⲉ)ⲓⲉ) ⲟ† ⲛϫⲁⲉⲓⲉ ⲉ- être déserté par
32,12.
ϫⲉ car, puisque, que
[27,25] ; 31,12.
(ἵνα) ϩⲓⲛⲁ ϫ(ⲉ) + ⲛⲛⲉ-
34,2.
cf. ⲉⲓⲙⲉ, ⲙⲉⲉⲩⲉ, ϫⲱ
(ϫⲏ) ⲉⲡϫⲓⲛϫⲏ en vain
31,22.
(ϫⲓ) ϫⲓ-, ϫⲓⲧ⸗[1] prendre, recevoir
29,[4][1].12. .
cf. ⲙⲟⲉⲓⲧ, ⲥⲁⲃⲉ, ⲟⲩⲱ, ϩⲟ, ϭⲟⲗ, ϭⲟⲛⲥ
ϫⲱ, ϫⲉ-[1], ϫⲟⲟ⸗[2] dire
15,[16][1].22[1] ; 16,9[2] ; [30,27] ; 31,10 ; 32,7[2].8.11 ; 33,24[1].
ϫⲱ ϫⲉ- dire que
27,16s[2] ; 28,15[2].16 ; [29,1][2] ; 30,11s[2] ; 32,27[2] ; 34,10[2].11s[2].
cf. ⲟⲩⲁ
(ϫⲱ⸗) ⲉϫⲛ- sur
34,14.15.
ⲉϩⲣⲁⲓ̈ ⲉϫⲛ- sur, à propos de
[27,4].
cf. ⲣⲁϣⲉ
ϫⲡⲓⲟ m. désaveu
[15,9].
(ϫⲡⲟ) ϫⲡⲟ⸗ ⲛ- acquérir, posséder pour soi

# FRAGMENTS

## (NH XII, 3)

PAR

PAUL-HUBERT POIRIER

# INTRODUCTION

*Bibliographie*

COLPE (C.), «Heidnische, jüdische und christliche Überlieferungen in den Schriften aus Nag Hammadi III», *Jahrbuch für Antike und Christentum* 17 (1974) 109-125, sp. p. 119.

*The Facsimile Edition of the Nag Hammadi Codices. Codices XI, XII and XIII*, Leiden, 1973.

WISSE (F.), «Fragments (XII,3)», dans J.M. ROBINSON (éd.), *The Nag Hammadi Library in English*, San Francisco, 1977, p. 460.

Parmi les cinq fragments du Codex XII qui sont actuellement conservés sous une même plaque de plexiglas au Musée copte du Caire et qui apparaissent dans l'édition en fac-similé[1], deux seulement portent suffisamment de texte pour permettre un essai d'édition et de traduction. Il s'agit des fragments numérotés 1 et 2.

Rien de bien précis ne peut être dit sur ces deux fragments. Par exemple, comme le nombre de lignes par page varie de 27 à 29 pour les feuillets du Codex XII conservés dans toute leur hauteur, il est impossible de déterminer combien de lignes comptaient les feuillets auxquels appartenaient ces fragments. De même, en raison de l'irrégularité de l'écriture que l'on remarque dans le Codex, qui fait varier de 18 à 23 le nombre de lettres à la ligne, on ne peut estimer avec précision combien de lettres ont été emportées par les lacunes[2]. On ne peut dire non plus quelle face des fragments constitue le recto, et laquelle le verso[3]. Nous avons reproduit les fragments comme ils se présentent actuellement, i.-e. les fibres verticales (↑) au recto et les fibres horizontales (→) au verso.

Quant à l'identité de ces fragments, tout ce qu'on peut en dire, c'est qu'ils ne proviennent d'aucune des deux œuvres qui forment l'essentiel du Codex XII, les SSext et l'EvVer. Ils appartenaient à un ou à deux autres traités que devait contenir encore le Codex XII.

Si nous considérons le contenu de ces fragments[4], il n'y a guère

---

[1] Cf. *supra*, p. 8.

[2] Là-dessus, cf. *supra*, p. 8-9.

[3] Cela tient à la constitution du Codex XII; cf. *The Facsimile Edition*, p. xiii: «Codex XII differs from all other Nag Hammadi codices (...) in that the sheets alternate as to whether horizontal or vertical fibres face upward before the quire is closed, with the result that facing pages always have the same fibre direction».

[4] F. Wisse a déjà décrit assez correctement le contenu de ces fragments: «With no title and only one sizable fragment surviving, the tractate (or tractates) remains

que le fragment 1 qui prête à quelque conjecture. En effet, nous voyons clairement qu'il s'agit d'un discours, qui était peut-être partie d'un dialogue. Le locuteur et les auditeurs auxquels il s'adresse appartiennent à un même groupe («nous») qui est opposé à un autre groupe désigné par la troisième personne du pluriel («ceux-là», «eux»). L'identité du locuteur n'est pas mentionnée. Cependant, comme il fait référence à son Père («mon Père»), il n'est pas incongru de penser qu'il s'agisse de Jésus s'adressant à ses disciples[5]. Ceux auxquels s'opposent le locuteur et les siens sont caractérisés négativement : ils parlent en mal, ils vivent de malice, ils travaillent à des choses mauvaises ou à leurs propres œuvres; ils sont qualifiés d'étrangers, ils n'ont pas de père.

Vouloir préciser le caractère et le contexte doctrinal de ce fragment ne peut être qu'une entreprise aventureuse. Cependant, nonobstant le fait qu'il ne s'agit que d'un feuillet et encore très mutilé, le fragment 1 fait état d'une problématique très marquée qui autorise des rapprochements précis avec l'*Évangile de Jean*. Certaines expressions, en particulier celles relatives aux «œuvres» et au «Père», suggèrent nettement le vocabulaire de passages johanniques comme Jn 3,19-21[6]; 6,26-29 et 8,39-41. Chez Jean comme dans le fragment 1, nous sommes en présence de deux groupes opposés l'un à l'autre par leurs œuvres. La nature des œuvres accomplies par les deux groupes révèle à qui ils appartiennent; en effet, faire les œuvres du Père ou du Mauvais signifie réaliser la volonté de l'un ou de l'autre[7]. Nous nous trouvons donc dans un contexte nettement dualiste qui sert de cadre à une parénèse dont le style, pour autant qu'on puisse en juger, s'apparente beaucoup à celui de Jean.

On ne peut que regretter que le texte dont provient le fragment 1 ne nous ait pas été conservé. Ce texte aurait sans doute été intéressant pour la connaissance du milieu johannique, lui aussi fortement dualiste[8].

---

quite obscure. It seems to present ethical teaching within a religious context» («Fragments [XII,*3*]», p. 460); C. Colpe, pour sa part, décrit les fragments comme une «paränetische Jesusrede» («Heidnische...», p. 119).

[5] Comme le suggère F. Wisse, *loc. cit.*

[6] M.-É. Boismard et A. Lamouille (*Synopse des quatre Évangiles en français*, t. III : *L'Évangile de Jean*, Paris, 1977, p. 116) font un rapprochement intéressant entre ce texte et Ep 5,6-14, où l'on retrouve la mention des «œuvres» dans un contexte dualiste (ténèbres/lumière).

[7] Pour le sens à donner à l'expression τὰ ἔργα τοῦ θεοῦ chez Jean, nous suivons U.C. von Wahlde qui y retrouve un sens moral et dualiste plutôt que nomiste; voir son article : «Faith and Works in Jn VI 28-29», *Novum Testamentum* 22 (1980) 304-315. L'interprétation de von Wahlde tient compte non seulement de l'ensemble des données johanniques, mais aussi de la littérature intertestamentaire et de Qumran.

[8] Je remercie mon collègue Michel Roberge dont les indications précieuses m'ont aidé à préciser le caractère «johannique» du fragment 1.

# TEXTE
# ET
# TRADUCTION*

*\* Note préliminaire*
Sauf en ce qui concerne la séparation des mots, notre texte copte respecte l'exacte disposition du papyrus. Dans la numérotation des lignes, nous avons tenu compte du fait qu'on ne peut évaluer leur nombre avec certitude.

Le signe $^0$ accompagnant un terme dans la traduction française indique que celui-ci est en grec dans le texte copte.

*Sigles*
[    ] : lettre restituée
  `    ´ : addition du scribe au-dessus de la ligne
(    ) : ajout pour rendre la traduction plus claire.

# TEXTE

## Fragment 1A (↑)

```
x + 1   [              ] . [                    ]
        [             ]ⲉⲩ[                    ]
        [             ]ⲙ̄ . [                   ]
        [              ]ⲛ[    ]ⲏⲣⲉ ⲉ >
    5   [             ]ⲙⲙⲟⲛ ⲛⲑⲉ ⲉⲧⲉ ⲱ
        [ⲱⲉ      ⲛ]ⲉⲛⲉⲣⲏⲩ ⲁⲗⲗⲁ
        [        ⲟ]ⲩⲙⲏⲏ ϣ ⲉ ϫⲓ
        [        ]ⲛ̄ ϣⲁⲩⲥⲉ ϫⲉ ⲕⲁⲕⲱⲥ
        [        ]ⲱⲛ̄ϩ̄ ⲉⲧⲙ̄ⲛ̄ⲧⲃⲟⲟ
   10   [ⲛⲉ     ⲛ]ⲟⲩϩ ⲉⲃⲟⲗ ⲛ̄ϯⲙⲛ̄ⲧ
        [      ⲣ ϩ]ⲱⲃ ⲉⲛⲡⲉⲑⲟⲟⲩ ⲉ >
        [        ]ⲉⲛⲁⲅⲁⲑⲟⲛ · ⲛⲥⲉ
        [      ⲣ ϩ]ⲱⲃ ⲉⲛⲉⲧⲉ ⲛⲟⲩⲟⲩ
        [        ]ⲛϣ̄ⲙⲙⲟⲉⲓ ⲟⲩⲛ ϩⲉ̄
   15   [        ]ⲣ̄ ϩⲱⲃ ⲉⲛⲉⲧⲉ ⲛⲟⲩ
        [ⲟⲩ      ]ⲛ̄ϩⲉⲛϩⲃⲏⲩⲉ ⲉⲛ .
        [        ⲁⲛⲟ]ⲛ ϩⲱⲱⲛ ⲉⲛⲣ̄ ϫ̣[ . ]
        [        ϩⲃⲏ]ⲩ̣ⲉ ⲛ̄ⲛⲉⲧⲙ̄ⲙⲁ̣[ⲩ
        [        ϩⲃ]ⲏⲩⲉ ⲉⲩϩⲟⲟⲩ̣[2-3]
   20   [        ]ⲉⲩ ⲡⲉⲧⲛ̄ⲛⲁⲉ[4-5]
        [        ⲛ]ⲉϩⲃⲏⲩ̣ⲉ̣ ⲉⲧ . [ ± 5 ]
        [        ]ⲛ̣ⲓ ⲡⲉⲧⲛ[ ± 7 ]
        [        ⲟⲩⲟ]ⲛ ⲛⲓⲙ[ ± 8 ]
        [          ]ⲟ̣ⲟⲥ [ ± 9 ]
```

## Fragment 1B (→)

```
x + 1   [ ± 8        ] . [                    ]
        [ ± 6 ] . [ . ]ⲟⲩ[                    ]
        [ . ]ⲣⲉ[ . . ]ⲙⲏ ⲛ̄ϥ[               ]
        ⲉ ⲉⲓ ϫ ⲱ ⲅⲁⲣ ⲙ̄[ⲙⲟⲥ               ]
    5   ⲥⲟⲟⲩⲛⲉ ⲙ̄ⲡⲛ[ⲟⲩⲧⲉ                ]
        ⲙⲉ ϯ ⲡⲉⲩⲟⲩ̣ⲟ[                    ]
        ⲡⲗⲁⲛⲏ · ⲁⲗⲗⲁ[                    ]
        ⲥⲉⲙ̄ⲡ ϣ ⲁ ⲙ̄ⲡⲙ[                 ⲉ]
        ϩⲟⲩⲛ ⲉⲡⲛⲟⲩⲧⲉ ⲉ[              ]
   10   ⲁⲩⲱ ⲏⲇⲏ ⲁⲩⲙⲟ[                ]
```

# TRADUCTION

Fragment 1A

```
x + 1    [                                    ]
         [                                    ]
         [                                    ]
         [                                    ]
    5    [              ] nous, comme il convient
         [         nous,] mutuellement, mais°
         [                ] une foule pour recevoir
         [              ] ils parlent en mal°
         [         vi]vre de la malice
   10    [           re]jeter la
         [    (ils?)] travaillent à des choses mauvaises à
         [              ] bonnes° choses et ils
         [    (ils?)] travaillent à leurs propres (œuvres)
         [              ] des étrangers. Il y a des
   15    [    (ils?)] travaillent à leurs propres
         [(œuvres)   ] des œuvres
         [        nous]-mêmes, nous faisons
         [        œu]vres de ceux-là
         [            ] œuvres mauvaises [  2-3  ]
   20    [          ] ce que nous (+ futur) [  4-5  ]
         [      les] œuvres qui [   ± 5   ]
         [         ] ce qui [     ± 7      ]
         [         ] chacun [      ± 8      ]
         [                                 ]
```

Fragment 1B

```
x + 1    [                                    ]
         [                                    ]
         [                                    ]
         alors qu'en effet° je dis [          ]
    5    connaître [Dieu                      ]
         .. donne (?) leur [                   ]
         erreur°, mais° [                      ]
         ils sont dignes du [                  ]
         en Dieu [                             ]
   10    et désormais° ils ont [              ]
```

ⲧⲙ̄ⲛ̄ⲧⲁⲧⲥⲟⲟⲩ[ⲛ                    ]
ⲣⲉ ⲧⲇⲓⲕⲁⲓⲟⲥⲩⲛ[ⲏ                    ]
ⲙⲟⲥ ⲛⲉⲩⲙ̄ⲡ[ϣⲁ                      ]
ⲛ̄ϭⲓ ⲛⲁⲉⲓˑ ⲛ̄ⲧⲟϥ[                   ]
15   ⲉⲓ ⲡⲁⲉⲓⲱⲧ ⲉⲧⲉⲛ̄ⲥ̣[              ]
ⲛ̣ⲉⲩ ⲉⲛ ⲛ̄ⲉⲓⲱⲧ ⲉ[                   ]
[.]. ⲧⲙⲉⲉⲩⲉ ϫⲉ ⲡⲉ̣[                ]
[..]ⲉ ⲡⲉⲉⲓ ⲛ̄ⲧⲁⲧⲛ[                 ]
[ ± 4 ]ⲧ̣ⲧ ⲟⲛ ⲙ̄ⲡⲁ̣[              ]
20   [ ± 4 ]ⲟⲩⲕⲱ ⲉⲃⲟⲗ ⲍ̣ⲛ[          ]
[ ± 6 ]. ϫⲟⲟϥ ⲛ̄ϭⲓ[                ]
[ ± 4 ⲙ]ⲙⲟϥ ⲛ̄ϭⲓ ⲡ̣[              ]
[ ± 9  ]ⲛⲉⲥ[                       ]
[ ± 9  ]ⲉⲇϥ[                       ]


Fragment 2A (↑)

x +  1   .[                         ]
ⲧⲉ[                                 ]
ⲫⲓⲗ[ⲟⲥⲟⲫⲟⲥ                          ]
ⲙⲉⲩϣⲣ̄[                          ⲫⲓ]
5   ⲗⲟⲥⲟⲫⲟ[ⲥ                         ]
ⲕⲟⲥⲙⲟⲥ ⲧ[                          ]


Fragment 2B (→)

x +  1   [                       ]ⲟ̣ⲡ
[                       ]ⲁⲓⲛ
[                       ]ⲙⲙⲟⲥ
[                ] . [   ]ϫ̣ⲡⲟϥ ⲛ
5   [                 ⲙ]ⲉⲉⲩⲉ ϫⲉ

```
        l'ignorance [                          ]
        . . la justice⁰ [                      ]
        . . . ils étaient dignes [             ]
        ceux-là. Lui [                         ]
   15   . . mon Père qu'ils ne [               ]
        pas à eux de père [                    ]
        [.] . Je pense que [                   ]
        [. .] . Celui-là que la (+ parfait) [  ]
        [ ± 4 ] Je donne aussi ma[             ]
   20   [ ± 4 ] Ils pardonnent [              ]
        [ ± 6    ] . le dit [                  ]
        [                                      ]
        [                                      ]
        [                                      ]
```

Fragment 2A
```
x + 1    [                            ]
         [                            ]
         phil[osophe⁰                 ]
         ils ne peuvent [      phi]
   5     losophe⁰ [                   ]
         monde⁰ . [                   ]
```

Fragment 2B
```
x + 1    [                            ]
         [                            ]
         [                      ] elle
         [              ] l'a (?) engendré
   5     [                ] penser que
```

# NOTES CRITIQUES

**1A,9**

Il n'y a que deux façons de lire le début de cette ligne : soit en lisant le verbe ⲱⲛϩ ⲉ-, «vivre de, par» (Crum 525b), soit en restituant le verbe ⲥⲱⲛϩ ⲉ-, «être lié à» (Crum 348b). Nous avons opté pour la première solution, parce que plus compatible avec ce que l'on peut deviner du contexte général du fragment.

**1A,10**

ⲛⲟⲩϩ, variante de ⲛⲟⲩϩⲉ (Crum 241b), est la seule restitution qu'offre le dictionnaire inverse[1].

**1A,11. 13. 15**

ⲣ ϩⲱⲃ ⲉ- : cette expression verbale, employée au sens de «travailler à, pour», rend ἐργάζεσθαι + accusatif, p. ex. en Jn 6,27[2].

**1A,17**

ⲣ ϫ : au lieu du ϫ, on pourrait aussi restituer un ⲭ ; un ⲅ est beaucoup moins probable.

[1] Cf. *supra*, p. 26, n. 82.
[2] Cf. Crum 654a et *CNTS* II 1405.

# INDEX

L'ordre de classement retenu dans l'index copte est celui du dictionnaire de Crum. Lorsque la forme type choisie par Crum n'est pas attestée dans le texte, elle est indiquée entre parenthèses.

Les variantes orthographiques ont été relevées systématiquement; lorsque plusieurs variantes orthographiques sont attestées pour un même vocable (dans l'index copte comme dans l'index grec), elles sont identifiées par un chiffre placé en exposant.

Les références correspondant à des reconstitutions sont indiquées entre crochets.

# INDEX GREC

(ἀγαθός) ἀγαθόν m. bien
1A,12.
ἀλλά mais
1A,6; 1B,7.
γάρ car, etc.
1B,4.
δικαιοσύνη f. justice
[1B,12].
ἤδη désormais
1B,10.

κακῶς mal (adv.)
1A,8.
κόσμος m. monde
2A,6.
πλάνη f. erreur
1B,7.
φιλόσοφος m. philosophe
2A,[3].[4s].

# INDEX COPTE

(ⲀⲚⲞⲔ) ⲚⲦⲞϥ m. lui
1B,14.

ⲀⲚⲞⲚ nous
[1A,17].

ⲀⲨⲰ et
1B,10.

(ⲂⲰⲰⲚ) ⲘⲚⲦⲂⲞⲞⲚⲈ f. malice
[1A,9s].

(ⲈⲢⲎⲨ) ⲚⲈⲚⲈⲢⲎⲨ les uns les autres
[1A,6].

(ⲈⲒⲠⲈ) ⲣ- faire
1A,17; 2A,4.
cf. ϨⲰⲂ

ⲈⲒⲰⲦ m. père
1B,15.16.

(ⲔⲰ) ⲔⲰ ⲈⲂⲞⲖ remettre, pardonner
1B,20.

ⲘⲠⲰⲀ être digne
1B,8.[13].

(ⲘⲀⲨ) ⲈⲦⲘⲘⲀⲨ celui-là
[1A,18].

ⲘⲈⲈⲨⲈ ϫⲈ penser, penser que
1B,17; [2B,5].

ⲘⲎⲎϢⲈ m. foule
1A,7.

ⲚⲒⲘ cf. ⲞⲨⲞⲚ

ⲚⲞⲨⲦⲈ m. Dieu
1B,[5].9.

(ⲚⲞⲨϨⲈ) ⲚⲞⲨϨ ⲈⲂⲞⲖ rejeter
[1A,10].

ⲞⲚ aussi
1B,19.

(ⲠⲰ⸗) ⲚⲞⲨⲞⲨ les leurs
1A,13.[15s].

(ⲤⲞⲞⲨⲚ) ⲤⲞⲞⲨⲚⲈ connaître
1B,5.

ⲘⲚⲦⲀⲦⲤⲞⲞⲨⲚ f. ignorance
[1B,11].

ϯ donner
1B,6(?).19.

(ⲞⲨⲞⲚ) ⲞⲨⲚ- il y a
1A,14.

(ⲞⲨⲞⲚ) ⲞⲨⲞⲚ ⲚⲒⲘ quiconque, chacun
[1A,23].

ⲰⲚϨ ⲉ- vivre de, par
1A,9.

ϣ- pouvoir
2A,4.

(ϢⲘⲘⲞ) pl. ϢⲘⲘⲞⲈⲒ m. étranger
1A,14.

(ϢϢⲈ) ⲈϢϢⲈ il est convenable
[1A,5s].

(ϢⲀϫⲈ) ⲤⲈϫⲈ parler
1A,8.

(ϨⲈ) ⲚⲐⲈ de la manière que, comme
1A,5.

ϨⲰⲰ⸗ aussi, même
1A,17.

(ϨⲰⲂ) pl. ϨⲂⲎⲨⲈ m. chose, œuvre
1A,16.[18].[19].21.

ⲣ ϨⲰⲂ ⲉ- travailler pour, à
1A,[11].[13].15.

(ϨⲞⲨⲚ) ⲈϨⲞⲨⲚ ⲉ- à l'intérieur de, en
[1B,8s].

ϨⲞⲞⲨϯ être mauvais
1A,11.19.

ϫⲉ cf. ⲙⲉⲉⲅⲉ
ϫⲓ recevoir
   1A,7.

ϫⲱ, ϫⲟⲟ⸗[1] dire
   1B,4.21[1].
(ϫⲡⲟ) ϫⲡⲟ⸗ engendrer
   2B,4.

# FRAGMENT DE LA RÉPUBLIQUE DE PLATON
## DE PLATON

(NH VI, 5)

PAR

Louis PAINCHAUD

# BIBLIOGRAPHIE

ADAM (J.), *The Republic of Plato*, Londres, 1962².

ALLINE (H.), *Histoire du texte de Platon*, Paris, 1915.

BONWETSCH (N.), *Méthode, De Resurrectione* (*GCS*, 27), Berlin, 1917.

BRASHLER (J.), «Plato, *Republic* 588b-589b, VI,5 : 48,16-51,23» in *The Coptic Gnostic Library, Nag Hammadi Codices V, 2-5 and VI with Papyrus Berolinensis 8502, 1 and 4*, éd. D. M. PARROT (*NHS*, 11), Leiden, 1979, p. 325-339.

BRASHLER (J.) et PARROT (D. M.), «Plato, Republic 588b-589b (VI,5)» in *The Nag Hammadi Library in English*, éd. J. M. ROBINSON, New York etc., 1977, p. 290-291.

BRÉHIER (É.), *Plotin, Ennéades, Collection des Universités de France*, Paris, 1924.

CHAMBRY (É.), *Platon, Oeuvres complètes*, VII, 2, *Collection des Universités de France*, Paris, 1973 (1934).

DORESSE (J.), *Les livres secrets des gnostiques d'Égypte*, Paris, 1958.

FESTUGIÈRE (A. M. J.), *Proclus, Commentaire sur la République*, II, Paris, 1970.

KRAUSE (M.), «Der Stand der Veröffentlichung der Nag Hammadi-Texte» in *Le origine dello gnosticismo*, éd. U. Bianchi (*Studies in the History of Religions, Supplements to Numen*, 12), Leiden, 1967, p. 61-88.

— et LABIB (P.), *Gnostische und hermetische Schriften aus Codex II und Codex VI* (*ADAIK*, Koptische Reihe, 2), Glückstadt, 1971.

KROLL (W.), *Procli Diadochi in Platonis Rem Publicam Commentarii*, vol. I, Leipzig, 1901.

MAHÉ (J.-P.), *Hermès en Haute-Égypte. Les textes hermétiques de Nag Hammadi et leurs parallèles grecs et latins*, I (*BCNH*, section «Textes», 3), Québec, 1978 et II (*BCNH*, Section «Textes», 7), Québec, 1982.

MATSAGOURAS (E. G.), *Plato Copticus, Republic 588b-589b. Translation and Commentary*, M. A. Dissertation, Dalhousie University (Halifax), 1976.

—, «Plato Copticus», *Platon* 29 (Athènes, 1977), p. 191-199.

MIGNE (J.-P.), *Eusèbe, Praeparationis Evangelicae* (*PG*, 21), Paris, 1857.

ORLANDI (T.), «La traduzione copta di Platone, *Resp*. IX, 588b-589b : problemi critici ed esegetici» in *Atti della Accademia Nazionale dei Lincei*, Rendiconti morali, Serie VIII, vol. XXXII, fasc. 1-2, (Rome, 1977), 45-62.

REITZENSTEIN (R.), *Poimandres. Studien zur Griechisch-ägyptischen und frühchristlichen Literatur*, Leipzig, 1904.

SCHENKE (H. M.), «Zur Faksimile-Ausgabe der Nag-Hammadi-Schriften», *OLZ* 69 (1974) col. 235-242.

STÄHLIN (O.), TREU (U.), *Clément d'Alexandrie, Stromates* (*GCS*, 17), Berlin, 1970².

TARDIEU (M.), *Trois mythes gnostiques. Adam, Éros et les animaux d'Égypte dans un écrit de Nag Hammadi* (*Études Augustiniennes*), Paris, 1974.

TURNER (E. G.), *Greek Manuscripts of the Ancient World*, Princeton, 1971.

WACHSMUTH (C.) et HENSE (O.), *Ioannis Stobaei Anthologii Librum Tertium*, Berlin, 1894.

# SIGLES ET ABRÉVIATIONS

| | |
|---|---|
| *ADAIK* | = *Abhandlungen des Deutschen Archäologischen Instituts Kairo* |
| *BCNH* | = *Bibliothèque copte de Nag Hammadi* |
| BAUER | = BAUER (W.), *Wörterbuch zum Neuen Testament*, Berlin, 1971. |
| BRASHLER | = BRASHLER (J.), «Plato, *Republic* 588b-589b, VI,5 : 48,16-51,23», cf. *supra* bibliographie *ad loc.* |
| CRUM | = CRUM (W.-E.), *A Coptic Dictionnary*, Oxford, 1939. |
| *GCS* | = *Die griechischen christlichen Schriftsteller der ersten Jahrhunderte* |
| GOODSPEED | = GOODSPEED (E.), *Index patristicus sive clavis patrum apostolicorum operum*, Naperville, 1960. |
| HORNER | = HORNER (G.), *The Coptic Version of the New Testament in the Southern Dialect*, Osnabrück, 1969 (1911-1924). |
| KRAUSE-LABIB | = KRAUSE (M.) et LABIB (P.), «Gnostische und hermetische Schriften aus Codex II und Codex VI», cf. *supra*, bibliographie *ad loc.* |
| LAMPE | = LAMPE (G.W.H.), *A Patristic Greek Lexicon*, Oxford, 1978 (1961). |
| LIDDEL-SCOTT | = LIDDEL (H.G.) et SCOTT (R.), *A Greek-English Lexicon*, Oxford, 1966 (1940⁹). |
| *LThPh* | = *Laval Théologique et Philosophique* |
| MATSAGOURAS | = MATSAGOURAS (E.G.), *Plato Copticus, Republic 588b-589b. Translation and Commentary*, cf. *supra*, bibliographie *ad loc.* |
| MOULTON-GEDEN | = MOULTON (W.F.) et GEDEN (A.S.), *A Concordance to the Greek Testament*, Edingbourgh, 1963⁴. |
| MOULTON-MILLIGAN | = MOULTON (J.H.) et MILLIGAN (G.), *Vocabulary of the Greek Testament*, Londres, 1930. |
| *Muséon* | = *Le Muséon* |
| *NHS* | = *Nag Hammadi Studies* |
| *NovTest* | = *Novum Testamentum* |
| *NTS* | = *New Testament Studies* |
| *OLZ* | = *Orientalistische Literaturzeitung* |
| ORLANDI | = ORLANDI (T.), «La traduzione copta de Platone, *Resp.* IX, 588b-589b : problemi critici ed esegetici», cf. *supra* bibliographie *ad loc.* |
| RAHLFS, LXX | = RAHLFS (A.), *Septuaginta; id est Vetus Testamentum graece iuxta LXX interpretes*, Stuttgart, 1962 (1935). |
| *REA* | = *Revue des Études Augustiniennes* |
| *SC* | = *Sources Chrétiennes* |
| SCHENKE | = SCHENKE (H.M.), «Zur Faksimile-Ausgabe der Nag-Hammadi-Schriften NHC VI», cf. *supra*, bibliographie *ad loc.* |

STERN         = STERN (L.), *Koptische Grammatik*, Leipzig, 1880.
TILL           = TILL (W.), *Koptische Grammatik (saïdischer Dialekt)*
                           *(Lehrbuch für das Studium der orientalischen und afrika-*
                           *nischen Sprachen*, 1), Leipzig, 1970.
*VigChrist*      = *Vigiliae Christianae*

Les abréviations des titres des différents traités de Nag Hammadi sont celles de la *BCNH* et les sigles des livres bibliques sont ceux de la *Bible de Jérusalem* (Paris, éd. du Cerf).

# INTRODUCTION

## 1. Identification du traité

Le cinquième traité du Codex VI de Nag Hammadi (PlatoRep)[1] est la traduction copte d'un fragment de la *République* de Platon (588b-589b). Toutefois, son traducteur copte (C) l'a rendu à ce point méconnaissable, qu'il a fallu près de vingt ans avant qu'on ne l'identifie. Doresse avait d'abord vu dans ce court texte de trois pages (NH VI, 48, 16-51,23) un appendice au *Concept de notre Grande Puissance* (NH VI, 4), qu'il considérait alors comme un traité hermétique[2]. Krause, dans la présentation qu'il fit de ce même texte à Messine, se demandait s'il s'agissait d'un texte indépendant ou d'un appendice au traité précédent[3]. Il opta par la suite pour la première solution puisqu'en 1971, il édita

[1] Ce traité a été édité pour la première fois et traduit en allemand par M. KRAUSE et P. LABIB, dans *Gnostische und hermetische Schriften aus Codex II und Codex VI* (*ADAIK*, Koptische Reihe, 2), Glückstadt, 1971, p. 166-169 sous le titre «Titellose Schrift» (ci-après «KRAUSE-LABIB»). On trouve également aux p. 24-26 de ce volume la description papyrologique du Codex VI, qui a été complétée par J.-P. MAHÉ, *Hermès en Haute-Égypte. Les textes hermétiques de Nag Hammadi et leurs parallèles grecs et latins*, I (*BCNH*, Section «Textes», 3), Québec, 1978, p. 7-10. Une traduction allemande accompagnée d'un court commentaire a été publiée par H. M. SCHENKE, «Zur Faksimile-Ausgabe der Nag-Hammadi-Schriften NHC VI», *OLZ* 69 (1974) col. 236-241 (ci-après «SCHENKE»). La traduction anglaise de J. M. BRASHLER, «Plato, Republic 588b-589b (VI,5)» a été publiée dans *The Nag Hammadi Library in English*, éd. J. M. ROBINSON, New York etc., 1977, p. 290-291, puis reprise, accompagnée du texte copte et du texte grec correspondant, d'une courte introduction et de notes, toujours de J. BRASHLER, dans *The Coptic Gnostic Library, Nag Hammadi Codices V,2-5 and VI with Papyrus Berolinensis 8502 1 and 4*, éd. D. M. PARROT (*NHS*, 11), Leiden, 1979, p. 325-339 (ci-après «BRASHLER»). Également en 1977, T. ORLANDI a publié une traduction italienne et une intéressante analyse du fragment: «La traduzione copta di Platone, Resp. IX, 588b-589b: problemi critici ed esegetici» in *Atti della Accademia Nazionale dei Lincei*, anno CCCLXXIV, Serie VIII, *Rendiconti, Classe di Scienze morali, storiche et filologiche*, vol. XXXII, fasc. 1-2, Rome, 1977, p. 45-62 (ci-après «ORLANDI»). Enfin, une thèse pour l'obtention du M. A. a été présentée à l'Université Dalhousie (Halifax) par E. G. MATSAGOURAS sous le titre *Plato Copticus, Republic 588b-589b. Translation and Commentary*, en 1976 (ci-après «MATSAGOURAS»). Un résumé de cette thèse a été publié en grec par son auteur sous le titre «Plato Copticus», *Platon* 29 (Athènes, 1977), 191-199.

[2] Cf. J. DORESSE, *Les livres secrets des gnostiques d'Égypte*, Paris, 1958, p. 257-258.

[3] M. KRAUSE, «Die Veröffentlichung der Nag Hammadi-Texte» in *Le origine dello gnosticismo* (*Colloquio di Messina*, 13-19 aprile 1966, Testi e discussioni publicati a cura di Ugo Bianchi, *Studies in the History of Religions, Supplements to Numen*, 12), Leiden, 1967, p. 86.

le «*Titellose Schrift*» comme un écrit indépendant[4] sans pour autant reconnaître sous cette version copte fortement altérée, l'enseignement du divin Platon. C'est à Schenke que revient d'avoir identifié ce fragment de façon définitive en 1972 ou 1973[5] et d'en avoir fait la démonstration dans un article paru en 1974[6].

## 2. Rép., 588b-589b

Ce passage de la *République* a connu une grande fortune dans l'Antiquité. Il est cité par Plotin[7] et Proclus, dans son commentaire sur la *République*, y fait de nombreuses allusions[8]. Schenke y voit également une allusion chez Clément d'Alexandrie[9]. Et il faut encore ajouter à cela que le même passage se retrouve chez Eusèbe[10] de même que chez l'anthologiste Stobée[11]. Ces nombreux témoins du texte, auxquels il faut maintenant ajouter NH VI, 5, sont l'indice de sa large diffusion et l'on a tout lieu de croire que ce passage devait faire partie d'anthologies de textes philosophiques comme on en utilisait alors dans les écoles[12].

La popularité de ce texte tient sans doute au fait qu'il offre à son lecteur une somme à la fois imagée et concise de l'anthropologie platoni-

[4] KRAUSE-LABIB, p. 166-169.

[5] Cf. D. SHOLER, «Bibliographica gnostica» III, *NovTest* 15 (1973) 343 : «CG VI, 5, *The Discourse on Injustice* Identified by H.M. SCHENKE as an excerpt from Plato *Republic* 588b-589b». Contrairement à ce qu'écrit MATSAGOURAS (p. 10), ce n'est pas à J.M. ROBINSON que l'on doit l'identification de ce fragment.

[6] SCHENKE, col. 236-241.

[7] PLOTIN, *Enn.*, I, 1,7 (53 § 42).

[8] *Procli Diadochi in Platonis Rem Publicam Commentarii* I, KROLL, Leipzig, 1901, p. 225, 16-18; 226, 8-11; 227, 24-27; 229, 23-26; 292,28-293,2. On trouve la traduction française de ces passages dans A.J. FESTUGIÈRE, *Proclus. Commentaire sur la République*, II, Paris, 1970, p. 30. 31. 32. 101.

[9] CLÉMENT D'ALEXANDRIE, *Strom.*, VII, 16,3 (*GCS*, 17, *Clemens Alexandrinus* III, STÄHLIN-TREU, 1970[2], p. 12 = *PG*, 9, *Clemens Alexandrinus* 2, 419-422.

[10] EUSÈBE DE CÉSARÉE, *Praep. Ev.*, XII, 46 : *PG*, 1021-1022. Eusèbe met la métaphore platocinienne en rapport avec la vision d'Ézéchiel (Ez, 1,40). Il cite de *Rép.*, un extrait qui correspond au fragment copte à quelques lignes près.

[11] JEAN STOBÉE, *Anth.*, III, 9, *Peri dikaiosunès*, p. 397-399 WACHSMUTH-HENSE, 1894. Stobée inscrit cet extrait dans une suite d'emprunts au texte de la République (348e; 350d; 351a-354a; 441c-445b; *588b-589b*, 612a) qui permet de resituer ce passage dans le contexte de la discussion amorcée entre Socrate et Thrasymaque au Livre premier et poursuivie avec Glaucon aux livres IV et IX.

[12] C'est à juste titre que SCHENKE (col. 238) souligne que tel quel ce fragment constitue un véritable résumé de l'anthropologie platonicienne. Il ne s'agit donc pas d'un découpage arbitraire. Le fait que l'on trouve le même extrait chez Eusèbe, chez Stobée et à Nag Hammadi, à quelques lignes près au début ou à la fin indique bien qu'il s'agit d'un morceau largement diffusé.

cienne à l'occasion de la discussion entre Socrate et Glaucon sur les avantages respectifs de la conduite juste et de la conduite injuste. Socrate y développe une sorte de parabole où il imagine l'homme habité par trois êtres : une bête polymorphe et polycéphale, un lion et un homme [13], pour ensuite montrer qu'adopter une conduite injuste revient à nourrir en soi le monstre au détriment de l'homme, alors qu'adopter une conduite juste équivaut à soigner l'homme en soi et en s'aidant du lion, à empêcher le monstre de croître. L'élévation morale de cet enseignement était bien faite pour rencontrer les exigences, aussi bien des chrétiens que des principales écoles de la philosophie païenne, y compris les milieux hermétistes. De plus, l'autorité que ces derniers accordaient à Platon en tant que disciple d'Hermès [14] rend fort plausible l'intégration de ce fragment dans une collection de textes hermétiques. On peut donc avancer l'hypothèse que ce texte est parvenu dans le Codex VI de Nag Hammadi par le même biais et avec les écrits hermétiques qui l'y suivent [15].

### 3. La version copte de Rép., 588b-589b

Les quelques chercheurs qui se sont penchés sur cette version copte n'ont pas manqué de souligner qu'elle offre de la *République* un texte fortement corrompu [16], très éloigné des principaux témoins de la tradition manuscrite [17] qui est elle-même généralement en accord avec la tradition indirecte [18].

[13] Ces trois figures symbolisent respectivement le concupiscible, (τὸ ἐπιθυμητικόν), l'irascible (τὸ θυμοειδές) et le rationnel (τὸ λογιστικόν).

[14] Cf. R. REITZENSTEIN, *Poimandres, Studien zur griechisch-ägyptischen und frühchristlichen Literatur*, Leipzig, 1904, p. 104.

[15] C'est l'hypothèse qu'adoptent SCHENKE (col. 238), BRASHLER (p. 326), et MAHÉ (*Hermès en Haute-Égypte* I, p. 14). Il est toutefois certain que le traducteur copte ignorait tout de l'origine platonicienne de ce fragment. La mauvaise qualité de sa traduction en fait foi. Il faut donc croire que ce n'est pas lui qui est l'excerpteur et qu'il a dû trouver le fragment déjà coupé de son contexte. Le fait que ce fragment précis se retrouve ailleurs rend la chose d'autant plus vraisemblable.

[16] Cf. SCHENKE, col. 236, BRASHLER, p. 325, MATSAGOURAS, p. 51-52 et ORLANDI, p. 54-55.

[17] Le meilleur témoin en est le *Parisinus* 1807 (Parisinus A). Il s'agit d'un excellent manuscrit du IXᵉ siècle qui était composé de deux tomes. Aujourd'hui, le premier est perdu, de sorte que le *Parisinus A* commence avec le *Clitophon*. Il est le fruit d'une recension savante et consciencieuse effectuée dans l'entourage de Photius (cf. H. ALLINE, *Histoire du texte de Platon*, Paris, 1915, p. 174-246). Il existe une excellente édition fac-similé de ce manuscrit (*Platonis Codex Parisinus A, Fac-similé en phototypie du manuscrit grec 1807 de la Bibliothèque Nationale*, Paris, Leroux, 1908).

[18] Cf. notes 7 à 11 de l'Introduction.

Les chercheurs divergent toutefois d'opinion lorsqu'il s'agit de quali-
fier de façon précise le genre de traduction auquel nous avons affaire.
Pour Schenke et Brashler, il s'agit simplement d'une mauvaise traduction[19]. Pour Orlandi au contraire, il s'agit d'une véritable rédaction[20].
Matsagouras se situe à peu près à mi-chemin de ces deux positions[21].
Pour Tardieu enfin, il s'agirait d'une «paraphrase»[22]. En toute rigueur,
seule une comparaison méticuleuse du texte grec et de sa traduction
copte et une analyse des causes de leurs divergences peuvent permettre
de trancher ce débat.

Voici les différents types d'erreurs que l'on peut repérer dans PlatoRep.

i. *Inadéquation de la langue copte pour traduire certaines tournures*
*grecques.*

Quelques divergences entre le grec et le copte sont attribuables non
pas à l'intervention du traducteur, mais à l'instrument dont il se sert.
La langue copte se prête mal à la traduction de tournures abstraites[23].
Ainsi, τὸ ἀδικεῖν (588b 7, l'agir injuste) sera rendu par ⲡⲉⲧⲣⲉ ⲙⲡⲭⲓ
ⲛϬⲟⲛⲥ (PlatoRep 48,27, celui qui commet l'injustice)[24].

---

[19] Pour Schenke (col. 239), il s'agit du mauvais devoir d'un élève débutant, qui
commet des erreurs typiques des débutants. Brashler (p. 325) reprend à son compte
cette opinion, précisant plus loin qu'on ne trouve dans cette traduction nulle trace de
gnosticisme : «... it does not betray a marked gnostic tendency, nor do the translator's
errors reveal a gnosticizing approach to the text» (p. 326).

[20] Pour lui en effet la différence est telle entre l'original grec et la version copte
qu'on ne peut l'attribuer à une simple traduction. Il s'agirait donc d'un véritable
travail de rédaction auquel se serait livré C... «intervento molto deciso da parte non
di un traduttore ma di un *redattore* che a preso il brano platonico come puro pre-
testo per scrivere un vero e proprio brano gnostico» (Orlandi, p. 54). Pour lui,
la question de savoir si le traducteur copte et le rédacteur sont la même personne
reste ouverte (*ibid.*, note 17).

[21] Il considère ce traité comme le produit d'un gnostique chrétien (Matsagouras,
p. 53). Pour lui, il s'agit d'une «traduction» (*ibid.*, p. 54-55); il se demande toutefois,
mais sans répondre à la question, si c'est le traducteur qui est à l'origine des différences entre la version copte et le texte grec, ou s'il a reçu un texte déjà corrompu
(*ibid.*, p. 55).

[22] «*Paraphrase sur Platon, Rép., 588b-589b*». Tel est du moins le titre qu'il donne
au 5e traité du Codex VI, cf. M. Tardieu, *Trois mythes gnostiques. Adam, Éros et*
*les animaux d'Égypte dans un écrit de Nag Hammadi* (*Études Augustiniennes*) Paris,
1974, *Index locorum*, p. 350. Tardieu cite PlatoRep, 49,6-21 comme lieu parallèle à
Ecr sT 161,30-152,3 et à HypArch 135,27-29 (création de l'homme par les archontes).

[23] Cf. Orlandi, p. 46. On trouve le même phénomène dans SSext.

[24] Pour les renvois au texte grec, nous utilisons l'édition de É. Chambry, *Platon.*
*Œuvres complètes*, VII, 2, Paris, 1973, p. 74-76.

## ii. *Erreurs de lecture*

Les altérations qu'a subies le texte au cours de la traduction sont dues dans certains cas à la difficulté que le traducteur a éprouvée à déchiffrer l'original grec. Ainsi, en 588b 2, il a lu δ' εὐρήσομεν au lieu de δεῦρ᾽ ἥκομεν (cf. p. 48,19 et comm. *ad loc.*), en 588b 10 εἰκὼν ἄπλαστος au lieu de εἰκόνα πλάσαντες (cf. p. 48, 31 et comm. *ad loc.*), en 588c 1 ποιών au lieu de ποίαν et ἢ δ᾽ οὐ au lieu de ἢ δ᾽ ὅς (cf. p. 49,2-3 et comm. *ad loc.*), en 588e 4, λέγω μέν au lieu de λέγωμεν (cf. p. 50,19 et comm *ad loc.*), etc. Ce sont toutes là des erreurs qui s'expliquent facilement quand on sait que les manuscrits de l'époque ne comportaient ni ponctuation ni accentuation et que les mots n'y étaient pas séparés (*scriptio continua*)[25].

## iii. *Méconnaissance de la langue de Platon*

Ailleurs, des divergences entre le grec et le copte sont imputables au traducteur qui avait une plus grande familiarité avec la langue de la koinè qu'avec le grec classique. En témoignent ses méprises sur le sens de ἥμερος (588c 8 et 589b 3, cf. p. 49,20 et 51,21 et comm. *ad loc.*), de δοξάζω (588b 4, cf. p. 48,21 et comm. *ad loc.*), et l'oubli dans lequel il laisse le mot ἔλυτρον (588e 2, cf. comm. *ad* 50,6-19).

## iv. *Ignorance du contexte*

Une dernière catégorie d'erreurs relève de l'ignorance totale dans laquelle se trouvait C quant au style, à la nature et au contexte du fragment qu'il traduisait. Ainsi, ne repérant pas les articulations du dialogue entre Socrate et Glaucon, six fois sur huit, il omet de traduire, ou traduit mal les formes dérivées de ἠμί ou de φημί. Il se méprend également à chaque fois qu'il y a référence au contexte, par exemple, en 588b 2-3 (cf. p. 48,20 et comm. *ad loc.*), en 588b 6 (cf. p. 48,26 et comm. *ad loc.*) et en 588e 5-6 (cf. p. 49,23-25 et comm. *ad loc.*).

Si l'on y regarde de près, il faut bien admettre que la première catégorie d'«erreurs» attribuable à la langue copte elle-même prend nécessairement sa source dans le processus de traduction. Il en va de même pour la plupart de celles de la 3e catégorie. Ainsi, la mauvaise traduction de δοξάζω (p. 48,21), qui oriente toute la première partie du fragment, et de ἥμερος (p. 49,20 et 51,21), ne peut pas s'expliquer

---

[25] Cf. E.G. TURNER, *Greek Manuscripts of the Ancient World*, Princeton, 1971, p. 9-15.

par une corruption de l'original grec. Or ces divergences attribuables
au traducteur sont parfaitement intégrées à la trame du texte copte
dans lequel elles ne créent pas de distorsion. Il en va de même pour les
passages où C coupe mal le texte grec. Par exemple, en 48,30 (cf.
comm. *ad loc.*) l'erreur est nécessairement imputable au traducteur
copte.

Il reste un nombre important de divergences entre le texte reçu et
la version copte, qui pourraient être attribuées soit au traducteur lui-
même, soit à une corruption antérieure du texte. Nous ne voyons toutefois pas de faits qui obligeraient à recourir à une corruption antérieure
du texte. Nous considérons donc pour le moment et jusqu'à preuve du
contraire, comme vraisemblable que l'ensemble des distorsions de la
version copte relève du traducteur. C'est cette hypothèse qui, à notre
avis, rend le mieux compte des faits, que nous adoptons ici.

Ces erreurs et méprises diverses ont toutes leur source en définitive,
dans le fait que C se trouvait dans l'obscurité la plus totale quant
au style, au contenu et au contexte des pages qu'il traduisait. Elles
revêtent un grand intérêt puisqu'elles mettent en lumière certains
aspects de la personnalité de C. Celui-ci est un copte si l'on en juge
par la qualité de la langue qu'il utilise[26]. Sa connaissance du grec est
limitée et il est généralement dérouté lorsqu'il rencontre une tournure
ou un vocable étranger à la langue de la koinè. Son ignorance totale
du style de Platon, son incapacité à reconnaître le texte qu'il traduit,
permettent d'établir qu'il n'avait aucune culture philosophique et qu'il
était très certainement étranger aux milieux scolaires hellénistiques.
La place importante qu'y tenait en effet l'étude des dialogues de
Platon[27] n'aurait certainement pas laissé un élève, fût-il médiocre,
à ce point démuni devant un tel texte.

Si nous interrompions ici notre analyse, à la suite de Schenke et
Brashler nous pourrions conclure avec eux à la mauvaise traduction,
sans plus.

---

[26] Cf. KRAUSE-LABIB, p. 52-54. Le dialecte copte ici employé ne se distingue pas
du sahidique mêlé d'achmimismes et de subachmimismes habituel dans la Bibliothèque
de Nag Hammadi. Quant aux tournures ou phrases coptes parfois bizarres, elles ne
sont pas à mettre nécessairement au compte d'une mauvaise connaissance du copte
par le traducteur comme le laisse entendre ORLANDI (p. 54). La méconnaissance du
grec par le traducteur peut tout aussi bien avoir produit cet effet. Au demeurant,
il est peu vraisemblable que l'auteur d'une telle traduction n'ait été familier ni avec
le grec ni avec le copte.

[27] Cf. à ce propos B. LAYTON, «Vision and Revision : A gnostic view of Resurrec-
tion», in *Colloque international sur les textes de Nag Hammadi* (Québec, 22-25 août
1978), éd. B. BARC (*BCNH*, Section «Études», 1), Québec-Louvain, 1981, p. 195-196.

Là ne s'arrête toutefois pas le portrait que l'on peut esquisser de C. Devant un texte rébarbatif dont le sens général et la logique lui échappent totalement, il ne se contente pas d'enfiler bêtement les contresens. Ici un mot, parfois mal lu, là une expression ou un thème évoquent pour lui des notions familières. Il les rattache à des conceptions ou à des croyances qui sont les siennes et souvent au mépris de la syntaxe grecque, il entreprend maladroitement de rendre intelligible un texte pour lui obscur, qu'il croyait peut-être corrompu. Ce faisant, *il donne un sens* à son texte, tantôt en modifiant sa portée (cf. par ex. p. 48,20-25 et comm. *ad loc.*), tantôt en lui ajoutant des précisions qui, dans son esprit, ne devaient pas le trahir mais l'expliciter, le rendre plus limpide, et qui, pour nous, ont une grande importance. Ce sont là en effet autant de clés qui nous permettent d'accéder à la compréhension que C a eue de son texte, aux conceptions dont il s'est inspiré et au sens qu'il a voulu donner à sa traduction. Ainsi, l'ajout de ⲁⲣⲭⲱⲛ (p. 49,6), de ⲣ ⲕⲁⲧⲁⲛⲧⲁ (p. 49,10), l'introduction répétée de ⲉⲓⲛⲉ (cf. p. 48,31-32 et comm. *ad loc.*), indiquent clairement que c'est à partir des mythes protogoniques gnostiques qu'il y a crus évoqués que C a cherché tant bien que mal à *donner un sens* à toute la section qui va de la p. 48,30 à 50,19 (cf. comm. *ad loc.*). De même, l'ajout du couple verbal ⲧⲉⲩⲟ et ⲍⲱⲙ (p. 50,26-27) et le contexte dans lequel il s'inscrit permettent de croire que C a voulu donner à la dernière partie de son texte une portée eschatologique. Enfin, l'introduction de la formule elliptique ⲛⲧⲟϥ ⲛⲧⲙⲏⲧⲉ (p. 50,22, cf. comm. *ad loc.*) et la compréhension qu'il a eue de *Rép.*, 588e 4-589a 2 permettent de croire que C adhérait à la doctrine des trois races et du choix comme caractéristique de la race intermédiaire, celle des psychiques.

Certes, le résultat de ce laborieux effort n'est guère reluisant et la traduction copte est confuse, embrouillée. On peut néanmoins y déceler, sinon un plan précis, du moins un enchaînement logique des thèmes que C y a introduits, et qui permet de la diviser en trois sections qui correspondent grosso modo aux articulations du texte grec. Une première partie (p. 48,16-49,4) s'organise autour du thème du juste persécuté, une seconde (p. 49,4-50,19), autour de celui de la création par les archontes et une troisième, à saveur eschatologique (p. 50,4-51,23), autour de celui du choix que doit faire le psychique entre la conduite injuste et le rejet de la domination des archontes.

Les analyses de Schenke et de Brashler sont trop courtes. Leurs auteurs sont dans l'erreur lorsqu'ils prétendent que la version copte ne comporte aucune tendance gnosticisante. Ce texte copte porte indubitablement la marque d'une interprétation «active» de la part de C, interprétation dont les fondements sont manifestement gnostiques. La distance qui sépare la version copte de son original grec ne s'explique donc pas seulement par un défaut de compréhension, mais aussi par un effort d'interprétation. Peut-on pour autant considérer ce travail comme une véritable «rédaction»[28] ou le désigner comme une «paraphrase»[29]? Les fautes de traduction et la mauvaise compréhension de l'original tiennent une trop grande place dans le processus de transformation du texte. Il faut donc considérer PlatoRep comme une mauvaise traduction, mais une mauvaise traduction où l'auteur fait constamment intervenir ses conceptions gnostiques dans un effort pour rendre intelligible le texte.

## 4. Le traducteur copte

Il ressort des différentes caractéristiques de son œuvre que C est un Égyptien dont les contacts avec l'hellénisme demeurent assez superficiels. C'est un gnostique fortement imprégné par les thèmes et le vocabulaire des récits anthropogoniques et théogoniques qu'on retrouve dans les écrits mythologiques du Codex II et dans plusieurs autres écrits gnostiques de la Bibliothèque de Nag Hammadi, soit les textes dits «séthiens»[30] ou encore «mythologiques»[31]. D'autre part, sa sotériologie, bien que fort peu évidente, porte la trace probable d'une conception généralement considérée comme valentinienne.

---

[28] ORLANDI, p. 54.

[29] M. TARDIEU, *Trois mythes*, p. 350.

[30] Cf. la liste qu'en donne H. M. SCHENKE, «Das Sethianische System nach Nag-Hammadi-Handschriften» in *Studia Coptica*, éd. P. NAGEL, Berlin, 1974, p. 165-166 et «The Phenomenon and Significance of Gnostic Sethianism», in *The Rediscovery of Gnosticism* (Proceedings of the Conference at Yale, March 1978, II), *Sethian Gnosticism*, éd. B. LAYTON (*Studies in the History of Religions, Supplements to Numen*, 41), Leiden, 1981, p. 588.

[31] M. TARDIEU, («Les livres mis sous le nom de Seth et les séthiens de l'hérésiologie», in *Gnosis and Gnosticism*, éd. M. KRAUSE [*NHS*, 8], Leiden, 1977, p. 204-210), refuse de désigner sous le nom de «gnose séthienne» cet ensemble de textes. À cette fin, il utilise plus volontiers le terme de «révélations à caractère mythologique» (cf. «Le Congrès de Yale sur le Gnosticisme», *REA* 24 (1978) 192-193. Il n'en reconnaît pas moins que ces écrits forment un corpus homogène, cf. P. H. POIRIER, M. TARDIEU, «Catégories du temps dans les écrits gnostiques non valentiniens», *LThPh* 37 (1981) 3-4.

## 5. Date et milieu de la traduction

Cette version copte de *Rép.* 588b-589b ne saurait être postérieure au milieu du IVe siècle, date approximative de la copie du Codex VI[32]. De plus, si l'on peut se fier à la notice du scribe (NH VI, 8a)[33], les textes hermétiques qu'il copiait étaient déjà anciens dans leur version copte[34]. Si l'on peut étendre cette affirmation à PlatoRep, on peut en faire remonter le *terminus ante quem* au début du IVe siècle. D'autre part, son original grec est vraisemblablement parvenu à C parmi une collection de textes hermétiques dont la rédaction actuelle devrait être datée selon Mahé du IIe ou du IIIe siècle de notre ère[35]. On peut sans doute faire remonter la traduction copte de PlatoRep à une date assez ancienne, soit la fin du IIIe siècle.

Quant au milieu auquel appartenait le traducteur, il n'est pas possible de déterminer sa localisation géographique de façon très précise, bien qu'Alexandrie soit évidemment la plus vraisemblable. En revanche, on peut fort bien en dessiner les traits culturels ou doctrinaux. Il s'agit d'un milieu chrétien gnostique qui s'intéresse aux écrits hermétiques[36] et où avaient cours tout à la fois des conceptions cosmogoniques dites «séthiennes» et des conceptions sotériologiques dites «valentiniennes». Du moins sont-ce là des traits que l'heureuse ignorance de C a ajoutés à son texte grec en le traduisant. Ils reflètent certainement, au delà des conceptions du traducteur, celles du milieu auquel il appartenait. Or, et c'est là le grand intérêt que revêt ce fragment en apparence anodin, la diversité de ces traits doctrinaux, rassemblés ici, croyons-nous, en un seul individu et son ouvrage, reproduit fidèlement en la résumant, la diversité de la Bibliothèque de Nag Hammadi

---

[32] J.-P. MAHÉ (cf. *Hermès en Haute-Égypte* I, p. 11) s'accorde à reconnaître que le seul indice permettant de dater la copie du Codex VI est l'allusion à l'hérésie anoméenne que F. WISSE croit déceler à la p. 40,5-9 (cf. «The Nag Hammadi Library and the Heresiologists», *VigChrist* 25 [1971] p. 208, n. 16). Ce critère interne de datation concorde avec les observations faites sur les autres codices et qui permettent d'en dater la copie entre 340 et 370. Cf. R. KASSER, «Fragments du livre biblique de la Genèse cachés dans la reliure d'un codex gnostique», *Muséon* 85 (1972) 76, J. W. B. BARNS, «Greek and Coptic Papyri from the Covers of the Nag Hammadi Codices» in *Essays on the Nag Hammadi Texts*, éd. M. KRAUSE (*NHS*, 6), Leiden, 1975, p. 12 et J. M. ROBINSON «The Coptic Gnostic Library Today», *NTS* 14 (1968) 370-372.

[33] Cf. l'édition qu'en donne J.-P. MAHÉ, *Hermès en Haute-Égypte* II, (*BCNH*, Section «Textes», 7) p. 459.

[34] ID., *ibid.*, p. 467.

[35] ID., *Hermès en Haute-Égypte* I, p. 6-7 et 11-12.

[36] Sur l'intérêt que des gnostiques pouvaient porter à des écrits hermétiques, cf. ID., *ibid.*, p. 27-28.

tout entière. Leur réunion dans PlatoRep pourrait être un sérieux indice à l'appui de la thèse selon laquelle la Bibliothèque de Nag Hammadi constituerait un tout cohérent [37]. Son apparente diversité, loin d'être le résultat de quelque compilation à des fins hérésiologiques, reflèterait plutôt les multiples courants d'influence qui se sont conjugués pour former la synthèse doctrinale d'un milieu gnostique chrétien particulier [38] dont la Bibliothèque de Nag Hammadi aurait constitué en quelque sorte le corpus sacré.

## 6. Principes de notre édition et de notre traduction

Le texte de PlatoRep est bien conservé, seules les premières lignes en haut de page comportent quelques lacunes. Nous avons pris le parti de n'en point restituer le contenu à moins de certitude absolue. Contrairement au cas des *Sentences de Sextus*, le recours au grec pour combler les lacunes du texte copte serait ici trop peu sûr, compte tenu de la piètre qualité de la traduction copte. L'entreprise ne serait au demeurant guère utile. Nous renvoyons donc au commentaire la discussion des restitutions proposées par nos devanciers aussi bien que nos hypothèses propres. Nous avons basé notre établissement du texte sur la collation du manuscrit faite par P.-H. Poirier.

Quant à la traduction française, nous avons voulu qu'elle reflète le plus fidèlement possible la version copte, avec ses ambiguïtés et ses maladresses. Nous n'avons donc pas cherché à forcer la main ni à la version copte ni à notre traduction pour les harmoniser avec l'original grec.

Nous présentons en synopse la version copte et le texte grec reçu afin de rendre plus facile la comparaison entre les deux. Enfin, nous donnons en bas de page une traduction littérale du texte grec afin de permettre au lecteur qui ne serait familier ni avec le grec ni avec le copte, de se faire une idée aussi exacte que possible de la distance qu'il y a entre les deux textes. Il va sans dire que cette traduction n'a nulle autre prétention que de servir les fins pour lesquelles elle est ici présentée.

---

[37] ID., *Hermès en Haute-Égypte* II, p. 118-120.
[38] J.-P. MAHÉ (*Hermès en Haute-Égypte* I, p. 26) résume bien l'état de la question sur ce point.

# TEXTE
## ET
## TRADUCTION*

* *Note préliminaire*

Sauf en ce qui concerne la séparation des mots, notre texte respecte la disposition du papyrus. La collation de PlatoRep a été effectuée au Caire par P.-H. Poirier dont nous avons utilisé les notes pour l'établissement du texte.

Le signe ⁰ accompagnant un terme dans la traduction indique qu'il correspond à un mot grec dans le texte copte.

Nous présentons en synopse le texte grec de l'édition CHAMBRY, accompagné au bas des pages d'une traduction littérale.

L'apparat critique a été réduit au minimum et la discussion des conjectures proposées pour tel ou tel passage a été renvoyée au commentaire.

*Sigles et abréviations*

[     ] :  lettre restituée
⟨     ⟩ :  lettre ajoutée
`     ´ :  addition du scribe au-dessus de la ligne
lettre pointée :  lecture matériellement incertaine
cod :      codex
Stob :     Stobée

# TEXTE

Platon, *La République* 588b-589b
éd. É. Chambry, *Platon, Œuvres complètes*;
VII, 2, Paris, 1973, p. 74-76.

| | |
|---|---|
| ἐπειδὴ ἐνταῦθα λόγου | 16 ⲈⲠⲒⲆⲎ ⲀⲚⲞⲚ ⲀⲚϢⲰⲠⲈ Ⲛ̄ⲞⲨ |
| 588b γεγόναμεν, ἀναλάβωμεν | ⲖⲞⲄⲞⲤ Ⲙ̄ⲠⲒⲘⲀ· ⲘⲀⲢⲚ̄ⲬⲒ ⲆⲈ |
| τὰ πρῶτα λεχθέντα, | ⲚⲀⲚ Ⲛ̄Ⲛ̄ϢⲞⲢⲠ̄ ⲈⲚⲦⲀⲨϪⲞⲞⲨ |
| δι' ἃ δεῦρ' ἥκομεν. | ⲚⲀⲚ· ⲀⲨⲰ ⲦⲚ̄ⲚⲀⲂⲒⲚⲈ Ⲙ̄ⲘⲞⲤ |
| Ἦν δέ που λεγόμενον λυσιτελεῖν | 20 ⲈϤϪⲰ Ⲙ̄ⲘⲞⲤ· ϪⲈ ⲚⲀⲚⲞⲨ |
| ἀδικεῖν τῷ τελέως μὲν ἀδίκῳ, | ⲠⲈⲚⲦⲀⲨϪⲒⲦϤ̄ Ⲛ̄ⲂⲞⲚⲤ̄ ⲦⲈⲖⲈ |
| δοξαζομένῳ δὲ δικαίῳ· | ⲰⲤ· ϢⲀϤϪⲒ ⲈⲞⲞⲨ ⲆⲒⲔⲀⲒⲰⲤ· |
| ἢ οὐχ οὕτως ἐλέχθη; | ⲘⲎ ⲚⲦⲀⲒ ⲀⲚ ⲦⲈ ⲐⲈ ⲈⲚⲦⲀⲨ |
| Οὕτω μὲν οὖν. | ⲬⲠⲒⲞϤ· ⲦⲈⲒ ⲘⲈⲚⲦⲞⲒⲄⲈ ⲦⲈ ⲐⲈ |
| Νῦν δή, ἔφην, | 25 ⲈⲦⲈϢϢⲈ· ⲠⲈϪⲀⲒ ⲆⲈ ϪⲈ ⲦⲈ |
| αὐτῷ διαλεγώμεθα, ἐπειδὴ | ⲚⲞⲨ ϭⲈ ⲀⲚϢⲀϪⲈ· ⲈⲠⲒⲆⲎ |
| διωμολογησάμεθα τό τε ἀδικεῖν | ⲀϤϪⲞⲞⲤ ϪⲈ ⲠⲈⲦⲢⲈ Ⲙ̄ⲠϪⲒ Ⲛ |
| καὶ τὸ δίκαια πράττειν | ⲂⲞⲚⲤ̄· ⲘⲚ ⲠⲈⲦⲢⲈ Ⲙ̄ⲠⲆⲒⲔⲀⲒ |
| ἣν ἑκάτερον ἔχει | ⲞⲚ· ⲠⲞⲨⲀ ⲠⲞⲨⲀ ⲞⲨⲚ̄ⲦⲀϤ |
| δύναμιν. Πῶς; | 30 ⲞⲨϭⲞⲘ· ⲚⲀϢ ϭⲈ Ⲛ̄ⲢⲈ ⲠⲈ |
| ἔφη. Εἰκόνα πλάσαντες | ϪⲀϤ ϪⲈ ⲞⲨⲎ̄ⲒⲔⲰⲚ ⲈⲘ̄Ⲛ̄ⲦⲀϤ |
| τῆς ψυχῆς λόγῳ, | ⲈⲒⲚⲈ ⲠⲈ ⲠⲖⲞⲄⲞⲤ Ⲛ̄ⲦⲮⲨⲬⲎ· |
| ἵνα εἰδῇ ὁ ἐκεῖνα | ϪⲈⲔⲀⲀⲤ ⲈϤⲚⲀⲘⲘⲈ Ⲛ̄ϭⲒ ⲠⲈⲚ |

[ⲘⲐ]

| | |
|---|---|
| λέγων οἷα ἔλεγεν. | Ⲧ[Ⲁ]ϤϪⲈ ⲚⲀⲒ Ⲁϥ̣[      ] |
| Ποίαν τινά; | [    Ⲅ]Ⲁ̣Ⲣ ⲠⲈ ⲠⲦ[ⲢⲈ    ] |
| 588c ἦ δ' ὅς. Τῶν τοιούτων τινά, | ⲚⲈ Ⲏ ⲘⲘⲞⲚ ⲀⲚ[      ] |

48, 27.28 ⲡⲉⲧⲣⲉ *sic.*

**48,** [16] Puisqu'à ce point de la discussion [17](588b) nous en sommes, reprenons [18] les premières choses dites [19] par lesquelles nous sommes arrivés jusqu'ici. [20] Or il était dit, ce me semble, [21] que l'agir injuste [20] est utile [21] au parfait scélérat, [22] mais tenu pour juste. [23] Ou bien n'est-ce pas ainsi qu'il a été dit? [24]— C'est bien ainsi. [25]— Alors maintenant, dis-je, [26] adressons-nous à lui, puisque [27] nous sommes

**48**

16 Puisque° nous sommes arrivés
à ce point dans la discussion°, reprenons
les premières choses qui nous ont été
dites, et nous trouverons
20 qu'il dit : « Il est bon
celui à qui l'on a fait parfaitement° injustice ; il est glorifié à juste titre°. »
N'est-ce pas° ainsi qu'il a été
éprouvé ? Voilà certes° la façon
25 qui convient. Et° je dis : « Maintenant
encore nous avons pris la parole puisqu°'il
a dit que celui qui commet l'injustice
et celui qui agit avec justice°,
ont chacun une
30 puissance. » — « Comment donc ? »
Il dit : « C'est une image° sans
ressemblance que le logos° de l'âme°,
afin que comprenne celui

**[49]**

1 qui [a] dit cela [                    ]
  [     ] est en effet° celui qui [fait    ]
  … ou non [                    ]

tombés d'accord [29] sur quelle [30] propriété [27] l'agir injuste [28] et l'agir juste [29] ont chacun. [30] — Comment ? [31] dit-il. — En façonnant une image [32] de l'âme par le discours [33] afin que celui qui **49**,[1] dit ces choses [48,33] se représente [49,1] ce qu'il disait. [2] — Quel genre (588c) (d'image) ? [3] dit-il. — Une (image) de ces êtres,

ἦν δ᾽ ἐγώ, οἷαι

μυθολογοῦνται      5

παλαιαὶ

γενέσθαι φύσεις, ἥ τε

Χιμαίρας καὶ ἡ Σκύλλης καὶ Κερβέρου,

καὶ ἄλλαι τινὲς συχναὶ

λέγονται      10

ξυμπεφυκυῖαι

ἰδέαι πολλαὶ

εἰς ἕν

γενέσθαι.

Λέγονται γάρ, ἔφη. Πράττε      15

τοίνυν μίαν μὲν

ἰδέαν

θηρίου

ποικίλου καὶ πολυκεφάλου,

ἡμέρων δὲ θηρίων ἔχοντος      20

κεφαλὰς κύκλῳ καὶ ἀγρίων

καὶ δυνατοῦ μεταβάλλειν

καὶ φύειν ἐξ αὑτοῦ

πάντα ταῦτα. Δεινοῦ

πλάστου,      25

ἔφη, τὸ

588d ἔργον· ὅμως δέ, ἐπειδὴ

εὐπλαστότερον κηροῦ

καὶ

τῶν      30

τοιούτων λόγος,

πεπλάσθω.

---

ϣⲟⲟⲡ ⲛⲁⲓ · ⲁⲗⲗⲁ ᴹ[ⲘⲨⲐⲞⲤ]

ⲦⲎⲢⲞⲨ ⲈⲚⲦⲀⲨⲬⲞⲞⲨ[    ]

ⲀⲢⲬⲰⲚ · ⲚⲀⲒ †ⲚⲞⲨ ⲚⲈⲚ

ⲦⲀⲨϢⲰⲠⲈ ᴹⲪⲨⲤⲒⲤ · ⲀⲨⲰ

ⲠⲬⲒⲘⲀⲢⲢⲀⲒⲤ ⲘⲚ ⲠⲔⲈⲢⲂⲞⲨ

ⲘⲚ ⲠⲔⲈⲤⲈⲈⲠⲈ ⲦⲎⲢϤ ⲈⲚ

ⲦⲀⲨϢⲀⲬⲈ ⲈⲢⲞⲞⲨ · ⲀⲨⲢ ⲔⲀ

ⲦⲀⲚⲦⲀ ⲦⲎⲢⲞⲨ ⲀⲨ† ⲞⲨⲰ

ⲈⲂⲞⲖ ⲚⲌⲈⲚⲘⲞⲢⲪⲎ ⲘⲚ ⲌⲈⲚ

ⲈⲒⲚⲈ · ⲀⲨⲰ ⲀⲨϢⲰⲠⲈ ⲦⲎ

ⲢⲞⲨ ⲚⲞⲨⲈⲒⲚⲈ ⲞⲨⲰⲦ ⲈⲨ

ⲬⲰ ᴹⲘⲞⲤ ⲬⲈ ⲀⲢⲒ ⲌⲰⲂ ⲦⲈ

ⲚⲞⲨ. ⲞⲨⲈⲒⲚⲈ ⲘⲈⲚⲦⲞⲒⲄⲈ

ⲚⲞⲨⲰⲦ ⲠⲈ · ⲠⲀⲒ ⲚⲦⲀϤϢⲰ

ⲠⲈ ᴹⲠⲒⲚⲈ ⲚⲞⲨⲐⲎⲢⲒⲞⲚ ⲈϤ

ϢᴮⲂⲒⲞⲈⲒⲦ ⲌⲚ ⲞⲨⲚⲞϬ ⲚⲀⲠⲈ ·

ⲌⲈⲚⲌⲞⲞⲨ ⲘⲈⲚ ⲈϤⲞ ⲚⲐⲈ ᴹ

ⲠⲒⲚⲈ ⲚⲞⲨⲐⲎⲢⲒⲞⲚ ⲚⲀⲄⲢⲒⲞⲚ ·

ⲦⲞⲦⲈ ϢⲀϤϬᴮⲂⲞⲘ ⲚⲚⲞⲨⲬⲈ

ⲈⲂⲞⲖ ᴹⲠⲒⲚⲈ ⲚϢⲞⲢᴨ. ⲚⲦⲈ

ⲚⲀⲒ ⲦⲎⲢⲞⲨ ⲚⲒⲠⲖⲀⲤⲘⲀ ⲈⲦ

ⲚⲀϢⲦ · ⲀⲨⲰ ⲈⲦⲘⲞⲔⲌ ⲚⲤⲈ

† ⲞⲨⲰ ⲈⲂⲞⲖ ⲚⲌⲎⲦϤ ⲌⲚ ⲞⲨ

ⲈⲢⲄⲞⲚ · ⲈⲠⲒⲆⲎ ⲚⲈⲦⲞⲨⲢ

ⲠⲖⲀⲤⲤⲈ ᴹⲘⲞⲞⲨ †ⲚⲞⲨ

ⲌⲚ ⲞⲨⲖⲀⲌⲖⲈⲌ · ⲀⲨⲰ ⲘⲚ

ⲠⲔⲈⲤⲈⲈⲠⲈ ⲦⲎⲢϤ ⲈⲦⲦⲚ

ⲦⲰⲚ ⲈⲢⲞⲞⲨ ⲈⲨⲢ ⲠⲖⲀⲤⲤⲈ

†ⲚⲞⲨ Ⲍ⟨Ⲙ⟩ ⲠϢⲀⲬⲈ · ⲦⲈⲚⲞⲨ

---

49, 15 πράττε Stob: πλάττε vulg.

49, 29 ⲗⲁ᾿Ⲍ᾿ⲗⲉⲌ cod.

32, ⲌⲎ cod.

---

[4] dis-je, tels que [6] les anciennes [7] créatures [5] que la fable dit [7] avoir existé, celle [8] de Chimère, celle de Scylla, et de Cerbère, [9] et les nombreuses autres (créatures) [12] d'aspects multiples [10] sont dites [11] après s'être fondues, [14] être devenues [13] unes. [15] — On le dit en effet, dit-il. — Façonne [16] maintenant une unique [17] image [18] de bête [19] polymorphe et polycéphale, [20] mais ayant [21] des têtes [20] d'animaux domestiques [21] et

est pour moi. » Mais tous les [récits⁰]
5   qu'ils ont racontés [                    ]
archontes⁰, ce sont eux qui
sont devenus réalité⁰, et
la Chimère⁰ et Cerbère⁰
et tous les autres dont
10   on a parlé : ils descendi-
rent⁰ tous, ils produisirent
des formes⁰ et des
ressemblances et ils devinrent tous
une seule ressemblance. Ils
15   disent : «Au travail
maintenant!» Certes⁰, c'est une ressemblance
unique que celle qui est devenue
la ressemblance d'une bête⁰,
changeante, avec de nombreuses têtes.
20   Certains jours (+ μέν) elle est comme
la ressemblance d'une bête⁰ sauvage⁰.
Alors, elle peut rejeter
la première ressemblance de
toutes ces figures⁰ dures
25   et incommodes et elles
s'épanouissent hors d'elle en une
œuvre⁰, puisque ceux qui les ont
façonnées⁰ maintenant
avec superbe, et aussi
30   tout le reste qui
leur ressemble, façonnent
maintenant par la parole. Maintenant

sauvages rangées en cercle ²² et capable de changer ²⁴ toutes ces choses
²³ et de les faire croître sur elle. ²⁷ — L'ouvrage ²⁶ dit-il, ²⁵ est d'un
artisan ²⁴ habile. (588d) ²⁷ Mais néanmoins puisque ³¹ le discours ²⁸ est
une chose plus maléable que la cire ²⁹ et ³⁰ que les ³¹ choses semblables
³² considérons qu'elle est modelée.

Μίαν δὴ τοίνυν ἄλλην  
ἰδέαν λέοντος,  
μίαν δὲ ἀνθρώπου·

ϨΑΡ ΟΥΕΙΝΕ ΟΥΩΤ ΠΕ· ΟΥ  
ΕΤ ΠΙΝΕ ϨΑΡ ΜΠΜΟΥΕΙ  
35 ΑΥΩ ΟΥΕΤ ΠΙΝΕ ΜΠΡΩΜΕ

[Ⲛ̄]

πολὺ  
δὲ  
μέγιστον ἔστω  
τὸ πρῶτον καὶ δεύτερον τὸ δεύτερον.  
Ταῦτα, ἔφη, ῥᾷω καὶ πέπλασται.  
Σύναπτε τοίνυν αὐτὰ  
εἰς ἓν  
τρία ὄντα, ὥστε  
πῃ ξυμπεφυκέναι ἀλλήλοις.  
Συνῆπται, ἔφη. Περίπλασον δὴ αὐτοῖς  
ἔξωθεν ἑνὸς εἰκόνα,  
τὴν τοῦ ἀνθρώπου, ὥστε τῷ  
μὴ δυναμένῳ τὰ ἐντὸς  
588e ὁρᾶν, ἀλλὰ|τὸ  
ἔξω μόνον ἔλυτρον ὁρῶντι,  
ἓν ζῷον  
φαίνεσθαι,  
ἄνθρωπον.  
Περιπέπλασται, ἔφη. Λέγωμεν  
δὴ τῷ λέγοντι ὡς λυσιτελεῖ τούτῳ  
ἀδικεῖν τῷ ἀνθρώπῳ,  
δίκαια δὲ πράττειν  
οὐ ξυμφέρει, ὅτι οὐδὲν  
ἄλλο φησὶν  
ἢ λυσιτελεῖν αὐτῷ  
τὸ παντοδαπὸν θηρίον

[ ± 6   Ο]ΥΩΤ ΠΕ Π[       ]Μ̄  
[ ± 6   ]ΤΩΒΕ Α[         ]ΠΑΪ  
[        Ϣ]ΒΒΙΑΕΙΤ ΜΠϢΑ Ν̄ϨΟΥΟ  
[ΕΠϢΟ]ΡⲠ̄· ΑΥΩ ΠΜΑϨΣΝΑΥ  
5 [      ]ϢΜ̄· ΑΥΡ ΠΛΑΣΣΕ ΜΜΟϤ.  
[Τ]ΕΝΟΥ ϬΕ ΤΩΒΕ Μ̄ΜΟΟΥ ΕΝΕΥ  
ΕΡΗΟΥ Ν̄ΤΕΤⲚ̄ΑΑΥ Ν̄ΟΥΑ Ν̄  
ΟΥΩΤ ϢΟΜΕΤ ϨΑΡ ΝΕ· ϨΩΣ  
ΤΕ Ν̄ΣΕϮ ΟΥΩ Μ̄Ν ΝΕϤΕΡΗΥ  
10 Ν̄ΣΕϢΩΠΕ ΤΗΡΟΥ ϨΝ ΟΥΕΙ  
ΝΕ ΟΥΩΤ ΣΑΒΟΛ Ν̄ϨΙΚΩΝ  
Μ̄ΠΡΩΜΕ· Ν̄ΘΕ ϨΩΩϤ Μ̄ΠΕ  
ΤΕ ΜⲚ ϢϬΟΜ Μ̄ΜΟϤ ΕΤΡΕϤΝΑΥ  
ΕΝΕΤΜ̄ΠΕϤϨΟΥΝ· ΑΛΛΑ ΠΕΤ  
15 ϨΙΒΟΛ Μ̄ΜΑΤΕ ΠΕΤϤ̄ΝΑΥ ΕΡΟϤ·  
ΑΥΩ ΕϤΡ ΦΕΝΕΣΘΑΙ ΧΕ ΕΡΕ  
ΠΕϤΕΙΝΕ ϨΝ ΑϢ Ν̄ϨΩΟΝ· ΑΥΩ  
ΧΕ Ν̄ΤΑΥΡ ΠΛΑΣΣΕ Μ̄ΜΟϤ  
ϨΝ ΟΥΕΙΝΕ Ν̄ΡΩΜΕ· ΠΕΧΑΕΙ  
20 ΔΕ Μ̄ΠΕΝΤΑϤΧΟΟΣ ΧΕ ⲤⲢ̄ ΝΟϤ  
ΡΕ Μ̄ΠΧΙ Ν̄ϬΟΝⲤ Μ̄ΠΡΩΜΕ·  
ΠΕΤϪΙ Ν̄ϬΟΝⲤ Ν̄ΤΟϤ Ν̄ΤΜΗΤΕ  
ⲤⲢ̄ ΝΟϤΡΕ ΝΑϤ ΑΝ· ΟΥΤΕ Μ̄Ν  
ΤΑϤ ΟΦΕΛΕΙΑ Μ̄ΜΑΥ· ΑΛΛΑ  
25 ΠΕΤⲢ̄ ΝΟϤΡΕ ΝΑϤ ΠΕ ΠΑΪ ΕΤΡΕϤ  
ΤΕϨΟ ΕϨΡΑΪ Μ̄ΠΙΝΕ ΝΙΜ Ν̄ΘΗ

---

[33]— Et maintenant, (façonne) une autre [34] image, [33] une seule, [34] de lion, et une seule, d'homme **50**, [2] et [3] que soit [1] de beaucoup [3] la plus grande [4] la première et en second, la deuxième. [5]— Ces choses, dit-il, sont plus faciles, aussi sont-elles modelées. [6]— Réunis-les maintenant [7] en une [8] alors qu'elles sont trois, de sorte qu'en [9] quelque manière elles se fondent ensemble. [10]— Elles sont jointes, dit-il. — Maintenant enfin, place autour d'elles, [11] à l'extérieur, une image d'un seul, [12] celle d'un

en effet⁰, c'est une seule ressemblance
car⁰ autre est la ressemblance du lion,
et autre est la ressemblance de l'homme

**[50]**

1   [              u]ne [                    ]
    [        ]joindre. [      ] celle-ci
    [        ch]ange, bien plus que
    [la premiè]re. Et la seconde
5   [              ] a été façonnée⁰.
    [M]aintenant donc, joignez-les l'une à
    l'autre et faites-en une
    seule — car⁰ elles sont trois — de sorte⁰
    qu'elles croissent ensemble
10  et qu'elles adviennent toutes dans une ressem-
    blance unique, à l'extérieur de l'image⁰
    de l'homme, comme pour celui
    qui ne peut pas voir
    ce qui est en son intérieur, mais c'est ce qui
15  est à l'extérieur seulement qu'il voit.
    Et apparaît⁰ dans quel être
    vivant⁰ est sa ressemblance et
    qu'elle a été façonnée⁰
    dans une ressemblance d'homme. Et⁰ je dis
20  à celui qui a dit qu'il était utile
    à l'homme de commettre l'injustice :
    «Celui qui commet l'injustice, (étant) dans le milieu,
    cela ne lui sert à rien ni ne
    lui est d'aucun profit⁰. En revanche⁰
25  ce qui lui est avantageux, c'est de re-
    jeter toute ressemblance de bête⁰

homme, de sorte qu'à celui ¹³ qui ne peut ¹⁴ voir ¹³ les choses à l'intérieur
¹⁴ , mais (588e) ¹⁵ qui voit la coquille au dehors seulement ¹⁶ un seul être
vivant ¹⁷ apparaisse, ¹⁸ l'homme. ¹⁹ — Elles sont enveloppées, dit-il. —
Disons ²⁰ donc à celui qui prétend qu'il est utile à cet ²¹ homme de
commettre l'injustice ²² et qu'agir avec justice ²³ n'est pas avantageux,
qu'il ²⁴ ne dit ²³ rien ²⁴ d'autre ²⁵ qu'il lui est utile ²⁷ de rendre forte ²⁶ la
bête multiforme

εὐωχοῦντι ποιεῖν ἰσκυρὸν
καὶ τὸν λέοντα καὶ τὰ περὶ τὸν λέοντα,
τὸν δὲ ἄνθρωπον λιμοκτονεῖν ‖
589a καὶ
ποιεῖν ἀσθενῆ,
ὥστε ἕλκεσθαι
ὅπῃ ἂν ἐκείνων ὁπό-

τερον ἄγῃ, καὶ μηδὲν ἕτερον
ἑτέρῳ ξυνεθίζειν μηδὲ
φίλον ποιεῖν,
ἀλλ᾽ ἐᾶν αὐτὰ
ἐν αὐτοῖς δάκνεσθαί τε
καὶ μαχόμενα
ἐσθίειν ἄλληλα.
Παντάπασι γάρ,
ἔφη, ταῦτ᾽ ἂν λέγοι ὁ
τὸ ἀδικεῖν ἐπαινῶν.
Οὐκοῦν αὖ ὁ
τὰ δίκαια λέγων
λυσιτελεῖν φαίη ἂν δεῖν
ταῦτα πράττειν καὶ ταῦτα λέγειν, ὅθεν
τοῦ ἀνθρώπου ὁ ἐντὸς ἄνθρωπος
ἔσται ἐγκρατέστατος |
589b καὶ τοῦ πολυκεφάλου
θρέμματος
ἐπιμελήσεται, ὥσπερ
γεωργός, τὰ μὲν ἥμερα
τρέφων καὶ τιθασεύων, τὰ δὲ
ἄγρια
ἀποκωλύων φύεσθαι,

ⲣⲓⲟⲛ ⲉⲧⲑⲟⲟⲩ· ⲁⲩⲱ ⲛ̄ϥϩ̄ⲣⲟ
ⲙⲟⲩ ⲙ̄ⲛ ⲛ̄ⲉⲓⲛⲉ ⲙ̄ⲡⲙⲟⲩⲉⲓ·
ⲡⲣⲱⲙⲉ ⲇⲉ ⲉϥϩⲛ̄ ⲟⲩⲙⲛ̄ⲧϭⲱⲃ
30 ⲛ̄ⲧⲉⲉⲓⲙⲓⲛⲉ· ⲁⲩⲱ ⲛⲉⲧϥ̄
ⲛⲁⲁⲩ ⲧⲏⲣⲟⲩ ϩⲉⲛϭⲱⲃ ⲛⲉ·
ϩⲱⲥⲧⲉ ⲛ̄ⲥⲉⲥⲱⲕ ⲙ̄ⲙⲟϥ ⲉ
ⲡⲙⲁ ⲉⲧϥ̄ⲣ̄ ϩⲟⲟⲩ ⲉⲣⲟⲟⲩ ⲛ̄ϣⲟ

**[ⲛ̄ⲁ]**

[ⲣⲡ ⲁ]ⲩⲱ ⲛϥ[      ]
[ ± 4 ⲥⲩ]ⲛⲏⲑⲉ[ⲓⲁ     ]
ⲛⲁϥ ϩⲛ̄ ⲟⲩⲉⲡⲓⲥ[     ]
ⲁⲗⲗⲁ ⲉϣⲁϥⲉⲓⲣⲉ ⲛ[     ]
5 ⲃⲉ ⲙ̄ⲙⲛ̄ⲧ̄ⲭⲁⲭⲉ ϩⲣⲁⲓ̈ ⲛϩ̄[    ]
ⲁⲩⲱ ⲙ̄ⲛ ⲟⲩⲙⲓϣⲉ ⲉⲅⲟⲩ
ⲱⲙ· ⲙ̄ⲛ ⲛⲉⲩⲉⲣⲏⲟⲩ ϩⲣⲁⲓ̈
ⲛ̄ϩⲏⲧⲟⲩ· ⲛⲁⲓ̈ ⲅⲁⲣ ⲧⲏⲣⲟⲩ
ⲁϥϫⲟⲟⲩ ⲛ̄ⲟⲩⲟⲛ ⲛⲓⲙ ⲉⲧⲣ̄
10 ⲉⲡⲁⲓⲛⲟⲩ ⲙ̄ⲡϫⲓ ⲛϭⲟⲛⲥ·
ⲟⲩⲕⲟⲩⲛ ϭⲉ ⲡⲉⲧϣⲁϫⲉ
ϩⲱⲱϥ ϩⲛ̄ ⲟⲩⲇⲓⲕⲁⲓⲟⲛ ⲥⲣ̄
ⲛⲟϥⲣⲉ ⲛⲁϥ· ⲁⲩⲱ ⲉϥϣⲁⲛ
ⲉⲓⲣⲉ ⲛ̄ⲛⲁⲓ̈ ⲛ̄ϥϣⲁϫⲉ ⲛ̄ϩⲏⲧⲟⲩ
15 ⲙ̄ⲫⲟⲩⲛ ⲙ̄ⲡⲣⲱⲙⲉ ⲥⲉⲁ
ⲙⲁϩⲧⲉ ϩⲛ̄ ⲟⲩⲧⲁϫⲣⲟ· ⲉⲧⲃⲉ
ⲡⲁⲓ̈ ⲛ̄ϩⲟⲩⲟ ϣⲁϥϣⲓⲛⲉ ⲛ̄ⲥⲁ
ϥⲓ ⲡⲉⲩⲣⲟⲟⲩϣ ⲛ̄ϥⲥⲁⲛⲟⲩ
ϣⲟⲩ· ⲛ̄ⲑⲉ ϩⲱⲱϥ ⲙ̄ⲡⲅⲉ
20 ⲱⲣⲅⲟⲥ ⲉϣⲁϥⲥⲁⲁⲛϣ̄ ⲙ̄ⲡⲉϥ
ⲅⲉⲛⲏⲙⲁ ⲙ̄ⲙⲏⲛⲉ· ⲁⲩⲱ ⲛ̄
ⲧⲉ ⲛ̄ⲑⲏⲣⲓⲟⲛ ⲛ̄ⲁⲅⲣⲓⲟⲛ ⲣ̄
ⲕⲱⲗⲩⲉ ⲙ̄ⲙⲟϥ ⲉⲧⲣⲉϥⲣⲱⲧ: ⟩—

——⟩⟩⟩⟩———⟩⟩⟩———⟩⟩⟩

[27] en la soignant [28] et à la fois le lion et ce qui entoure le lion, [29] mais d'affamer l'homme (589a) [30] et [31] de le rendre faible [32] de sorte qu'il soit entraîné [33] par où l'un ou l'autre de ceux-là **51**, [1] le conduira, et de ne pas [2] (les) habituer l'un à l'autre ni [3] (les) faire amis [4] mais de les laisser [5] se mordre [6] et, en se battant, [7] s'entredévorer. [8] Absolument en effet, [9] dit-il, c'est cela que dit, croyons-nous, celui [10] qui fait l'éloge de l'agir injuste.

mauvaise et de les piétiner
avec les ressemblances du lion.
Mais⁰ l'homme est dans une faiblesse
30  telle, et tout ce qu'il
fait est (si) faible
qu⁰'il est entraîné vers
le lieu où il passe le jour avec eux d'a-

**[51]**

[bord. Et] il [              ]
[           ha]bitu[de⁰       ]
à lui dans un [            ]
mais il fait [              ]
5    … les inimitiés dans [       ]
ainsi qu'un combat pour s'entredévorer à cause
de cela. C'est en effet⁰ tout cela
qu'il a dit à quiconque fait
10   l'éloge⁰ de l'injustice.
Par conséquent⁰ donc, celui qui parle
quant à lui avec justice⁰, cela
ne lui est-il pas profitable? Et s'il
met ces choses en pratique et parle en elles,
15   à l'intérieur de l'homme elles
dominent avec force. C'est
pourquoi il cherche davantage à se
soucier d'elles et à les maintenir
en vie, comme également le la-
20   boureur⁰ maintient en vie sa
production⁰ chaque jour, et
les bêtes⁰ sauvages⁰
l'empêchent⁰ de croître.

---

[11] Donc au contraire, celui [12] qui dit que la justice [13] est utile dit, croyons-nous, qu'il faut [14] faire et dire ce par quoi [15] dans l'homme, l'homme intérieur [16] sera le plus fort (589b), [18] et sur le nourrisson [17] polycéphale, [19] il veillera, comme [20] un paysan nourissant [21] et apprivoisant les espèces domestiques et [23] empêchant [22] les sauvages [23] de croître.

# COMMENTAIRE

## p. 48,16-20 (588b 1-3)

La traduction de δι᾽ ἃ δεῦρ᾽ ἥκομεν (588b 2) par ⲦⲚⲚⲀϬⲒⲚⲈ ⲘⲘⲞⲤ (p. 48,19) suppose la lecture par le traducteur copte (C) de δ᾽ εὑρήσομεν au lieu de δεῦρ᾽ ἥκομεν (SCHENKE, col. 239). Matsagouras (p. 18) explique cette erreur par le fait que ἥκω n'aurait pas été un verbe commun à l'époque. Il est rare chez les Pères[1], encore qu'il soit bien attesté dans le Nouveau Testament[2], et les papyri[3]. Cette lecture fautive est due sans doute au fait que dans les manuscrits grecs de l'époque, les mots n'étaient ni accentués ni séparés[4]. Il n'est toutefois pas impossible que cette leçon fautive soit antérieure à la traduction copte.

ⲈϤϪⲰ ⲘⲘⲞⲤ (p. 48,20) veut traduire Ἦν δέ που λεγόμενον (588b 2-3). L'omission de ἦν dans la traduction, de même que l'erreur précédente, montre bien que C était totalement ignorant du contexte dans lequel s'inscrivait ce fragment. Elle illustre également l'embarras constant dans lequel il se trouve quand il rencontre une forme de ἠμί ou de φημί dans le dialogue et, plus généralement, à chaque fois que se produit un changement d'interlocuteur, ou que l'on passe de la narration au dialogue lui-même et inversement (cf. ORLANDI, p. 50). C'est là un indice parmi d'autres, qui suggère que C n'avait aucune connaissance des dialogues platoniciens ni de leur stylistique, et qu'il ignorait certainement la nature et l'origine du texte qu'il traduisait.

## p. 48,20-30 (Les souffrances et la gloire du juste)

Voici un premier passage où C, ne comprenant pas le texte qu'il traduit, cherche à lui donner un sens. Des mots comme ἀδικεῖν, ἀδίκῳ, δοξαζομένῳ, δικαίῳ et ἐλέχθη qu'il lit ἐλέγχθη (cf. *infra*), éveillent en lui des résonnances familières. La rencontre de ces termes évoque le thème chrétien des souffrances du juste et de sa glorification. Il entreprend donc de traduire le texte qu'il a sous les yeux, c'est-à-dire de lui

---

[1] Seul Clément d'Alexandrie en fait un rare usage, cf. GOODSPEED, p. 100, et LAMPE n'en fait nulle mention.

[2] Cf. MOULTON-GEDEN, 426b et BAUER, col. 681.

[3] Cf. MOULTON-MILLIGAN, col. 278b.

[4] Cf. *Intr.*, note 25.

donner un sens, à partir de ces mots qui émergent comme autant de balises au-dessus de l'inextricable confusion d'une syntaxe et d'une stylistique déroutantes. Le sens ainsi construit, donné au texte, n'y était pas. C'est le traducteur qui l'y met, produisant involontairement un nouveau texte dont le contexte n'est plus la *République*, mais la conception chrétienne de la souffrance du juste, et peut-être même, *Mt*, 5,10-13 (cf. p. 50,24-28 et comm. *ad loc.*).

### p. 48,20-25 (588b 3-5)

L'objet de la discussion est pour Socrate, une conduite (τὸ ἀδικεῖν, 588b 3) et son effet : il devient pour C un individu (ⲡⲉⲛⲧⲁⲩⲭⲓⲧϥ ⲛϭⲟⲛⲥ, p. 48,21). Il y a donc un double déplacement du sens du texte. Il ne porte plus sur l'agir mais sur la personne, ce qui peut relever davantage de la langue copte elle-même que du traducteur (ORLANDI, p. 46). En outre, ce n'est plus celui qui commet l'injustice qui est en cause, mais celui envers qui elle est commise.

Cette méprise repose d'abord sur une mauvaise interprétation du verbe δοξάζω, qui réfère à l'opinion chez Platon, mais qui, dans la littérature chrétienne comme dans la langue des papyri, a le plus souvent le sens de « glorifier » ou « célébrer »[5]. C a donc traduit δοξαζομένῳ δὲ δικαίῳ (388b 3-4) ⲱ̣ⲁϥⲭⲓ ⲉⲟⲟⲩ ⲇⲓⲕⲁⲓⲱⲥ (p. 48, 22), lisant sans doute δοξαζωμένῳ δὲ δικαίως, à la lumière de ce sens, ayant à l'esprit la récompense du juste persécuté (SCHENKE, col. 239-240 ; MATSAGOURAS, p. 19).

La phrase suivante, ἢ οὐχ οὕτως ἐλέχθη ; (588b 3), tout comme la formule Ἦν δέ που λεγόμενον (588b 2-3), se rapporte à *Rép.*, 361a ss[6]. Cette seconde référence à un contexte qu'il ignore n'est pas davantage comprise par C. Il continue donc sa traduction dans le même registre et lit probablement ἐλέγχθη au lieu de ἐλέχθη (588b 4, SCHENKE, col. 240 ; MATSAGOURAS, p. 20) et traduit ⲙⲏ ⲛⲧⲁⲓ̈ ⲁⲛ ⲧⲉ ⲑⲉ ⲉⲛⲧⲁⲩⲭⲡⲓⲟϥ (p. 48,23-24), voyant sans doute là une allusion aux épreuves du juste, peut-être même aux souffrances des martyrs[7].

Enfin, la traduction de la simple formule d'acquiescement οὕτω μὲν οὖν (588b 5), qui appartient au cadre littéraire du dialogue, par la phrase ⲧⲉⲓ ⲧⲉ ⲙⲉⲛⲧⲟⲓⲅⲉ ⲑⲉ ⲉⲧⲉⲱ̣ⲱ̣ⲉ (p. 48,24-25), illustre encore

---

[5] Cf. LAMPE, col. 382a ; BAUER, col. 403-405 et pour les papyri, MOULTON-MILLIGAN, col. 168b-169a.

[6] Cf. J. ADAM, *The Republic of Plato*, II, Londres, 1969², p. 362.

[7] Cf. MÉTHODE D'OLYMPE, *De Res.*, 1,56 = BONWETSCH, p. 316.

une fois la confusion totale dans laquelle se trouve C devant le style du dialogue. En outre, l'emploi du verbe ⲱϣⲉ exprime sans doute ici une tendance moralisatrice de C (Schenke, col. 240; Matsagouras, p. 21) en même temps que son adhésion à la doctrine de la rétribution des souffrances du juste.

p. 48,25-30 (588b 6-9)

La méprise de C à propos de ἐλέχθη (588b 4) et son ignorance du contexte lui rendaient incompréhensible le sens de αὐτῷ (588b 6) qu'il choisit de ne pas traduire. Toutefois, la présence d'un ϭⲉ (p. 48,26), dans la traduction copte à cet endroit pourrait militer en faveur de la conjecture αὖ οὕτω faite par C. Schmidt[8].

Il faut également noter la traduction de δή (588b 6) par ⲁⲉ (p. 48, 25) et celle de διαλεγώμεθα (588b 6) par ⲁⲛϣⲁⲭⲉ (p. 48,26), qui suppose la lecture διελεγόμεθα (Matsagouras, p. 21) et qui illustre une fois de plus la confusion de C devant le cadre littéraire du dialogue. Et c'est encore l'ignorance du contexte qui peut sans doute expliquer la traduction de διωμολογησάμεθα (588b 6) par ⲁϥϫⲟⲟⲥ (p. 48,27), puisque ce verbe est incompréhensible en dehors du contexte plus large dans lequel se situe la discussion entre Socrate et Glaucon.

La suite du texte (p. 48,27-30 = 588b 7-9) est marquée du même déplacement de sens que la p. 48,20-25. Dans le texte grec l'énoncé porte sur l'agir, τό τε ἀδικεῖν καὶ τὸ δίκαια πράττειν. C le fait porter sur l'agent «ⲡⲉⲧⲣⲉ ⲙⲡϫⲓ ⲛϭⲟⲛⲥ ⲙⲛ ⲡⲉⲧⲣⲉ ⲙⲡⲁⲓⲕⲁⲓⲟⲛ» ramenant ainsi la discussion philosophique sur l'agir, au niveau d'un discours moralisant sur les mérites respectifs de celui qui se conduit avec justice et de celui qui commet l'injustice.

À l'intérieur de la compréhension qu'il a du texte grec, il est difficile de savoir quel sens a pu revêtir pour C la fin de la phrase ἦν ἑκάτερον ἔχει δύναμιν (588b 8-9), qu'il comprend évidemment comme se rapportant à des personnes, et qu'il traduit ⲡⲟⲩⲁ ⲡⲟⲩⲁ ⲟⲩⲛⲧⲁϥ ⲟⲩϭⲟⲙ (p. 48,29-30)[9].

Enfin, le πῶς ἔφη qui suit (588b 9) et dont il ne comprend pas le sens ayant mal interprété le verbe διαλεγώμεθα (588b 6) sur lequel

---

[8] Conjecture qu'avait adoptée un moment J. Adam, *op. cit.*, II, p. 362, pour ensuite la rejeter.

[9] Il ne serait pas impensable, surtout à la lumière de sa compréhension de la suite du texte, et plus particulièrement de l'introduction du terme ⲁⲣⲭⲱⲛ (p. 49,6), que C ait ici donné à δύναμις le sens qu'il a souvent dans les textes chrétiens et gnostiques, i.e., une puissance angélique, bonne ou mauvaise.

il porte, donne lieu à une autre méprise à mettre au compte de l'ignorance de C du cadre littéraire du dialogue.

## p. 48,30-50,19 (Réminiscences protogoniques)

C construit ici encore un nouveau texte dont le lien avec le passage précédent (p. 48,16-30) est davantage apparent au niveau du procédé de la traduction qu'à celui de son contenu.

En effet, tout se passe comme si le traducteur essayait tant bien que mal de donner un sens à sa traduction à partir d'une série de termes qui émergent ici et là, et qui évoquent pour lui un nouveau champ d'idées. Les mots qui lui servent de repères sont probablement les suivants : εἰκών, ποίαν qu'il lit ποιῶν, γενέσθαι, φύσεις, πράττε, θηρίον, πλαστός, ἔργον, λέοντος, ἀνθρώπου, ζῷον, dont quelques-uns reviennent à plusieurs reprises. Ces mots ont ceci en commun qu'ils appartiennent au vocabulaire habituel des récits de création gnostiques ou qu'ils en évoquent les idées[10]. À la faveur de cet enchaînement de termes et de ses réminiscences protogoniques (et peut-être d'une corruption antérieure du texte), C y introduit le terme-clef ⲁⲣⲭⲱⲛ. Il y ajoute encore le verbe ⲣ ⲕⲁⲧⲁⲛⲧⲁ. Enfin, à la lumière du contexte évoqué, il comprend ἰδέα comme un synonyme de ὁμοίωσις, et le traduit par un autre mot-clef dans les récits de création des écrits mythologiques du Codex II de Nag Hammadi, le terme ⲉⲓⲛⲉ[11]. C introduira d'ailleurs ⲉⲓⲛⲉ treize frois dans sa traduction, alors que ἰδέα n'apparaît que trois fois dans le texte grec.

Le texte ainsi construit par C n'a plus aucun lien au niveau du contenu avec le passage précédent. Il n'a rien à voir non plus avec le texte de Platon. Socrate façonnant en esprit une bête fantastique fait place, dans l'imagination de C aux archontes façonnant une créature à leur image, qui est celle d'une bête ou d'un lion. La *République* et sa discussion sur la justice fait place aux récits protogoniques de l'*Apocryphon de Jean*, de l'*Hypostase des Archontes* et de l'*Écrit sans Titre*[12]. Profilés sur cette toile de fond, les mots énumérés plus haut prennent pour C tout leur sens.

---

[10] C'est probablement sur cette constatation que Doresse, à la première lecture, a reconnu le thème de la création primitive des formes, modèles et natures, cf. J. Doresse, *op. cit.*, p. 257.

[11] À propos de ⲉⲓⲛⲉ dans le contexte des récits cosmogoniques, cf. M. Tardieu, *Trois mythes gnostiques*, p. 56-57 et n. 44 et B. Barc, *L'Hypostase des Archontes* (*BCNH*, Section «Textes», 5), Québec, 1980, p. 77-78.

[12] Le rapprochement a été noté par M. Tardieu, *Trois mythes gnostiques*, p. 284.

p. 48,30-49,1 (588b 9-11)

ⲡⲉⲭⲁϥ (p. 48,30) traduit ἔφη, qui accompagne πῶς dans le texte grec, mais que C rattache à la phrase suivante. Cette dernière est d'ailleurs déviée de son sens à cause d'une méprise de C qui lit quelque chose comme εἰκὼν ἄπλαστος (SCHENKE, col. 240) qu'il traduit ⲟⲩϩⲓⲕⲱⲛ ⲉⲙⲛⲧⲁϥ ⲉⲓⲛⲉ (p. 48,31-32) au lieu de εἰκόνα πλάσαντες (588b 9) et qui fait de λόγῳ le sujet de la principale, conférant ainsi à la phrase une obscurité totale que la traduction pourtant correcte de la subordonnée (du moins si l'on en juge par ce qui en reste) vient encore accentuer.

Le terme ⲉⲓⲛⲉ (ou ⲓⲛⲉ) revient seize fois dans PlatoRep. Là où il a un correspondant dans le texte grec, il traduit ἰδέα, terme rare, aussi bien dans le Nouveau Testament que dans les papyri[13]. Dans le passage traduit, le terme n'a pas pour Platon un sens très précis. Tantôt, il peut signifier «une espèce», «une sorte», donnant ainsi un caractère d'indétermination à l'objet auquel il se rattache, tantôt il prend le sens de «forme». C paraît le comprendre comme un synonyme de εἶδος ou de ὁμοίωσις. La fréquence du terme ⲉⲓⲛⲉ dans son texte copte, que rien dans le grec ne justifie, ne trouve un parallèle que dans les récits cosmogoniques des écrits mythologiques du Codex II et leurs versions parallèles, où il est également très fréquent[14]. Cette insistance de C à l'employer ne peut s'expliquer que par la fréquence des termes liés à des thèmes protogoniques dans ce passage (cf. supra) et par le fait que c'est à partir des idées qu'ils évoquaient pour lui que C a tant bien que mal cherché à donner un sens au texte qu'il traduisait.

Dans le texte copte, ⲉⲓⲛⲉ est associé à la thématique de la création matérielle. Les archontes sont descendus et ils ont produit des formes (ⲙⲟⲣⲫⲏ) et des ressemblances (ⲉⲓⲛⲉ, cf. p. 49,6-19 et comm. ad loc.). Dans ce contexte, la privation de ressemblance pour le logos de l'âme ⲟⲩϩⲓⲕⲱⲛ ⲉⲙⲛⲧⲁϥ ⲉⲓⲛⲉ ⲡⲉ ⲡⲗⲟⲅⲟⲥ ⲛⲧⲯⲩⲭⲏ (p. 48,31-32), exprime le caractère spirituel, céleste, du logos de l'âme. Une telle conception se rapproche singulièrement de la doctrine de l'Authentikos Logos (p. 22, 15-23,7; 34,32-35,22) à propos de l'âme qui reçoit et détient le logos et qui ainsi, est arrachée à la domination des archontes et de leurs

---

[13] Cf. MOULTON-MILLIGAN, col. 298a.

[14] Cf. A. BÖHLIG et P. LABIB, Die koptisch-gnostische Schrift ohne Titel aus Codex II von Nag Hammadi (Deutsche Akademie der Wissenschaften zu Berlin, Institut für Orientforschung, 48), Berlin, 1962, Index, p. 111, B. BARC, op. cit., Index, p. 138, et S. GIVERSEN, Apocryphon Johannis (Acta Theologica Danica, V), Copenhague, 1963, Index, p. 111.

créatures[15] et donc au monde de la matière, monde de «semblance»
et de contrefaçon. Le thème de la privation de ressemblance est également utilisé de façon identique au logion 13 de l'*Évangile selon Thomas*
(34,30-35,14) : «Jésus a dit à ses disciples : Comparez-moi, dites-moi
à qui je ressemble. Simon Pierre lui dit : Tu ressembles à un ange
juste. Matthieu lui dit : Tu ressembles à un philosophe sage. Thomas
lui dit : Maître, ma bouche n'acceptera absolument pas de dire à qui
tu ressembles. Jésus dit : Je ne suis pas ton maître, puisque tu as bu,
tu t'es enivré à la source bouillonnante que, moi, j'ai fait jaillir...»[16].

## p. 49,1-4 (588b 11-c 2)

Les premières lignes de la p. 49 sont passablement lacuneuses et la
piètre qualité de la traduction rend fort hasardeuse toute conjecture
qui serait fondée sur l'original grec.

Compte tenu de la fin de la p. 48 et de la longueur de la lacune,
la restitution ⲧ[ⲁ]ϥⲭⲉ ⲛⲁⲓ (p. 49,1), adoptée par tous les éditeurs
ou traducteurs[17], paraît certaine. Quant à la suite, là où Krause et
Matsagouras lisent un ⲱ, avant le début de la lacune de la fin de la
ligne 1, Schenke et Brashler, plus prudents, pointent un ⲁϥ avec raison,
la queue du ⲱ étant généralement plus inclinée vers la gauche que la
trace qui reste sur le papyrus.

Pour les lignes 2 et 3, Brashler et Schenke ont proposé chacun une
restitution qui respecte bien la longueur des lacunes que présente le
manuscrit[18]. Elles sont toutes deux vraisemblables étant donné le
caractère imprévisible de la traduction de C. Le [ⲅ]ⲁⲣ de la ligne 2 est
certain. Quoi qu'en pense Matsagouras (p. 24), son absence dans le
texte grec n'est pas un argument pour l'exclure à priori du copte

---

[15] Cf. à ce propos, le commentaire de J.É. MÉNARD, *L'Authentikos Logos* (*BCNH*,
Section «Textes», 2), Québec, 1977, p. 46-47 et 61-62.

[16] J.É. MÉNARD, *L'Évangile selon Thomas* (*NHS*, 5), Leiden, 1975, p. 57-58 et
commentaire, p. 98.

[17] Cf. KRAUSE, p. 167; SCHENKE, col. 237; MATSAGOURAS, p. 48 et BRASHLER, p. 330.

[18] SCHENKE (col. 237) propose la restitution suivante : ...ⲁϥ[ⲭⲟⲟⲥ ⲭⲉ ⲡⲗⲟ][(2)]
[ⲅⲟⲥ ⲅ]ⲁⲣ ⲡⲉ ⲡ†[ⲣⲉ ⲙⲡⲉⲓⲉⲓ][(3)] ⲛⲉ ⲏ ⲙⲙⲟⲛ ⲁⲛ[ⲭⲟⲟⲥ ⲭⲉ ⲛⲉⲧ][(4)] ϣⲟⲟⲡ ⲛⲁⲓ·
ⲁⲗⲗⲁ ⲙ[ⲙⲩⲑⲟⲥ][(5)] ⲧⲏⲣⲟⲩ ⲉⲛⲧⲁⲩⲭⲟⲟⲩ [ⲛⲟⲓ ⲛⲓ][(6)] ⲁⲣⲭⲱⲛ... qu'il traduit : «— Er
[sag]te [ : Ist] es [d]enn [der Logos], der [dieses Bi]ld zust[ande bringt], oder [sag]ten
wir, dass es [das] Existieren[de] sei?» «(Nein!) Sondern alle (5) [Mythen], die [die] Ersten
erzählt haben...» (col. 236). Alors que BRASHLER (p. 330) suggère plutôt en note :
ⲁϥ[ⲭⲱ ⲙⲙⲟⲥ ⲭⲉ] [(2)][ⲡⲁⲓ ⲅ]ⲁⲣ ⲡⲉ ⲡ†[ⲣⲉ ⲛⲧⲉⲉⲓⲙⲓ] [(3)]ⲛⲉ ⲏ ⲙⲙⲟⲛ ⲁⲛ[ⲭⲱ ⲙⲙⲟⲥ
ⲭⲉ ϥ] [(4)] ϣⲟⲟⲡ ⲛⲁⲓ· ⲁⲗⲗⲁ ⲙ[ⲙⲩⲑⲟⲥ] [(5)]ⲧⲏⲣⲟⲩ ⲉⲛⲧⲁⲩⲭⲟⲟⲩ [ⲛⲟⲓ ⲛⲓ] [(6)]ⲁⲣⲭⲱⲛ... :
«He [asked :] «Is [this] then that which [acts in this manner] or not?» We [agree that
it] is for me. But all these [myths] that the rulers told...» (p. 330-331).

puisque C l'a introduit ailleurs sans qu'on le trouve dans l'original (cf. p. 49,33 et 50,8). On peut également adopter à la ligne 2 ⲡϯ[ⲣⲉ] sans réticence puisqu'on le trouve déjà à deux reprises sous cette même forme dans le passage précédent (p. 48,27-28). Ici, il pourrait bien traduire ποιῶν que C aura lu à la place de ποίαν (588c 1), comme le suggère Brashler (p. 330). A la ligne 3, une semblable erreur de lecture lui aura fait lire ἢ δ᾽ οὐ(χ) au lieu de ἢ δ᾽ ὅς, qu'il traduit ⲏ ⲙⲙⲟⲛ ⲁⲛ (Matsagouras, p. 25 et Brashler, p. 330). Enfin, la même régulière confusion à propos des diverses formes de ἠμί lui aura sans doute fait comprendre le ἦν δ᾽ ἐγώ (588c 2) comme l'imparfait de εἰμί comme le supposent encore Matsagouras (p. 25) et Brashler (p. 330) : [ϥ]ϣⲟⲟⲡ ⲛⲁⲓ̈ = ἦν δ᾽ ἐμοί.

### p. 49,4-14 (588c 2-5)

Les restitutions proposées par Schenke (col. 240) pour les lignes 4 et 5 ont été reprises par Brashler en note (p. 330). Elles sont grammaticalement correctes et respectent la longueur des lacunes. Toutefois, si ⲙ[ⲙⲩⲑⲟⲥ] s'impose à la fin de la ligne 4, [ⲛϭⲓ ⲛⲓ] à la fin de la ligne 5 demeure hypothétique, d'autant plus que le mot ⲁⲣⲭⲱⲛ (p. 49,6) n'apparaît pas dans l'original grec et que l'on ne peut, par conséquent, décider de sa fonction logique ni grammaticale dans le texte copte à partir de l'original grec. Le contexte de la traduction copte pourrait aussi bien suggérer [ⲉⲧⲃⲉ ⲛⲓ], peut-être plus satisfaisant pour le sens. Cette restitution compte une lettre de plus, mais les fins de lignes ne sont pas d'une régularité stricte et cela porterait le nombre de lettres de cette ligne à 19, ce qui demeure possible.

À propos du terme ⲁⲣⲭⲱⲛ (p. 49,6), Schenke écrit : «Zu den gnostisch aussehenden Archonten ist unser Text auch nur aus Versehen gekommen, weil K, παλαιός durch ἀρχαῖος wiedergeben wollte, und er (bzw. ein Redaktor) dies dann mit ἄρχων verwechselte» (col. 240). Matsagouras va plus loin : «The presence of this Gnostic technical term, not found in the Greek text, very much supports the above expressed point that here we have a conscious attempt to gnosticize the text» (p. 25), ce à quoi objecte Brashler que la faible connaissance qu'a C de la langue grecque suffit à expliquer l'apparition de ce terme (p. 231). Certes, le simple ajout du terme ⲁⲣⲭⲱⲛ ne pourrait à lui seul suffire à démontrer que le texte a été infléchi dans un sens gnostique. Toutefois, le contexte dans lequel il apparaît, son voisinage avec la série de termes énumérés plus haut, la répétition du terme

ⲉⲓⲛⲉ et l'ajout de ⲣ ⲕⲁⲧⲁⲛⲧⲁ (p. 49,10-11 cf. comm. *ad loc.*) sont autant d'indices dont la convergence confirme l'intuition de Matsagouras. Néanmoins, l'ajout du terme ⲁⲣⲭⲱⲛ ne résulte probablement pas d'une tentative consciente de C pour rendre gnostique un texte qui ne l'était pas, mais plutôt d'un effort fait par lui pour rendre plus précis, plus explicite un texte qui ne l'était pas assez à ses yeux, précision ajoutée par un traducteur malhabile mais imprégné de mythologie gnostique.

C'est d'ailleurs dans cette section de sa traduction que se manifeste le plus la tendance de C à comprendre son texte à travers des catégories concrètes souvent naïves. Le recours pédagogique à la fiction cède ici le pas aux croyances de C. Nous ne sommes plus devant un Socrate souriant, évoquant les fables antiques, mais devant un gnostique nourri de ses mythes qui reconnaît dans un texte confus de multiples allusions familières. Socrate a recours à une comparaison où il fait appel aux créatures fantastiques des vieux récits mythologiques, comparaison dont le caractère quelque peu humoristique est exprimé par le verbe μυθολογέω (588c 2) et un λέγονται dubitatif (588c 4) auquel fait écho son interlocuteur (588c 6). C ne comprend la comparaison ni ne perçoit le sourire. Le texte grec évoque pour lui les récits autrefois racontés (ⲉⲛⲧⲁⲩⲭⲟⲟⲩ, p. 49,5) à propos (?) des archontes, qui maintenant, sont devenus réalité, ⲛⲁⲓ ϯⲛⲟⲩ ⲛⲉⲛⲧⲁⲩϣⲱⲡⲉ ⲙⲫⲩⲥⲓⲥ (p. 49,6-7). La phrase grecque ayant été complètement déviée de son sens et le verbe γενέσθαι (588c 3) n'ayant plus de fonction, le traducteur lui adjoint un sujet, ⲛⲁⲓ, et une précision temporelle ϯⲛⲟⲩ (p. 49,6), opposant ainsi le temps où ces récits furent jadis racontés à celui, actuel, où les créatures qui les hantaient sont venues à l'existence.

Dans ce passage, C mentionne la Chimère et Cerbère (ⲡⲭⲓⲙⲁⲣⲣⲁⲓⲥ[19] ⲙⲛ ⲡⲕⲉⲣⲃⲟⲩ, p. 49,8) alors qu'il laisse dans l'oubli Scylla, le monstre du détroit de Sicile (588c 3). Orlandi (p. 62) note que des trois monstres évoqués par Socrate, ceux qui sont retenus par C, la Chimère et Cerbère, étaient tous deux des créatures tripartites. Ces créatures fantastiques et terrifiantes pouvaient naturellement être assimilées aux archontes dont le chef est une «bête arrogante à la ressemblance du lion» (ⲛⲟⲩⲑⲏⲣⲓⲟⲛ ⲛⲁⲩⲑⲁⲇⲏⲥ ⲛⲛⲓⲛⲉ ⲙⲙⲟⲩⲉⲓ, HypArch, p. 94, 16-17), et qui sont aussi les forces du chaos (cf. HypArch, p. 94,31-33).

---

[19] Il est peu probable que le ⲭ de ⲭⲓⲙⲁⲣⲣⲁⲓⲥ soit dû au fait que le scribe ait traîné sa plume entre les deux traits du ⲭ (BRASHLER, p. 331). On retrouve le même phénomène en NH VII, 53, 27 (*Le Deuxième Traité du Grand Seth*) dans le mot ⲁⲣⲭⲓⲁⲅⲅⲉⲗⲟⲥ, cf. à ce propos, CRUM, col. 745b et STERN § 26.

Tout comme le gardien des enfers ceux-ci appartiennent à l'abîme, au Tartare, où ils ont été précipités (cf. HypArch, p. 95,9-13)[20]. Cet épisode théogonique explique sans doute l'ajout par C du verbe ⲣ ⲕⲁⲧⲁⲛⲧⲁ (p. 49,10). Dans la traduction les archontes sont encore producteurs de formes et de ressemblances (ⲉⲓⲛⲉ, p. 49,11-12), tout comme leur est attribuée, dans les récits anthropogoniques, la création de l'homme matériel, qui est co-ressemblance (ⲱⲃⲣⲉⲓⲛⲉ, HypArch, p. 87,35; Ecr sT, p. 113,1-2) ou ressemblance (ⲉⲓⲛⲉ, Ecr sT, p. 113,8) de l'Homme céleste.

### p. 49,14-19 (588c 6-8)

ⲉⲩⲭⲱ ⲙⲙⲟⲥ ⲭⲉ ⲁⲣⲓ ϩⲱⲃ ⲧⲉⲛⲟⲩ (p. 49,14-16). Voilà une phrase où transparaît encore la confusion dans laquelle se trouve plongé C à chaque fois qu'il a affaire aux articulations du dialogue. Schenke (col. 236) et Matsagouras (p. 48) pour la traduire, se sont laissé solliciter par l'original grec «— Man sagt es.» (Ich sagte) … «Bilde jetzt…», et «They are saying it. Make a thing now…». Krause, qui n'avait pas reconnu le texte de la *République*, traduit correctement «… sie sagen: Schafft jetzt …» (p. 167), traduction que reprend Brashler (p. 333). La fonction de ce λέγονται γάρ ἔφη (588c 6) était de mettre en évidence le caractère fabuleux de l'exemple cité. L'impératif ici pourrait bien avoir évoqué pour C Gn 1, 26 (RAHLFS, LXX = «καὶ εἶπεν ὁ θεὸς ποιήσωμεν ἄνθρωπον κατ᾿ εἰκόνα ἡμετέραν καὶ καθ᾿ ὁμοίωσιν…») dont on connaît les avatars dans les textes gnostiques. Dans le récit anthropogonique de l'HypArch, par exemple, ce passage est ainsi interprété :

> Les Archontes tinrent conseil[21], ils dirent :
> «Allons! faisons un homme (avec) de la

---

[20] L'irruption de la mythologie classique dans les textes gnostiques n'est pas exceptionnelle. Pensons au rôle dévolu à Éros dans l'Ecr sT du Codex II (p. 109, 11, cf. M. TARDIEU, *Trois mythes gnostiques*, p. 141-142), ou aux citations d'Homère dans l'*Exégèse de l'Âme* (cf. M. SCOPELLO, «Les citations d'Homère dans le traité de l'*Exégèse de l'Âme*», in *Gnosis and Gnosticism* [Papers read at the Seventh International Conference on Patristic Studies, Oxford, sept. 8th-13th 1975], éd. M. KRAUSE [*NHS*, 7], Leiden, 1977, p. 3-12). Ici, C a sans doute assimilé la Chimère et Cerbère aux divinités païennes qu'il identifie aux archontes selon un usage bien attesté chez les chrétiens et que l'on trouve déjà chez saint Paul (1 *Co*, 8,5, cf. à ce propos M. SIMON, *La civilisation de l'antiquité et le christianisme*, Paris, 1972, p. 164-165).

[21] Est-il possible que le «εἰς ἕν γενέσθαι» (588c 5) ait évoqué pour C le «conseil» (ⲥⲩⲙⲃⲟⲩⲗⲓⲟⲛ, HypArch p. 87,24) des Archontes qui précède la création de l'homme matériel? Si l'on en juge par sa compréhension du passage, c'est l'épisode auquel

poussière du sol». Ils modelèrent
(ⲣ ⲡⲗⲁⲥⲥⲉ) leur créature (de sorte)
qu'elle est entièrement terrestre. Or
les Archontes, [le cor]ps qu'ils ont est
femelle, c'est un avo[rton] à
l'aspect animal (ⲛ̄ϩⲟ ⲛ̄ⲑⲏⲣⲓⲟⲛ) ...
(HypArch, p. 87,24-29) [22].

Ainsi, le ἰδέαν θηρίου (588c 7) pourrait bien avoir évoqué pour C,
à la suite de l'impératif πράττε τοίνυν (588c 7) [23] et du λέγονται
(588c 6), la création par les archontes de l'homme charnel qu'ils façonnent à l'image de leur corps à l'aspect animal (ⲛⲑⲏⲣⲓⲟⲛ).

Quant au reste du passage, C a bien compris ποικίλου (588c 7)
au sens où il est employé, et ϩⲛ ⲟⲩⲛⲟϭ ⲛⲁⲡⲉ (p. 49,19) traduit bien
πολυκεφάλου (588c 8), πολυ- pouvant être rendu en copte par ⲛⲟϭ
(cf. Till § 119).

## p. 49,20-32 (588c 8 - d 2)

ϩⲉⲛϩⲟⲟⲩ (p. 49,20) repose ici sur la confusion de ἡμέρων (animaux
domestiques) avec ἡμερῶν (jour) [24], d'ailleurs répétée en 51,21. C a
traduit le δέ (588c 8) par un ⲙⲉⲛ, ne percevant pas le lien de ce δέ

il pourrait vouloir faire allusion par la phrase «ⲁⲩⲱ ⲁⲩϣⲱⲡⲉ ⲧⲏⲣⲟⲩ ⲛⲟⲩⲉⲓⲛⲉ
ⲟⲩⲱⲧ...» (PlatoRep, p. 49,13-14). Dans le *Deuxième Traité du Grand Seth*, les Archontes
et leurs créatures|sont dits s'être créé une «réunion» (ϩⲱⲧⲡ, p. 68,82), se figurant par
là imiter l'Église céleste (GrSeth, p. 68,32-69,19). Le thème appartient à la théogonie.
On le trouve dans l'HypArch, p. 96,4-14 et, sous une forme plus développée dans l'Ecr
sT où l'Archigénétor, jaloux de Sabaoth et de son Église, imitation de celle de l'Ogdoade
(p. 105,20-23), se crée des puissances qui s'unissent entre elles (ⲁⲩⲣ ⲕⲟⲓⲛⲱⲛⲉⲓ, p. 105,
35). Et c'est après cet épisode théogonique qu'interviendra, dans l'Ecr sT, la création
de l'homme charnel, imitation de l'Homme céleste (p. 112,32-113,2). Ainsi, à la séquence
anthropogonique du conseil des archontes qui décide la création de l'homme matériel,
correspond dans les textes protogoniques une séquence plus longue qui englobe la
réunion des puissances archontiques en une Église dans la théogonie et la création
de l'homme matériel dans l'anthropogonie. Cette séquence longue est appliquée dans le
GrSeth à l'Église adverse (i.e., la grande Église dominée par les archontes) qui est
réunie, pour ensuite révéler un sauveur charnel (p. 68,32-69,19, cf. Louis Painchaud,
*Le Deuxième Traité du Grand Seth* [BCNH, Section «Textes», 6], Québec, 1982, p. 70-
71 et commentaire p. 141-142).

[22] B. Barc, *L'Hypostase des Archontes*, p. 52-53.
[23] La traduction ⲁⲣⲓ ϩⲱⲃ indique que l'original grec devait porter πράττε (leçon
attestée par Stobée) et non πλάττε.
[24] Ἡμέρα (jour) est fréquent dans les papyri (cf. Moulton-Milligan, col. 280a)
alors que ἥμερος|(animal domestique) semble en être absent. De même dans le Nouveau
Testament où ἡμέρα est très fréquent alors que ἥμερος n'apparaît qu'une seule fois
sous la forme ἀνήμερος (2 *Tm*, 3,3).

avec le μέν de la ligne précédente à cause de sa méprise sur le sens de ἡμέρων qui lui fait perdre de vue la signification d'ensemble de la phrase. La bête imaginée par Socrate a de multiples têtes d'animaux sauvages (ἀγρίων) et domestiques (ἡμέρων) qu'elle peut changer et remplacer les unes par les autres. Dans le registre fabuleux où se meut Platon, cela va à merveille. Pour C, tout ce passage faisant référence à la création de l'homme matériel, cela pose sans doute quelque problème. C'est probablement la raison pour laquelle il ne traduit pas «ἔχοντος κεφαλὰς κύκλῳ» (588c 8), thème étranger à sa cosmogonie et qu'il dissocie μεταβάλλειν et φύειν (588c 9) qui constituent dans l'imagination de Socrate, les deux temps d'un même mouvement. Pour C, ⲚⲞⲨϪⲈ ⲈⲂⲞⲖ (p. 49,22), qui veut traduire μεταβάλλειν (ἐκβάλλειν), prend une connotation moralisante : il s'agit du rejet par la bête de la première ressemblance (celle des archontes?) avec, comme conséquence de ce rejet, la croissance hors d'elle de toutes choses dures et incommodes ainsi rejetées en un «ergon»[25].

Il faut souligner encore une fois en 588d 1 la méprise de C qui ne perçoit pas le changement d'interlocuteur dans le dialogue, ni le sens de ἔφη qu'il lit probablement ἔφυ(?) et prend pour un doublet de φύειν (588c 9). C ne comprenant pas davantage le sens de «δεινοῦ πλάστου, ἔφη, τὸ ἔργον» (588c 11) qui commande le reste de la phrase, cette méprise a de multiples répercussions par la suite. Il s'agit, dans le grec, d'une transition plaisante, mise dans la bouche de Glaucon, pour faire ressortir le caractère imaginaire de la bête façonnée à l'invitation de Socrate, sens que C ne perçoit nullement, ce qui provoque chez lui une cascade de contresens.

Ainsi, ᲂⲚⲦⲈ ⲚⲀⲒ ⲦⲎⲢⲞⲨ ⲚⲒⲠⲖⲀⲤⲘⲀ ⲈⲦⲚⲀϢⲦ ⲀⲨⲰ ⲈⲦⲘⲞⲔϨ (p. 49,23-25) veut rendre les mots ἐξ αὐτοῦ πάντα ταῦτα. Δεινοῦ πλάστου... (588c 9 - d 1). Mais qu'a compris C pour traduire εὐπλαστότερον κηροῦ (588d 2) par ⲚⲈⲦⲞⲨⲢ ⲠⲖⲀⲤⲤⲈ ⲘⲘⲞⲨ ϮⲚⲞⲨ ϨⲚ ⲞⲨⲖⲀϨⲖⲈϨ (p. 49,27-29)? Schenke (col. 240-241) suppose que ϮⲚⲞⲨ est la traduction de κηροῦ que C aurait pris pour καιροῦ compris dans le sens de ἐν τῷ καιρῷ et que ϨⲚ ⲞⲨⲖⲀϨⲖⲈϨ correspondrait à εὐ-. Brashler (p. 331), qui met en doute la dernière partie de l'hypothèse, accepte toutefois la première. Il n'est cependant pas nécessaire de chercher dans le grec un correspondant à ϮⲚⲞⲨ que C introduit déjà dans sa traduc-

---

[25] Le sens donné ici au mot ⲈⲢⲄⲞⲚ (p. 49,27) et son voisinage avec le verbe ⲚⲞⲨϪⲈ (p. 49,22), ne sont pas sans évoquer l'«œuvre» (ⲈⲢⲄⲞⲚ) de Sophia qui est à l'origine de la matière et qui sera «jetée en un lieu» (ⲀⲨⲚⲞϪⲤ ⲀⲨⲤⲀ, cf. HypArch, p. 94,4-15).

tion en 49,6 et en 49,32. Dans ce cas, l'hypothèse de Matsagouras (p. 31), faisant de ϩⲛ ⲟⲩⲗⲁϩⲗⲉϩ une corruption de ϩⲛ ⲟⲩⲙⲟⲩⲗϩ (ⲙⲟⲩⲗϩ = κηρός, Crum, 166a), plutôt qu'une tentative maladroite pour traduire εὐ- mérite également d'être mentionnée. Mais il faut peut-être chercher la solution au problème posé par ϩⲛ ⲟⲩⲗⲁϩⲗⲉϩ dans le texte copte plutôt que dans le grec. C traduit le reste de l'intervention de Glaucon au petit bonheur, sans aucune rigueur grammaticale : καὶ τῶν τοιούτων λόγος, πεπλάσθω (588d 2) devient ⲁⲩⲱ ⲙⲛ ⲡⲕⲉⲥⲉⲉⲡⲉ ⲧⲏⲣϥ ⲉⲧⲧⲛⲧⲱⲛ ⲉⲣⲟⲟⲩ ⲉⲩⲣ ⲡⲗⲁⲥⲥⲉ ϯⲛⲟⲩ ϩⲙ ⲡϣⲁⲭⲉ (p. 49,29-32). ⲉⲩⲣ ⲡⲗⲁⲥⲥⲉ ... ϩⲙ ⲡϣⲁⲭⲉ contient peut-être la clef du passage en question. On retrouve cette même formule dans un autre écrit de Nag Hammadi, l'Ecr sT du Codex II, où elle apparaît à trois reprises dans la section consacrée à la description des fonctions du démiurge[26]. Tardieu souligne à ce propos que le fait que le démiurge soit doué de parole est une expression technique de la cosmogonie gnostique[27]. C'est donc là sans doute le contexte qu'a évoqué pour C la phrase καὶ τῶν τοιούτων λόγος πεπλάσθω (588d 2) à partir duquel il a échaffaudé sa traduction. On pourrait donc penser que la phrase ⲛⲉⲧⲟⲩⲣ ⲡⲗⲁⲥⲥⲉ ϯⲛⲟⲩ ϩⲛ ⲟⲩⲗⲁϩⲗⲉϩ (p. 49,29), dont la construction est parallèle à ⲉⲩⲣ ⲡⲗⲁⲥⲥⲉ ϯⲛⲟⲩ ϩⲙ ⲡϣⲁⲭⲉ (p. 49,31-32) fait référence à la vanité du démiurge, autre lieu commun de la cosmogonie gnostique, auquel cas, ⲗⲁϩⲗⲉϩ[28] aurait ici le même sens que ⲙⲛⲧϫⲁⲥⲓϩⲏⲧ (HypArch, p. 86,29; 94,21).

p. 49,32-50,5 (588d 3-6)

C n'ayant pas compris l'invitation lancée par Socrate à Glaucon de façonner un être imaginaire, il ne saisit évidemment pas l'impératif «πλάττε» sous-entendu avant Μίαν δὴ τοίνυν (588d 3). En outre, comme le souligne Matsagouras (p. 32), C opère un découpage de la phrase qui ne correspond pas au grec, qu'il marque dans sa traduction

[26] Cf. le plan que propose M. Tardieu pour cet écrit (Trois mythes gnostiques, p. 52). Dans la section du traité consacrée aux fonctions du démiurge, on retrouve les expressions ϣⲱⲡⲉ ϩⲓⲧⲙ ⲡϣⲁⲭⲉ (p. 100,17), ϫⲱⲕ ⲉⲃⲟⲗ ϩⲓⲧⲙ ⲡϣⲁⲭⲉ (p. 100, 34), et ⲧⲁⲙⲓⲟ ⲉⲃⲟⲗ ϩⲓⲧⲙ ⲡϣⲁⲭⲉ (p. 101,11; 102,14).

[27] Id., Ibid., p. 68, n. 76.

[28] ⲗⲁϩⲗⲉϩ est un terme rare que l'on retrouve deux fois dans l'AuthLog où il a clairement, à la p. 32,8, le sens de «vanité» (ⲟⲩⲗⲁϩⲗⲉϩ ⲛⲥⲁⲣⲝ = la «vanité charnelle») opposée à la beauté intérieure (= ⲟⲩⲙⲛⲧⲥⲁⲉⲓⲉ ⲛϩⲏⲧ, p. 32,7). L'expression de la p. 32,8 fait référence à «ⲧⲉⲡⲓⲑⲩⲙⲓⲁ ⲛⲟⲩϣⲧⲏⲛ ⲛⲕϣⲟⲩϣⲟⲩ ⲙⲙⲟⲕ ⲛϩⲏⲧⲥ» (p. 30,34-31,1 «le désir d'un vêtement dont tu es fière», cf. J.É. Ménard, L'Authentikos Logos, Commentaire, p. 57-58).

par l'ajout d'un ⲅⲁⲣ (p. 49,34). Il faut également mentionner au passage la traduction de δὴ (588d 3) par ⲅⲁⲣ (p. 49,33). Comme le remarque Matsagouras (p. 71), l'application de la métaphore du lion à quelque partie de l'âme humaine a connu une grande fortune depuis Platon, le lion venant, dans la littérature chrétienne[29] comme dans la littérature gnostique[30], à symboliser les passions qui agitent l'homme. Au-delà de ces conceptions psychologiques d'origine platonicienne qui étaient sans doute fort répandues à l'époque de la traduction de PlatoRep[31], et peut-être dans leur prolongement, la figure du lion en est venue à représenter, dans la littérature chrétienne, l'Adversaire, Satan, l'incarnation du mal[32]. Sur l'arrière-plan des récits protogoniques qui sous-tendent la compréhension que C a eue de son texte, l'opposition qu'il établit entre ⲡⲉⲓⲛⲉ ⲙⲡⲙⲟⲩⲉⲓ et ⲡⲓⲛⲉ ⲙⲡⲣⲱⲙⲉ (p. 49,32-50,1), entre la ressemblance du lion et la ressemblance de l'homme, n'est pas sans évoquer l'opposition que l'on trouve dans les récits anthropogoniques où l'homme terrestre est façonné d'après la ressemblance de Dieu (ⲡⲓⲛⲉ ⲙⲡⲛⲟⲩⲧⲉ, cf. HypArch, p. 87,31-33), qui est ailleurs la ressemblance de l'Homme (ⲟⲩⲉⲓⲛⲉ ⲣⲣⲱⲙⲉ, cf. Ecr sT, p. 108,7-9; 112,33-113,2) et d'après le corps des archontes (HypArch, p. 87,29-31, Ecr sT, p. 112,34-35) qui a l'aspect animal (HypArch, p. 87,30). Cette opposition est toutefois rendue ici, en utilisant l'expression ⲉⲓⲛⲉ ⲙⲡⲙⲟⲩⲉⲓ, qui appartient à la théogonie et non à l'anthropogonie (cf. HypArch, p. 97,16-17) à cause, bien sûr, du texte grec où l'opposition est faite entre ἰδέαν λέοντος et (ἰδέαν) ἀνθρώπου (588d 3).

La suite du texte, au haut de la p. 50, étant fort abîmée, il est pratiquement impossible, pour les mêmes raisons invoquées à propos

---

[29] Cf. par exemple, CLÉMENT D'ALEXANDRIE, *Protr.*, I, 4,1 : ... μόνος γοῦν τῶν πώποτε τὰ ἀργαλεώτατα θηρία, τοὺς ἀνθρώπους ἐτιθάσευεν, πτηνὰ μὲν τοὺς κούφους αὐτῶν, ἑρπετὰ δὲ τοὺς ἀπατεῶνας, καὶ λέοντας μὲν τοὺς θυμικούς, σύας δὲ τοὺς ἡδονικούς, λύκους δὲ τοὺς ἁρπακτικούς. Λίθοι δὲ καὶ ξύλα οἱ ἄφρονες : «Seul, en vérité, il a apprivoisé les animaux les plus difficiles qui furent jamais — les humains : oiseaux comme les frivoles, serpents comme les trompeurs, lions comme les violents, pourceaux comme les voluptueux, loups comme les rapaces. Les insensés, eux, sont pierre et bois...» (trad. C. MONDÉSERT, *Clément d'Alexandrie. Protreptique* [*SC*, 2], 1949, p. 56), l'utilisation du θηρίον dans le même sens apparaît également chez CLÉMENT (*Strom.*, VII, 16,2), dans un passage où SCHENKE (col. 238) croit voir une allusion à notre fragment.

[30] On pense ici au fameux logion 7 de l'*Évangile selon Thomas* où le lion paraît symboliser les passions matérielles, cf. J. É. MÉNARD, *L'Évangile selon Thomas* (*NHS*, 5), Leiden, 1975, p. 56 et 87-88.

[31] Mais chez Platon, du moins dans cet extrait, ce n'est pas le lion, mais plutôt la bête polycéphale qui représente les passions inférieures.

[32] 1 *P*, 5,8 constitue à cet égard l'exemple classique.

des lacunes du début de la p. 49, d'en envisager une restitution valable, du moins pour les trois premières lignes[33]. La restitution [ⲉⲡϣⲟ]ⲣⲡ, adoptée par tous au début de la ligne 4 est certaine et correspond dans le grec à τὸ πρῶτον (588d 4).

Le problème posé par le début de la ligne 5 est difficile à résoudre. Schenke (col. 238) propose [ⲡϣⲓ]ϣⲙ (ombre, fantôme) qui n'est pas impossible, mais peu vraisemblable puisque sans assise ni dans le texte grec, ni dans la compréhension que C en a. Brashler (p. 334) restitue pour sa part [ⲡⲉ ⲟⲩ]ϣⲙ (petit) qui est également possible et, sans doute, plus probable compte tenu du texte grec. Quant à Matsagouras (p. 33), qui suit l'édition de Krause, il ne propose aucune restitution pour ce passage. Il souligne seulement que le mot manquant modifie sans doute ⲡⲙⲁϩⲥⲛⲁⲩ (p. 50,4) plutôt qu'il ne traduit ταῦτα, ἔφη ῥάω qui se trouve à l'endroit correspondant dans le texte grec (588d 6). Il reste une troisième possibilité, qui est de lire [ⲛⲟⲩⲱ]ϣⲙ (pâte). C aurait alors lu φύραμα au lieu de ἔφη ῥάω lecture rendue possible par sa régulière maladresse à traduire les formes dérivées de φημί et suggérée, peut-être, par le voisinage du verbe πλάσσειν (πέπλασται, 588d 6).

## p. 50,6-19 (588d 7-23)

C ayant omis de traduire l'impératif περίπλασον, le passage est complètement dévié de son sens. Dans le dialogue, une image d'homme εἰκόνα τὴν τοῦ ἀνθρώπου, 588d 9-10) est censée recouvrir les trois formes intérieures, de bête, de lion et d'homme. Cette omission de περίπλασον et la perte du sens de la phrase qui en résulte est probablement due à la confusion que fait C entre εἰκών et ἰδέα qui le rend incapable de distinguer εἰκόνα τοῦ ἀνθρώπου (588d 10), l'enveloppe extérieure, de ἰδέαν ἀνθρώπου (588d 3), l'homme intérieur qu'elle recouvre. Cette méprise a été encore facilitée sans doute par le fait que C n'a pas traduit ἔλυτρον (588e 2), mot qu'il ne connaissait

---

[33] SCHENKE (col. 238) propose la restitution suivante : [ⲁⲩⲱ ⲟⲛ ⲟ]ⲩⲉⲧ ⲡⲉⲓ[ⲛⲉ] ⲙ | (2) [ⲡⲉⲓⲣⲉϥⲧ]ⲱ ϭⲉ ⲁ[ⲩⲱ] ⲡⲁⲓ | (3) [ⲡⲉ ⲡⲉⲧϣ]ⲃⲃⲓⲁⲉⲓⲧ ⲙⲡϣⲁ ·ⲛϩⲟⲩⲟ | (4) [ⲉⲡϣⲟ]ⲣⲡ· ⲁⲩⲱ ⲡⲙⲁϩⲥⲛⲁⲩ | (5) [ⲡϣⲓ]ϣⲙ· ⲁⲩⲣ ⲡⲗⲁⲥⲥⲉ ⲙⲙⲟϥ ..., qu'il traduit : «... [und wieder eine a]ndere Ge[stalt] ist die [dieses Gew]altigen. U[nd] diese ist [es, die] viel [ma]nnigfaltiger ist als [die er]ste und die zweite». — «[Das Phan]tom wurde gebildet.» (col. 237). A quoi objecte avec raison Brashler que les deux restitutions proposées pour la première ligne sont trop courtes. Il suggère plutôt pour cette ligne [ⲟⲩⲉⲓⲛⲉ ⲟ]ⲩⲱⲧ ⲡⲉ ⲡ[ⲓⲛⲉ] ⲙ... (p. 334-335) sans combler les lacunes des lignes 2 et 3. Enfin, pour les lignes 4 et 5 il rétablit ainsi le texte : [ⲉⲡϣⲟ]ⲣⲡ· ⲁⲩⲱ ⲡⲙⲁϩⲥⲛⲁⲩ | [ⲡⲉ ⲟⲩ]ϣⲙ· ⲁⲩⲣ ⲡⲗⲁⲥⲥⲉ ⲙⲙⲟϥ... (BRASHLER, p. 334).

probablement pas[34]. Tout ceci rend enfin incompréhensible la consé-
cutive introduite par ὥστε (588d 11-e 1) que C confond avec ὡς δέ
(SCHENKE, col. 241) et qu'il traduit par ⲛⲑⲉ ϩⲱⲱϥ (p. 50,12).
L'ensemble de ce passage est donc traduit au petit bonheur, sans même
que C paraisse avoir essayé de lui donner un sens. Peut-être l'opposition
*intérieur-extérieur*[35] (p. 50,12-15) qu'on y trouve était-elle suffisamment évocatrice pour dispenser C de tout effort de clarification supplé-
mentaire.

Encore une fois à la fin de ce passage (588e 3), C est complètement
dérouté par l'intervention de Glaucon. Il rattache donc περιπέπλασται
à l'intervention précédente de Socrate (ⲛⲧⲁⲩⲣ ⲡⲗⲁⲥⲥⲉ ⲙⲙⲟϥ, p. 50,
18) et, bien sûr, il ne traduit pas ἔφη qui n'a plus sa raison d'être.

### p. 50,19-51,23 (Conclusion eschatologique)

Dans cette dernière section, C réussit à établir un lien entre les deux
premières parties de son texte. La jonction des deux thèmes de la
justice et des archontes lui est suggérée par l'original grec. Dans le
dialogue platonicien, en effet, la section métaphorique sur la bête,
le lion et l'homme intérieur se clôt avec la courte intervention de
Glaucon (588e 3). A partir de là, Socrate explique le sens de l'exercice
d'imagination auquel il a invité son interlocuteur en montrant que
louer la conduite injuste équivaudrait à dire qu'il est avantageux à
l'homme de nourrir et de fortifier en lui la bête polymorphe et le lion et
qu'au contraire, celui qui agit avec justice agit comme un bon paysan
qui soigne son troupeau et empêche les bêtes sauvages de croître.

C'est toutefois à partir d'un autre contexte d'idées que C comprend
son texte. Dans sa traduction, il oppose en effet celui qui commet
l'injustice (ⲡⲉⲧϫⲓ ⲛϭⲟⲛⲥ, p. 50,22-24, cf. p. 48,20-30) à celui qui
*rejette* les ressemblances de bête (ⲧⲉⲩⲟ ⲉϩⲣⲁⲓ ⲙⲡⲓⲛⲉ ⲛⲓⲙ ⲛⲑⲏⲣⲓⲟⲛ,
p. 50,26-27) et les *piétine* avec les ressemblances de lion (ϩⲟⲙⲟⲩ ⲙⲛ
ⲛⲉⲓⲛⲉ ⲙⲡⲙⲟⲩⲉⲓ, p. 50,27-28). Ces termes désignant, comme nous
l'avons vu plus haut, les archontes, et peut-être le démiurge Ialdabaoth
lui-même (cf. HypArch, p. 94,16-95,8), C oppose donc à celui qui
commet l'injustice, celui qui rejette la domination des archontes et,

---

[34] ἔλυτρον n'est attesté ni dans le Nouveau Testament ni dans les papyri.

[35] L'opposition intérieur-extérieur reçoit ici une utilisation contraire à celle de *Mt*,
23,26 et *Lc* 11,40, où Jésus rappelle aux pharisiens que l'intérieur et l'extérieur ont la
même origine. Cette même opposition est également utilisée au logion 22 de l'EvTh
(p. 60,20-35) dans le contexte du retour à l'unité primordiale, cf. J. É. MÉNARD, *L'Évangile
selon Thomas*, p. 113-114.

par conséquent, le monde matériel, celui des passions. C'est donc toujours en référence à des motifs appartenant à la cosmogonie gnostique que C comprend cette dernière section.

En outre, l'introduction par C des verbes ⲧⲉⲩⲟ (p. 50,26) et ⲍⲱⲙ (p. 50,27) dans sa traduction, que rien ne justifie dans le grec, trouve un parallèle frappant dans la conclusion eschatologique de l'HypArch (p. 96,33-97,9) :

> «Lorsque l'Homme véri[table mani]festera, au
> moyen d'une créature, [l'Esprit de la]
> vérité que le Père a envoyé. A[lors]
> c'est lui qui les instruira de [toute] chose
> et les oindra de l'huile de la vie éternelle
> qui lui a été donnée par la généra-
> tion sans roi. *Alors ils rejetteront loin*
> *d'eux* (ⲛⲟⲩϫⲉ ⲉⲃⲟⲗ) *la pensée aveugle*
> *et ils piétineront* (ⲣ ⲕⲁⲧⲁⲡⲁⲧⲉⲓ) *la*
> mort (qui vient) *des Puissances*; et ils
> monteront vers la lumière illimitée où
> habite cette semence» [36].

C'est donc sur une description du salut que C entend clore sa traduction, description qui emprunte à l'imagerie eschatologique traditionnelle ses motifs les plus frappants (p. 50,22-28, cf. comm. *ad loc.*).

Enfin, ce salut semble être conditionné par un choix entre la conduite juste et la conduite injuste, choix qui appartient à «celui qui est dans le milieu» (ⲛⲧⲟϥ ⲛⲧⲙⲏⲧⲉ, p. 50,22), c'est-à-dire le psychique (cf. comm. *ad loc.*).

### p. 50,19-29 (588e 4 - 589a 2)

ⲡⲉϫⲁⲉⲓ ⲇⲉ (p. 50,19-20) traduit λέγωμεν δὴ (588e 4) que C a lu λέγω μὲν δὴ. Dans la suite de la phrase, il est difficile de déterminer le sens de l'ajout par C de ⲛⲧⲟϥ ⲛⲧⲙⲏⲧⲉ (p. 50,22) qui ne correspond à rien dans le grec. Toutefois, l'hypothèse avancée par Matsagouras [37] à l'effet que ce soit une désignation du psychique, en référence à la doctrine valentinienne des trois races, est hautement vraisemblable dans le contexte. Il y est en effet question du choix entre l'injustice

[36] B. BARC, *L'Hypostase des Archontes*, p. 70-73.
[37] Cf. MATSAGOURAS, p. 35-36. À propos des liens que ce dernier établit entre PlatoRep et l'anthropologie valentinienne, cf. ID., *Ibid.*, p. 64s.

(soumission aux archontes) et la conduite juste (rejet des ressemblances de bête, p. 50,26). Or, dans la sotériologie valentinienne, ce choix est caractéristique des psychiques, la race intermédiaire, alors que ni les pneumatiques, *naturaliter salvandi*, ni les hyliques, perdus par nature, ne sauraient y être soumis[38].

L'expression ογτε μνταϥ οφελεια μμαγ (p. 50,23-25) est probablement imputable à une mauvaise lecture de οὐδὲν ἄλλο φησὶν (588e 5-6), d'ailleurs impossible à comprendre pour qui n'aurait pas saisi la structure du dialogue, par C qui aura lu à la place quelque chose comme διότι οὐδὲν ἀλλ᾽ ὀφείλει[39].

La suite du texte est fort maltraitée par C qui n'en peut saisir l'ironie, puisqu'il n'a pas compris le sens de ὅτι οὐδὲν ἄλλο φησὶν ἤ qui lui sert d'introduction et qui marque la distance entre ce que Socrate pense et ce qu'il va énoncer. C, qui ne perçoit pas ce procédé rhétorique qui consiste à reprendre en la ridiculisant l'opinion d'un adversaire, voit sans doute dans ce passage une invitation à nourrir et à soigner le *thèrion*, *i.e.* la créature de l'archonte, ce qui est incompatible avec sa vision des choses et avec la perception qu'il a du sens général du texte qu'il est en train de traduire[40]. Il résout cette difficulté en modifiant du tout au tout le sens de la phrase. Il traduit donc λυσιτελεῖν αὐτῷ τὸ παντοδαπὸν θηρίον εὐωχοῦντι ποιεῖν ἰσχυρὸν καὶ τὸν λέοντα (588e 7-8): αλλα πετρ νοϥρε ναϥ πε παι ετρεϥτεγο εϩραι μπινε νιμ νθηριον ετθοου αγω νϥϩομογ μν νεινε μπμογει (p. 50,24-28). νιμ veut sans doute rendre παντοδαπόν, alors que εθοογ résulte peut-être de la lecture de αἰσχρόν au lieu de ἰσχυρόν (Matsagouras, p. 37). Enfin, il supprime les verbes grecs et les remplace par τεγο («rejeter», p. 50,26) et ϩωμ («piétiner», p. 50,27), qui rendent assurément mieux dans son esprit, l'attitude que l'on doit avoir envers les archontes que εὐωχεῖν et ποιεῖν ἰσχυρόν et qui donnent à la dernière partie de son texte une portée nettement eschatologique[41].

---

[38] Cf. *ExtrTheod.*, 56,3 : «Ainsi donc l'élément pneumatique est sauvé par nature, le psychique, doué de libre arbitre, a la propriété d'aller à la foi et à l'incorruptibilité ou à l'incroyance et à la corruption, selon son propre choix; quant au hylique, il est perdu par nature», F.M.M. Sagnard, *Clément d'Alexandrie. Extraits de Théodote* (*SC*, 23), 1948, p. 172-173; cf. aussi Irénée, *Adv. Haer.*, I, 6,1; I, 7,5. Dans la Bibliothèque de Nag Hammadi, cf. TracTri, p. 119,16-24.

[39] Cette lecture pourrait refléter un texte grec qui aurait comporté pour ce passage la leçon d'Eusèbe : «διότι οὐδὲν ἄλλο φήσει».

[40] Semblable erreur d'interprétation n'était pas rare, cf. B. Layton, «Vision and Revision...», p. 204.

[41] Dans l'Ecr sT (p. 103, 15-24), Pistis annonce à Samaël le sort final qui l'attend :

## p. 50,29-33 (588e 7 - 589a 2)

C continue d'accumuler les corrections pour donner un sens au texte dont il s'est déjà considérablement éloigné. Il supprime λιμοκτονεῖν (588e 8) et fait de ce passage, qui est, dans l'esprit de Socrate, le corollaire du précédent (nourrir et fortifier la bête = affamer et affaiblir l'homme), un énoncé général portant sur la faiblesse de l'homme ou du psychique (p. 50,29-31)[42], faiblesse qui l'entraîne en un lieu où il «passe le jour» avec les ressemblances de bête (= les archontes).

Dans ce contexte, qui n'a plus rien à voir avec Platon, on peut toutefois rattacher certains passages de la traduction à l'original grec. Ainsi, τὸν δὲ ἄνθρωπον λιμοκτονεῖν (588e 8 - 589a 1) devient ⲡⲣⲱⲙⲉ

il sera foulé aux pieds (καταπατεῖν) par l'Homme immortel et ira rejoindre en bas (ⲃⲱⲕ ⲁⲡⲓⲧⲛ) sa mère l'abîme (cf. BÖHLIG-LABIB, *Die koptisch-gnostische Schrift ohne Titel aus Codex II*, p. 48-49). De même, dans le GrSeth (p. 56,32-57,2), le Sauveur céleste descendant à travers les sphères foule aux pieds (ⳅⲱⲙ) la dureté et la jalousie de leurs gardiens. Dans le passage de la conclusion eschatologique de l'HypArch que nous avons déjà cité, les verbes ⲛⲟⲩⳃⲉ ⲉⲃⲟⲗ et ⲕⲁⲧⲁⲡⲁⲧⲉⲓ sont également employés. L'utilisation du thème du piétinement (ⳅⲱⲙ, καταπατεῖν) en contexte eschatologique a de nombreux parallèles dans l'Ancien Testament, en particulier dans la littérature prophétique. Les passages cités de l'Ecr sT et de l'HypArch, qui joignent au thème du piétinement celui de la venue d'un Homme rappellent un verset du deutéro-Isaïe (41,25) dont voici le texte grec: ἐγὼ δὲ ἤγειρα τὸν ἀπὸ βορρᾶ καὶ τὸν ἀφ᾽ ἡλίου ἀνατολῶν, κληθήσονται τῷ ὀνόματί μου· ἐρχέσθωσαν ἄρχοντες, καὶ ὡς πηλὸς κεραμέως καὶ ὡς κεραμεὺς καταπατῶν τὸν πηλόν, οὕτως καταπατηθήσεσθε (RAHLFS, LXX), «Du nord j'ai fait surgir un homme, et il est venu; depuis le soleil levant, il s'entend appeler par son nom; *il piétine les archontes* (TOB: gouverneurs) comme de la boue, comme le potier talonne la glaise». Toutefois, l'image du lion piétiné employée par C se rapproche devantage du *Ps*, 91 (90),13 ἐπ᾽ ἀσπίδα καὶ βασιλίσκον ἐπιβήσῃ καὶ καταπατήσεις λέοντα καὶ δράκοντα (RAHLFS, LXX), «Tu marcheras sur l'aspic et le basilic, *tu piétineras le lion* et le dragon» image qui, dans le Nouveau Testament, est appliquée au sort final qui attend Satan, l'adversaire (cf. *Lc*, 10,19; *Ap*, 12,9). Le rejet à l'extérieur, ἐκβάλλειν (ⲛⲟⲩⳃⲉ ⲉⲃⲟⲗ, ⲧⲉⲩⲟ ⲉⲃⲟⲗ), est également un motif courant dans la description du sort final de l'adversaire (cf. par exemple *Jn*, 12,31 νῦν κρίσις ἐστὶ τοῦ κόσμου τούτου, νῦν ὁ ἄρχων τοῦ κόσμου τούτου ἐκβληθήσεται ἔξω, NT sahidique, ⲥⲉⲛⲁⲛⲟⳃϥ ⲉⲡⲉⲥⲏⲧ, [HORNER, III, p. 212]). On voit donc bien sur quel fond l'HypArch et PlatoRep ont associé les thèmes du piétinement et du rejet appliqués à l'Archonte. En outre, il n'est pas impossible que C ait eu à l'esprit *Mt*, 5,13 en introduisant les deux verbes ⲕⲁⲧⲁⲡⲁⲧⲉⲓ et ⲧⲉⲩⲟ ⲉⲃⲟⲗ dans sa traduction: «Vous êtes le sel de la terre. Mais si le sel vient à s'affadir, avec quoi salera-t-on? Il n'est plus bon a rien qu'à être jeté dehors et foulé aux pieds par les gens» (... εἰ μὴ βληθῆναι ἔξω καὶ καταπατεῖσθαι ὑπὸ τῶν ἀνθρώπων... HORNER, I, p. 32: ⲛⲥⲁ ⲛⲟⳃϥ ⲉⲃⲟⲗ ⲛⲥⲉⳅⲟⲙϥ ⳅⲓⲧⲛ ⲛⲣⲱⲙⲉ), car *Mt*, 5,13 suit immédiatement un développement sur la récompense finale du juste persécuté (*Mt*, 5, 10-12), thème que C utilise dans la première partie de sa traduction.

[42] C pourrait bien avoir eu à l'esprit le développement de Paul sur la faiblesse de la chair (*Rm*, 7,5s), mais son texte n'offre aucun indice qui permette de l'affirmer avec certitude.

ⲁⲉ ϥ϶ⲛ ⲟⲩⲙⲛⲧϭⲱⲃ ⲛⲧⲉⲉⲓⲙⲓⲛⲉ (p. 50,29-30), et καὶ ποιεῖν ἀσθενῆ (589a 1), lu sans doute καὶ ποιεῖ ἀσθενῆ (Matsagouras, p. 38), devient ⲁⲩⲱ ⲛⲉⲧϥⲛⲁⲁⲁⲩ ⲧⲏⲣⲟⲩ ϩⲉⲛϭⲱⲃ ⲛⲉ (p. 50,30-31). Enfin, ⲛⲱⲟ (p. 50,33) est probablement le début de ⲛⲱⲟ[ⲣⲡ], par quoi C aura voulu rendre ὁπότερον (589a 2) ou πότερον[43] qu'il aura lu πρότερον, à moins que son original n'ait comporté cette leçon fautive.

## p. 51,1-8 (589a 2-4)

Il serait encore une fois hasardeux, sauf pour quelques lettres, de vouloir restituer le texte intégral des cinq premières lignes de la page 51, et les conjectures de Schenke sont, dans certains cas, peu satis-faisantes[44]. On peut néanmoins restituer à sa suite (Schenke, col. 238), [ⲣⲡ ⲁ]ⲩⲱ au début de la première ligne, et ⲥⲩ]ⲛⲏⲑⲉ[ⲓⲁ, qui correspond à ξυνεθίζειν (589a 3) au milieu de la seconde.

A la p. 51,4 ⲉⲱⲁϥⲉⲓⲣⲉ veut sans doute traduire l'infinitif ποιεῖν auquel C rattache le ἐᾶν qui suit. Quant au reste de la phrase jusqu'à la ligne 8, C cherche à traduire les mots de son original, mais à l'évidence, il ne comprend pas de quoi il est question, puisqu'il n'a pas saisi la métaphore développée par Socrate.

## p. 51,8-10 (589a 5-6)

Encore une fois ici, C néglige de traduire ἔφη dont il ne comprend toujours pas la raison d'être. ⲁϥϫⲟⲟⲩ (p. 51,9), traduit sans doute ἂν λέγοι (589a 5) qu'il aura lu ἔλεγεν (Matsagouras, p. 39). En outre, il aura sans doute séparé παντάπασι en πάντα qu'il associe à ταῦτα, ce qu'il rend par ⲛⲁⲓ ⲧⲏⲣⲟⲩ (p. 51,8) et πασί, dont il fait le complément

---

[43] Leçon attestée par Stobée.

[44] Schenke (col. 238) propose pour ce passage (p. 51,1-5), le texte suivant: [ⲣⲡ ⲁⲩ]ⲱ ⲛϥ[ⲧⲙⲉⲓⲣⲉ ⲛ] | (2) [ⲧⲟⲩⲥⲩ]ⲛⲏⲑⲉ[ⲓⲁ ⲛⲥⲉⲣ ⲱⲃⲏⲣ] | (3) ⲛⲁϥ ϩⲛ ⲟⲩⲉⲡⲓⲥ[ⲧⲣⲟⲫⲏ] | (4) ⲁⲗⲗⲁ ⲉⲱⲁϥⲉⲓⲣⲉ ⲛ[ⲟⲩϩⲱ] | (5) ⲃ ⲉⲙⲙⲛⲧϫⲁϫⲉ ϩⲣⲁⲓ ⲛ϶ⲏⲧⲟⲩ, qu'il traduit «… [un]d er [ihre Ge]wöhn[ung (aneinander) nicht zustande bringt, so das sie] ihm umge[kehrt zum Freund würden] sondern zu den (5) Feindseligkeiten bei[träg]t, die unt[er ihnen] herrschen …» (col. 237). Toutefois, la restitution de la fin de la ligne 1 paraît nettement trop courte alors que celle du début de la ligne 2 est trop longue d'au moins une lettre. De plus, Brashler (p. 337) remarque fort justement que le texte proposé pour la fin de la ligne 4 et le début de la ligne 5 est peu probable. En effet, le trait vocalique qui surmonte le ⲙ de ⲙ̄ⲙⲛⲧϫⲁϫⲉ indique que le ⲉ qui précède ne peut lui être rattaché. Brashler (p. 336-338) suggère plutôt la restitution suivante: [ⲣⲡ ⲁ]ⲩⲱ ⲛϥ[ⲧⲙⲧⲟⲡⲟⲩ ϩⲛ] | (2) [ⲟⲩⲥⲩ]ⲛⲏⲑⲉⲓ[ⲁ ⲛϥⲧⲙⲣ ⲱⲃⲏⲣ] | (3) ⲛⲁϥ ϩⲛ ⲟⲩⲉⲡⲓⲥ[ⲅⲩⲛⲁⲅⲱⲅⲏ] | (4) ⲁⲗⲗⲁ ⲉⲱⲁϥⲉⲓⲣⲉ ⲛ[ⲟⲩϯ ⲟⲩ]ⲃⲉ ⲙⲙⲛⲧϫⲁϫⲉ ϩⲣⲁⲓ ⲛϩ[ⲏⲧϥ] : «[first.] And he does [not reconcile them] | customarily [nor does he take them] | to himself [together,] | but he makes hostile [enmity] | within [himself]».

indirect de ⲁϥϫⲟⲟⲩ et qu'il traduit par ⲛⲟⲩⲟⲛ ⲛⲓⲙ (p. 51,9, cf. BRASHLER, p. 339). Et ainsi, «celui qui fait l'éloge de l'injustice» (p. 51, 9-10) devient le complément indirect de ⲁϥϫⲟⲟⲩ, alors que dans le grec, il était le sujet de ἂν λέγοι. C ne pouvait évidemment pas saisir le sens de cette phrase puisqu'elle sert de conclusion à un passage dont il n'a en aucun moment saisi la portée ironique.

p. 51,11-23 (589a 6-b 4)

Encore une fois, C achope sur la traduction d'une forme de φημί, φαίη ἄν (589a 6), encore plus déroutante pour lui, sans doute, que les précédentes[45]. S'il ne traduit pas φαίη, il récupère toutefois le ἄν qui suit en le rendant par la forme conditionnelle de ⲉϥϣⲁⲛⲉⲓⲣⲉ (p. 51, 13-14), comprenant probablement πράττει(ν) et λέγει(ν) comme deux subjonctifs (MATSAGOURAS, p. 40).

N'ayant pas saisi clairement la distinction faite par Socrate entre l'homme intérieur (la raison) et l'homme extérieur (l'enveloppe charnelle, cf. 588d 10 - e 2), le traducteur se trouve fort embarassé par la réapparition de ce doublet en 589a 8-9. C'est la raison pour laquelle il supprime le ἄνθρωπος sujet de la phrase. Puis il fait de τοῦ ἀνθρώπου un génitif de possession rattaché à ὁ ἐντός, ce qu'il traduit «ⲫⲟⲩⲛ ⲙⲡⲣⲱⲙⲉ» (p. 51,15). L'ajout de ⲥⲉⲁⲙⲁϩⲧⲉ (p. 51,15), lui est sans doute suggéré par le superlatif ἐγκρατέστατος qu'il prend comme un adverbe et traduit par «ϩⲛ ⲟⲩⲧⲁϫⲣⲟ» (p. 51,16, cf. MATSAGOURAS, p. 41).

La suite de la traduction est d'une incohérence totale. ⲛϩⲟⲩⲟ (p. 51, 17) veut sans doute rendre le πολυ- de πολυκεφάλου. ⲛⲥⲁϥⲓ ⲡⲉⲩⲣⲟⲟⲩϣ (p. 51,17-18) traduit ἐπιμελήσεται. Quant au verbe ⲥⲁⲁⲛϣ, qu'on trouve sous la forme ⲉϣⲁϥⲥⲁⲁⲛϣ (p. 51,20) pour traduire τρέφων, il pourrait bien, à la p. 51,18-19 (ⲛϥⲥⲁⲛⲟⲩϣⲟⲩ), correspondre à θρέμματος que C aura mal lu (MATSAGOURAS, p. 41).

Enfin, C n'ayant pas saisi que le monstre fabuleux évoqué par Socrate avait des têtes d'animaux sauvages et domestiques à cause de sa méprise sur le sens de ἡμέρων (588c 8), il ne peut évidemment comprendre la dernière comparaison faite par Socrate puisqu'elle repose précisément sur cette caractéristique de la bête. Il traduit donc ce dernier passage, comme le souligne avec raison Matsagouras (p. 42), à

---

[45] MATSAGOURAS (p. 40) le souligne : l'usage de l'optatif potentiel avec ἄν n'était pas commun dans la *koinè*.

la lumière de sa propre expérience du monde rural : le paysan qui soigne sa production (ⲅⲉⲛⲏⲙⲁ, p. 51,21)[46] alors que les bêtes sauvages l'empêchent de croître. Pour arriver à ce résultat, il rend ἥμερα (589b 3) par ⲙⲙⲏⲛⲉ (p. 51, 21), répétant une erreur qu'il a déjà faite (cf. p. 49,20 et comm. *ad loc.*), il supprime τιθασεύειν (589b 3) qui n'a plus de sens et enfin, il fait de τὰ δὲ ἄγρια le sujet de ἀποκωλύων (589b 3) qu'il lit sans doute ἀποκολύουσιν (-κολύουν, cf. Matsagouras, p. 42), alors que c'en était le complément. Ainsi, une dernière fois, à la faveur de la difficulté qu'il a à traduire son texte, C l'interprète à partir de ses propres idées. Il ne s'appuie plus ici sur des doctrines auxquelles il adhère, mais sur son expérience du monde rural. Néanmoins, le procédé est le même et il est ici parfaitement clair.

---

[46] ⲅⲉⲛⲏⲙⲁ n'est pas ici une forme défective de γέννημα, qui s'applique plutôt aux hommes et aux animaux, comme le croit Matsagouras (p. 41). Il s'agit du mot γένημα qui désigne les produits du sol cf. Bauer, col. 307. La forme γένημα (fruits de la terre) est confirmée aussi bien par les meilleurs manuscrits du NT que par les papyri, cf. Moulton-Milligan, col. 123b.

# INDEX

L'ordre de classement retenu dans l'index copte est celui du dictionnaire de Crum. Lorsque la forme type choisie par Crum n'est pas
attestée dans le texte, elle est indiquée entre parenthèses.

Les variantes orthographiques ont été relevées systématiquement;
lorsque plusieurs variantes orthographiques sont attestées pour un même
vocable (dans l'index copte comme dans l'index grec), elles sont identifiées par un chiffre placé en exposant. Les références correspondant à
des reconstitutions sont indiquées entre crochets.

# INDEX GREC

(ἄγριος) ⲁⲅⲣⲓⲟⲛ sauvage
49,21 ; 51,22.

ἀλλά mais
49,4 ; 50,14.24 ; 51,4.

ἄρχων m. archonte
49,6.

γάρ car, en effet
49,[2].33.34 ; 50,8 ; 51,8.

γένημα m. produit du sol
51,20.

γεωργός m. paysan
51,19.

δέ et, mais
48,25 ; 50,20.29.

(δίκαιος) ⲁⲓⲕⲁⲓⲟⲛ m. justice
48,28 ; 51,12.
    δικαίως avec justice
    48,22.

(εἰκών) ⲉ̣ⲓⲕⲱⲛ f. image
48,31 ; 50,11.

(ἐπαινεῖν) ⲣ ⲉⲡⲁⲓⲛⲟⲩ louer
51,9.

(ἐπειδή) ⲉⲡⲓⲁⲏ puisque
48,16.26 ; 49,27.

ἔργον n. œuvre
49,26.

ζῷον n. être vivant
50,17.

ἤ ou
49,3.

θηρίον n. bête sauvage
49,18.21 ; 50,26 ; 51,21s.

(καταντᾶν) ⲣ ⲕⲁⲧⲁⲛⲧⲁ survenir,
descendre
49,10.

(κωλύειν) ⲣ ⲕⲱⲗⲅⲉ ⲉ- empêcher
de (+ verbe)
51,22.

λόγος m. discussion, logos
48,16.32.

μέν
49,20.

μέντοιγε certes
48,24 ; 49,16.

(μή) ⲙⲏ ... ⲁⲛ n'est-ce pas?
48,23.

μορφή f. forme
49,12.

μῦθος m. récit
[49,4].

οὐκοῦν par conséquent
51,11.

οὔτε ni
50,23.

πλάσμα figure, modelage
49,24.

(πλάσσειν) ⲣ ⲡⲗⲁⲥⲥⲉ façonner
49,27.31 ; 50,5.18.

συνήθεια f. habitude
[51,2].

τελέως parfaitement
48,21.

τότε alors
49,22.

(φαίνεσθαι) ⲣ ⲫⲉⲛⲉⲥⲑⲁⲓ
apparaître
50,16.

φύσις f. nature, réalité
49,7.

ψυχή f. âme
48,32.

(ὥστε) ⲅⲱⲥⲧⲉ de sorte que
50,8.32.

(ὠφέλεια) ⲟⲫⲉⲗⲉⲓⲁ f. aide, profit
50,24.

# INDEX DES NOMS PROPRES

# INDEX COPTE

ⲁⲙⲁϩⲧⲉ dominer
51,15.

(ⲁⲛⲟⲕ) ⲁⲛⲟⲛ nous
48,16.

ⲛⲧⲟϥ m. lui
50,22.

ⲁⲡⲉ f. tête
49,19.

ⲁⲩⲱ et
48,19; 49,7.13.25.35; 50,[2].4.
16.17.27.30; 51,[1].13.21.
cf. ⲙⲛ-

ⲁϣ ⲛ- quel?
50,17.
cf. ϩⲉ

(ⲃⲱⲗ) ⲥⲁⲃⲟⲗ ⲛ- à l'extérieur de
50,11.

ϩⲓⲃⲟⲗ extérieur
50,14s.

ⲉⲃⲟⲗ cf. ⲛⲟⲩϫⲉ, ⲟⲩⲱ, ϩⲛ

(ⲉⲣⲏⲩ) (ⲛⲉⲩ) ⲉⲣⲏⲟⲩ ensemble
50,6.

ⲙⲛ (ⲛⲉⲩ)ⲉⲣⲏⲩ, ⲙⲛ (ⲛⲉⲩ)
ⲉⲣⲏⲟⲩ[1] ensemble
50,9; 51,7[1].

ⲉⲧⲃⲉ ⲡⲁⲓ̈ c'est pourquoi
51,16.

(ⲉⲟⲟⲩ) ϫⲓ ⲉⲟⲟⲩ être glorifié
48,22.

(ⲉⲓⲙⲉ) ⲙⲙⲉ comprendre
48,33.

ⲉⲓⲛⲉ, ⲓⲛⲉ[1] m. ressemblance
48,32; 49,12.14.16.18[1].20s[1].23[1].
33.34[1].35[1]; 50,10.16s.19.26[1].28.

ⲉⲓⲣⲉ, ⲁⲁ=[1], ⲟ†[2] faire, être
48,27.28; 49,[2].20[2]; 50,7[1].30s[1];
51,4.13.

ⲡ- cf. ⲛⲟϥⲣⲉ, ϩⲟⲟⲩ, ἐπαινεῖν,
καταντᾶν, κωλύειν, πλάσσειν,
φαίνεσθαι

ⲁⲣⲓ- cf. ϩⲱⲃ

ⲕⲉ- cf. ⲥⲉⲉⲡⲉ

ⲗⲁϩⲗⲉϩ m. superbe
49,29.

ⲙⲁ m. lieu
50,33.

ⲙⲡⲓⲙⲁ ici
48,17.

(ⲙⲟⲩⲓ) ⲙⲟⲩⲉⲓ m. lion
49,34; 50,28.

(ⲙⲕⲁϩ) ⲙⲟⲕϩ† être incommode
49,25.

(ⲙⲙⲛ-) ⲙⲛⲧⲁ= il n'y a pas
48,31.

ⲙⲛⲧⲁ= ⲙⲙⲁⲩ
50,23s.

ⲙⲙⲟⲛ non
49,3.
cf. ϭⲟⲙ

ⲙⲛ- avec cf. ⲉⲣⲏⲩ

ⲙⲛ- et, ainsi que
48,28; 49,8.9.12; 50,28.

ⲁⲩⲱ ⲙⲛ- et aussi
49,29; 51,6.

(ⲙⲏⲛⲉ) ⲙⲙⲏⲛⲉ à chaque jour
51,21.

(ⲙⲓⲛⲉ) ⲛⲧⲉⲓⲙⲓⲛⲉ tel
50,30.

ⲙⲡϣⲁ beaucoup (devant un com-

paratif)
50,3.

(ⲙⲁⲧⲉ) ⲙⲙⲁⲧⲉ seulement
50,15.

(ⲙⲏⲧⲉ) ⲛⲧⲙⲏⲧⲉ au milieu
50,22.

(ⲙⲁⲩ) ⲙⲙⲁⲩ cf. ⲙⲙⲛ-
ⲙⲓϣⲉ m. combat
51,6.

ⲛⲓⲙ tout
50,26.

ⲛⲁⲛⲟⲩ- être bon
48,20.

ⲛⲁⲩ ⲉ- voir
50,13.15.

(ⲛϣⲟⲧ) ⲛⲁϣⲧ† être dur
49,24.

(ⲛⲟⲩϥⲣ) (ⲛⲟϥⲣⲉ) ⲣ ⲛⲟϥⲣⲉ ⲛ-,
ⲣ ⲛⲟϥⲣⲉ ⲛⲁ=[1] être utile à
50,20.23[1].25[1]; 51,12s[1].

ⲛⲟⲩⲭⲉ ⲉⲃⲟⲗ rejeter
49,22.

ⲛⲟϭ grand, nombreux
49,19.

(ⲡⲉⲭⲉ-) ⲡⲉⲭⲁ= ⲭⲉ dire que
48,25.30.

ⲡⲉⲭⲁ= ⲛ- dire à
50,19.

ⲣⲱⲙⲉ m. homme
49,35; 50,12.19.21.29; 51,15.

ⲣⲱⲧ croître
51,23.

(ⲣⲟⲟⲩϣ) ϥⲓ ⲣⲟⲟⲩϣ + possessif :
se soucier de
51,18.

(ⲥⲁ) ⲛⲥⲁ- cf. ϣⲓⲛⲉ
ⲥⲱⲕ ⲉ- entraîner vers
50,32.

(ⲥⲛⲁⲩ) ⲙⲁϩⲥⲛⲁⲩ second
50,4.

ⲥⲁⲁⲛϣ, ⲥⲁⲛⲟⲩϣ=[1] faire vivre
51,18[1].20.

(ⲥⲉⲉⲡⲉ) ⲡⲕⲉⲥⲉⲉⲡⲉ le reste
49,9.30.

† cf. ⲟⲩⲱ

(ⲧⲟⲛⲧⲛ) ⲧⲛⲧⲱⲛ† ⲉⲣⲟ= ressem-
bler à
49,30.

ⲧⲉⲛⲟⲩ, †ⲛⲟⲩ cf. ⲟⲩⲛⲟⲩ

ⲧⲏⲣ= tout
49,5.9.11.13.24.30; 50,10.31; 51,
8.

(ⲧⲁ[ⲟ]ⲩⲟ) ⲧⲉⲩⲟ ⲉϩⲣⲁï rejeter
50,25s.

ⲧⲁⲭⲣⲟ m. force
51,16.

(ⲧⲱⲱⲃⲉ) ⲧⲱⲃⲉ joindre
50,2.

ⲧⲱⲃⲉ ⲉ- joindre à
50,6.

ⲟⲩⲁ un
50,7.

ⲡⲟⲩⲁ ⲡⲟⲩⲁ chacun
48,29.

(ⲟⲩⲱ) † ⲟⲩⲱ croître, s'épanouir
49,25; 50,9.

† ⲟⲩⲱ ⲉⲃⲟⲗ produire
49,11.

ⲟⲩⲱⲙ manger
51,6.

(ⲟⲩⲟⲛ) ⲟⲩⲛⲧⲁ= il y a
48,29.

ⲟⲩⲟⲛ ⲛⲓⲙ quiconque
51,9.

(ⲟⲩⲛⲟⲩ) ⲧⲉⲛⲟⲩ, †ⲛⲟⲩ[1] maintenant
48,25; 49,6[1].15.28[1].32.32[1]; 50,6.

ⲟⲩⲱⲧ unique, un seul
49,14.17.33; 50,7.11.

(ⲟⲩ[ⲱ]ⲱⲧⲉ) ⲟⲩⲱⲧ, ⲟⲩⲉⲧ[1] être

# TABLE DES MATIÈRES